PERMANECENDO NO PRÓPRIO SER

Blucher

PERMANECENDO NO PRÓPRIO SER

Ensaios entre psicanálise e filosofia

Carlos Augusto Peixoto Junior

Permanecendo no próprio ser: ensaios entre psicanálise e filosofia

Editora Edgard Blücher Ltda.

Série Psicanálise sem Fronteiras
Coordenador da série *Daniel Kupperman*

Publisher Edgard Blücher
Editor Eduardo Blücher
Coordenador editorial Rafael Fulanetti
Coordenação de produção Andressa Lira
Produção editorial Thaís Costa
Preparação de texto Bárbara Waida
Diagramação Thaís Pereira
Revisão de texto Regiane da Silva Miyashiro
Capa Laércio Flenic
Imagem da capa iStockphoto

Blucher

Rua Pedroso Alvarenga, 1245, 4º andar
04531-934 – São Paulo – SP – Brasil
Tel.: 55 11 3078-5366
contato@blucher.com.br
www.blucher.com.br

Segundo o Novo Acordo Ortográfico, conforme 6. ed. do *Vocabulário Ortográfico da Língua Portuguesa*, Academia Brasileira de Letras, julho de 2021.

Dados Internacionais de Catalogação na Publicação (CIP)
Angélica Ilacqua CRB-8/7057

Peixoto Junior, Carlos Augusto
Permanecendo no próprio ser : ensaios entre psicanálise e filosofia/Carlos Augusto Peixoto Junior. -- São Paulo : Blucher, 2024 .

304 p. (Psicanálise Sem Fronteiras)
ISBN 978-85-212-2035-0

1. Psicanálise I. Título

24-0616 CDD 150.195

Índice para catálogo sistemático:
1. Psicanálise

Sobre a série

Freud foi um pensador das fronteiras. Fronteiras entre corpo e psiquismo, entre consciência e inconsciente, entre sujeito e ordem cultural, entre a psicanálise e outras disciplinas das ciências biológicas, humanas e sociais.

Ao longo da sua história, no entanto, a psicanálise produziu formas institucionais que, em nome da preservação da identidade do seu *corpus* epistemológico e da manutenção dos poderes no interior das suas organizações, suprimiram o exercício do pensar nas fronteiras. O resultado foi a segregação das diferenças e a consequente estagnação do pensamento criativo.

A série *Psicanálise sem Fronteiras* tem como objetivo publicar escritos que promovam um retorno ao reconhecimento da sua "insuficiência", forçando a psicanálise ao encontro dos aliados que a permitam ir além dos limites aos quais se impõe.

Daniel Kupermann

Conteúdo

Prefácio

Helia Borges

O *pensamento clínico* se conjuga via aproximações dos afetos, dos fragmentos de pensamentos, das experiências sensórias – enfim, dos fenômenos que se dão no encontro clínico a partir da experiência singular de cada psicanalista em sua atividade. Diverso dos modos de senso comum de produzir teoria, a teoria psicanalítica, sustentam-se nesse estranho modo de pensar.

Não é por acaso que destaco a importância desta coletânea, pois ela nos permite ampliar a compreensão de conceitos da teoria psicanalítica dos autores estudados, já que, pelos textos propostos, somos levados a construir um aprofundamento maior nas concepções teóricas, haja vista a possibilidade de nos aproximarmos da gênese das ideias que se encontram nas escolhas conceituais. Tarefa que solicita um mergulho em temáticas relacionadas aos termos e aos conceitos emitidos pelos autores em questão.

A psicanálise é constituída, desde seu processo de formulação inaugural, pelo atravessamento de diversos campos epistêmicos – a filosofia, a estética, o campo sociopolítico, a medicina, entre outros –, o que possivelmente não se considera na leitura e na busca por apreender os conceitos formulados na esfera psicanalítica. Desde aí, podemos constatar como se torna empobrecido o olhar que, na alienação do que se coloca implícito nas contribuições clínicas/teóricas, obstaculiza sobremaneira uma aproximação mais efetiva das ideias dos autores. Junte-se a isso a tendência, quase um automatismo, a elementos categorizáveis, normalizadores, metodológicos, em uma perspectiva já bastante desgastada, apoiada em um método cientificista.

Numa direção oposta, buscando produzir uma reversão e uma problematização de certos construtos, Carlos Peixoto, em seus ricos textos, reúne não só autores clínicos da psicanálise como Winnicott, Ferenczi, Fairbairn, Stern, entre outros, mas também filósofos e pensadores contemporâneos como Deleuze, Guattari, Foucault, Espinosa e Nietzsche. Ainda, na Parte III, que denomina "Estética, política e subjetivações", faz contribuições importantes para o campo da arte e da política. Um trabalho robusto que nos oferta substância para elaborar de forma mais consistente temáticas tão caras ao universo clínico como a experiência dos trânsitos, dos atravessamentos, do que se dá no intermeio em que duas pessoas, juntas, travam uma conversa infinita como o trabalho analítico.

Tal escrita possibilita ao leitor, por meio das reflexões trazidas na interlocução com filósofos e autores do campo político/social e da arte, elementos para se observar melhor e, dessa forma, fazer contato com a maior complexidade dos conceitos e das ideias.

Com as proposições de Winnicott apontadas por Carlos, é possível sair do modo como, em geral, as contribuições winnicottianas são vistas, ou seja, um olhar laminado que se apoia numa perspectiva adaptativa, pedagógica, naturalizando a leitura de seus textos, o que faz perder a força inaugural e disruptiva desse autor no campo da psicanálise.

Também em Ferenczi, em suas argumentações em favor de uma psicanálise que se delineie em outra ótica que não só a da representação, revela o afeto como eixo em torno do qual se organizam os modos de subjetivação. Tal tarefa, cuidadosa na articulação dos conceitos que se ampliam pelas discussões filosóficas, leva-nos a perceber a limitação ao olhar crítico que um certo modo de ler/fazer psicanálise permite.

Carlos ressalta nas proposições desses teóricos/clínicos, um outro horizonte possível para o exercício da clínica:

> *A meu ver, Ferenczi e Winnicott se encaixam perfeitamente neste contexto dos grandes autores da psicanálise menor, uma psicanálise totalmente antidogmática, que nunca pretendeu fazer escola para se tornar língua maior ou dominante. Previlegiando sempre a clínica, a experiência, o programa de vida, a expressão, a afetividade e a experimentação, ela colocou em questão a primazia da interpretação, do simbólico, da estrutura e da fantasia.*

Num embate ao conservadorismo psicanalítico que, entre outros problemas, dificulta a aproximação do sujeito contemporâneo em suas derivas, Carlos propõe uma perspectiva clínica que se articula com as instigantes contribuições de Ferenczi:

> *Do nosso ponto de vista, a função da teoria da clínica ferencziana ontem, hoje e sempre foi e ainda é caotizar, ainda que minimamente, a imagem dogmática da psicanálise, permitindo-nos experimentar outras formas de agir e sentir na nossa prática, para além daquelas impostas pelas ortodoxias e neo-ortodoxias das escolas e dos sistemas psicanalíticos. E, claro, sempre tendo em conta a prudência necessária a esse empreendimento.*

Com Winnicott, encontramos uma leitura atenta aos sofrimentos que se manifestam também na atualidade, seja em relação à violência, problematizando em seus textos questões relativas à agressividade, seja em outras ideias referidas ao desenvolvimento emocional do indivíduo e ao ambiente. Esse autor nos faz ver que, em uma cultura como a nossa, que se institui fomentando processos de idealização, há um incremento da dificuldade vivida no processo de integração e, como consequência, o lidar com a realidade se torna um caminho árduo, pois a realização como culminância do processo de integração seria decorrente da perda necessária dos objetos idealizados e só então daria lugar ao amor concernido. Sobre essa questão, não faltarão desdobramentos cruciais no entendimento do horizonte clínico.

Não bastassem as lutas de poder que se instituem nos conflitos intensos a que assistimos no mundo contemporâneo, no silencioso e aberrante sofrimento expresso no isolamento que cada dia mais se coloca em evidência, chamo a atenção ainda, além dos autores já citados, para a leitura interessante que nos traz, a partir de Fairbairn, sobre a esquizoidia e seus enlaces clínicos, atualizando-a inclusive a partir de contribuições de Ogden e Bollas. Carlos evidencia, junto aos autores, a reversão da lógica corrente sobre os estados entendidos como patológicos e contribui para revisar preconceitos que se dirigem ao outro em seus sintomas, vistos como estados adoecidos e, portanto, passivos de "cura".

No livro *Conversações* (1992), no texto "Carta a um crítico severo", Deleuze escreve a Michel Cressole denunciando a problemática, ainda evidente, de se buscar a legitimidade do discurso pela exclusão do outro, do que se colocaria fora do lugar considerado legítimo, do que seria o discurso verdadeiro. Nesta perspectiva da verdade e da universalidade, podemos testemunhar ainda hoje na psicanálise instituições cujos discípulos são marcados por "centrar-se na análise do eu, na adaptação à sociedade ou na conformidade a uma ordem significante".[1]

1 Guattari, F. (1990). Linguagem, consciência e sociedade. In A. Lancetti (Org.), *SaúdeLoucura 2* (3a ed., p. 8). Hucitec.

Numa direção outra, com Ferenczi, Carlos comenta: "não interessam mais os sujeitos do enunciado ou da enunciação, e sim o processo afetivo com sua semiótica pré-significante, o qual possibilita o advento de uma vida mais digna de ser vivida a partir de uma continuidade de ser".

Para sustentar suas argumentações em favor do olhar crítico à psicanálise ortodoxa e neo-ortodoxa, como denomina, pelas contribuições dos autores psicanalíticos citados em sua obra, Carlos faz um excelente uso de discussões filosóficas. Nelas, desenvolve ideias de corpo, sensorialidade, afecção, desterritorialização, potência, resistência, recusa, perseverar no ser, entre outras, apontando-nos sem precisar dizer, como mestre que é, a gênese das ideias dos autores/clínicos. Viabiliza entrever, assim, a composição, nesses autores, dos caminhos germinativos de suas ideias, a crítica radical aos poderes instituídos nos sofrimentos decorrentes do ambiente, que, em suas práticas cada vez mais intrusivas, empurram os sujeitos para refúgios esquizoides e mutilantes.

Com Bacon, denuncia logo de saída a leitura verticalizada de um certo olhar psicanalítico daquele que se afirma como portador do saber do inconsciente do outro (mesmo em nome do *suposto*) que se aproxima da arte, seja interpretando a expressão artística, seja interpretando o artista. Aqui não é mais buscar o sentido, interpretar, mas se dispor horizontalmente à escuta do que a arte teria a nos dizer enquanto clínicos.

A clínica não permite reproduções do mesmo, que são a característica do discurso repetitivo, que se sustenta em fórmulas que se pretendem universais. A clínica é soberana pelo exercício livre do pensamento, que no encontro permitirá derivas necessárias, compondo-se do pensamento em estado selvagem a contrapelo do pensamento domesticado que visa ao rendimento.

A proposta aqui não é identificar a psicanálise como objeto artístico, e sim fazer transitar do paradigma que orientou e ainda orienta certa perspectiva psicanalítica para paradigmas estéticos. Justo na criatividade, nos desvios, nas transgressões é que encontraremos os deslizamentos necessários para deslocar o olhar justificado do senso comum psicanalítico para a apreensão das emissões sutis que se entrelaçam no encontro.

Ainda referindo-se à pintura de Bacon, no jogo que escapa das figuras identitárias, o corpo ressurge em sua potência de metamorfose, afirmando com Espinosa que a vida quer passar. "Perseverar no ser" – eis parte do título sugestivo do livro que porta as considerações do autor, que nos diz: "poderíamos dizer que o que está em jogo no devir-monstro do corpo é a sua dimensão de absoluta singularidade".

Nesse sentido, coloca de ponta-cabeça a ideia de patologia também ao nos falar sobre os monstros como expressão da singularidade que assusta, aterroriza em uma sociedade opressiva impeditiva à expressão do que se coloca fora dos padrões hegemônicos, trazendo para a cena o conteúdo sociopolítico que perpassa tal condição. Na discussão que engendra junto a Foucault, não poderia ser mais atual revendo a ideia de gênero e apoiando a deriva da sexualidade desde uma ótica do direito à vida.

Fazer a vida valer a pena, contar com a criação como campo de resistência ao instituído nos restaura um horizonte de possibilidades para a clínica que se coloca crítica aos processos hierarquizantes, binários e hegemônicos de subjetivação, dando voz àqueles que se colocam à margem de discursos de pretensão universalista que se autointitulam verdadeiros.

PARTE I

Teoria e clínica psicanalíticas

1. Destrutividade, sobrevivência, subjetivação: a agressividade como potência de destruição criativa em Winnicott[1]

Existe alguma possibilidade de abordar a agressividade e a destrutividade inerentes à natureza humana a partir de uma perspectiva psicanalítica que dê a elas uma positividade criativa? Certamente sim. Mas, para isso, seria preciso situá-las em um contexto no qual predomina a relação com o outro, com o ambiente, e no qual essa relação tenha como propósito afirmar a potência de ser criativo ao fazer com que o indivíduo se sinta real desde os primórdios de seu processo de subjetivação.

Mais ainda, para que a destrutividade possa realmente ser fonte de criação de um novo modo de estar no mundo e manter contato com a realidade, por exemplo, é necessário que o objeto ao qual ela se dirige tenha a capacidade de acolhê-la e sobreviver a ela. E para delimitar melhor este contexto, a partir de uma outra visão teórica e clínica sobre os processos de subjetivação, foi preciso repensar e reformular determinados parâmetros que prevaleceram na abordagem psicanalítica durante décadas desde que ela foi inventada por Freud.

---

1 Originalmente publicado na *Revista Natureza humana*, 24, 2022.

Ao nosso ver, isso começa a ocorrer de forma mais consistente no final dos anos 1930, a partir da obra de Donald Winnicott. Sem sombra de dúvida, ele foi o primeiro e talvez o único psicanalista em sua época a ter um olhar completamente diferente da tradição no que se refere à agressividade, considerando-a em toda a sua positividade no processo de maturação do indivíduo – etapa fundamental a ser consentida e vivida pelo ser humano como parte de sua vitalidade criativa. É por meio dessa vitalidade, pensava Winnicott, que o bebê começa progressivamente a se separar do ambiente meramente subjetivo, reconhecendo sua externalidade, ou seja, o princípio de realidade.

Do seu ponto de vista, a agressividade é inerente à natureza humana e, portanto, inata, mas não num sentido propriamente constitucional, biológico ou psíquico, mas na medida de um pertencimento ao estar vivo. Natural nos seres humanos, ela não tem uma única raiz nem um significado unívoco, mas comporta múltiplas naturezas e diferentes formas de manifestação. Embora inerente, ela só se desenvolverá, tornando-se parte do indivíduo, se lhe for dada a oportunidade de experienciá-la de acordo com suas próprias necessidades no processo de amadurecimento. É a atitude do ambiente com relação à agressividade da criança desde cedo que influenciará de maneira decisiva o modo como ela vai lidar com a tendência agressiva que faz parte da sua natureza.

Caso o ambiente forneça os cuidados satisfatórios e se mostre capaz de reconhecer, aceitar e integrar essa manifestação do humano, a fonte de agressividade – que no início, como veremos, é motilidade e parte do apetite – torna-se integrada à personalidade total do indivíduo e será um elemento central em sua capacidade de relacionar-se com outros, brincar e trabalhar. Se não for integrada, a agressividade terá que ser escondida ou cindida e pode resultar em comportamento antissocial, violência ou compulsão à destruição.

Se na perspectiva de Freud o perigo para a vida social advinha da maldade original do homem, portador da pulsão de destruição, para

Winnicott a ameaça nasce da repressão não apenas da agressividade como de tudo aquilo que é espontâneo e criativo no humano. Ele não ignora a existência do ódio e da agressão, mas se nega a aceitar o pressuposto da pulsão de morte que faz deles uma característica imodificável da essência humana.

Assim, considera imprescindível levar em conta as condições históricas concretas nas quais a agressividade e o ódio surgem nos processos de subjetivação e na vida coletiva, isto é, pensa ser indispensável atentar para a participação do ambiente nesse processo. Em termos um pouco mais abstratos, Winnicott recusa-se a interpretar a emergência da agressão e do ódio em um quadro teórico organizado por pressupostos essencialistas e deterministas e sustenta a necessidade de estudar e compreender a participação ambiental.

A agressividade e o amor impiedoso primitivo

Já no seu primeiro artigo sobre o tema, "Agressão e suas raízes" (Winnicott, 1939/2002a), sua concepção diverge das teorias de Freud e Klein. Com relação ao primeiro, a discordância reside no fato de este situar as raízes da agressividade nas reações às inevitáveis frustrações provenientes do contato com o princípio de realidade. Para Winnicott, essa agressividade relativa à frustração pressupõe um alto grau de amadurecimento, inconcebível nos momentos mais primitivos da subjetivação. No que diz respeito à teoria kleiniana, os motivos têm a ver com o fato de que nela a agressividade, que se expressa como inveja, ódio ou sadismo, é sempre uma manifestação da pulsão de morte, pensada como um elemento constitucional do indivíduo, variando de intensidade. De um ponto de vista winnicottiano, a agressividade que alguns bebês manifestam desde o início do processo de subjetivação nunca é exclusivamente derivada da emergência de instintos agressivos primitivos.

A fonte dessa agressividade primária é basicamente a excitação com a qual a criança não sabe ainda o que fazer no início da vida. Se é verdade que o bebê traz consigo uma potência de destruição bastante significativa, ele também terá uma notável capacidade para proteger o que ama de sua própria destrutividade, caso tudo corra bem na sua trajetória de subjetivação. A principal destruição, afirma Winnicott, deve existir sempre e necessariamente no domínio da fantasia. Embora essa agressividade instintiva se torne em breve algo que pode ser mobilizado a serviço do ódio, originalmente ela é parte de alguma outra forma de amor instintivo. "Talvez a palavra voracidade expresse melhor do que qualquer outra a ideia de fusão original de amor e agressão, embora o amor neste caso esteja confinado ao amor-boca" (Winnicott, 1939/2002a, p. 97).

Existe, portanto, uma voracidade que o psicanalista britânico chama de teórica ou amor-apetite primário que pode ser cruel, dolorosa, perigosa, mas apenas por acaso. O objetivo do bebê é apenas a satisfação, a paz de corpo e espírito. Amadurecendo, ele se torna mais potente e integrado no corpo e precisa cada vez mais experimentar sua força e haver-se com sua crescente capacidade de reconhecer acontecimentos e objetos. Como durante os estágios mais primitivos o bebê permanece incompadecido, ele continua a manifestar sem preocupação, e cada vez com mais força e ousadia, os sinais da sua necessidade nos momentos de excitação.

Segundo Jan Abram (1996/2000),

> *Winnicott aposta no que chamou de "self cruel primitivo". Esta crueldade se dá antes mesmo de o bebê ser capaz de sentir-se preocupado. Assim o self cruel antecede o self implicado. Mas o self com capacidade para a preocupação (self concerned) – ou a capacidade de sentir-se preocupado – depende, para o seu desenvolvimento, que o self cruel permita sua expressão. (p. 9)*

A "agressão primária" e a "crueldade" são, portanto, diferentes aspectos de um tipo de destrutividade primária que, caso o objeto/ambiente sobreviva a ela, conforme veremos adiante, tornará o sujeito capaz de encarar o mundo real da forma com que ele realmente se apresenta.

A ausência de alteridade nessa fase primitiva do amadurecimento emocional faz com que o bebê não se sinta responsável pela consequência de seus propósitos com esse amor primário impiedoso. Há, pois, um aspecto destrutivo no amor primitivo, mas, no bebê ainda não integrado, não há intenção de destruir. Nesse momento do processo de subjetivação, mesmo estando o bebê ainda na situação de dependência absoluta, é preciso que o ambiente externo se insinue na sua experiência. Isso porque, se a experiência instintual fosse completa e sem obstáculos, ocorreria a frustração da motilidade que deriva da raiz motora. A satisfação da motilidade requer encontrar algo de oposição, sem o qual ela se frustra. Voltaremos a isso logo adiante. Por ora, cabe destacar desde já que se a agressividade for perdida no estágio inicial da vida emocional, o bebê perderá uma parte importante de sua potência de vida, de sua capacidade de amar e de se relacionar com os objetos.

Postulando, portanto, a existência deste relacionamento objetal inicialmente impetuoso e sem compaixão, Winnicott (1945/2000a) ressalta que "ninguém consegue ser impiedoso depois da fase do concernimento, a não ser em estados dissociados. Mas os estados de ausência de compaixão dissociada são comuns no início da infância, e emergem em certos tipos de delinquência e de loucura, e precisam estar disponíveis na saúde" (p. 230). A criança comum tem prazer na relação impiedosa com a mãe, geralmente por meio de brincadeiras, e precisa da mãe porque ela é a única de quem se pode esperar um grau de tolerância razoável para tamanha ausência de consideração, mesmo por brincadeira. Se não lhe for dada a oportunidade de brincar sem compaixão, a criança terá que esconder o seu eu impiedoso e dar-lhe vida apenas em estados dissociados.

Tão cedo quanto possa ocorrer a integração, e talvez ela aconteça antes num auge de excitação ou raiva, diz Winnicott, há um estágio teoricamente anterior no qual o que quer que o bebê faça que possa machucar não é feito a partir do ódio. "Utilizei a expressão amor impiedoso para descrever esse estágio. À medida que o bebê torna-se capaz de se sentir uma pessoa inteira, o termo 'ódio' passa a ter sentido para descrever um certo conjunto de sentimentos" (Winnicott, 1947/2000b, p. 285).

A mãe deve ser capaz de tolerar o sentimento de ódio que ela experimenta contra o bebê sem fazer nada a esse respeito e sem expressá-lo para ele. Além disso, ela não pode temer a sua própria reação, pois, nesse caso, não conseguirá odiar adequadamente quando machucada. O aspecto mais notável a esse respeito, numa perspectiva winnicottiana, é a capacidade que a mãe tem de ser tão agredida e sentir tanto ódio por seu bebê sem vingar-se dele, bem como sua aptidão para esperar por recompensas que podem ou não vir bem mais tarde. Mas ela só será realmente recompensada quando alguma capacidade para o concernimento vier a se instaurar na vida emocional da criança.

Amor primitivo; movimento/oposição; culpa/concernimento

Outro ponto importante e bastante original na abordagem de Winnicott a propósito da agressividade é a sua relação com a questão do movimento. A motilidade constitui, para o psicanalista britânico, uma das expressões mais elementares da agressividade. Presente desde a vida fetal, ela sustenta a emergência da potência agressiva quando a estabilização do processo de integração unifica o que até então se manifestava como "funções parciais". Ela está presente na dinâmica do movimento erótico de relacionar-se com o outro, de início ainda não reconhecido como tal, e, como vimos, não contém nem exprime ódio. O que não impede a intenção de "devorar" o seio da mãe, de veicular a característica destrutiva do amor primitivo. Para Winnicott (1968/1982),

> *No início agressividade é sempre movimento, antes mesmo do nascimento já são observadas movimentações intrauterinas (pontapés)... Uma parte da criança se movimenta e dá de encontro com algo. Nesses casos muito iniciais não temos propriamente golpes porque ainda não há uma pessoa com intenções.... O que há sempre são tendências ao movimento, no sentido de obter algum prazer muscular, as quais se deparam com obstáculos.... O mais importante é que essas primeiras pancadas vão levando à descoberta de um mundo Não-Eu e à relação com objetos. ... O que virá a ser propriamente um comportamento agressivo não passa no início de um simples impulso que desencadeia movimento constituindo os primeiros passos de uma exploração do ambiente. (pp. 263-264)*

Uma porção significativa do potencial de motilidade do bebê se fusiona com o erotismo, mas outra porção ficará disponível para objetivos puramente motores. São esses últimos que requerem uma certa oposição do ambiente para poderem satisfazer as necessidades do bebê. Convém então distinguir com clareza o *quantum* de motilidade fusionada com o erotismo do restante dela. Segundo Carlos Plastino (2014), "a motilidade fusionada com o erotismo mobiliza gestos espontâneos do bebê e encontra satisfação na gratificação instintiva. Mas a motilidade não fusionada remanescente precisa encontrar oposição" (p. 86).

Em condições normais, grande parte da motilidade é despendida nas experiências instintivas. A oposição é necessária para dar realidade ao impulso, e o que se costuma chamar de "potencial agressivo" de um bebê depende da quantidade de oposição até então encontrada. No contato com o objeto que resiste e se opõe, o bebê transforma gradualmente a sua potência vital em capacidade para a agressão. A questão fundamental nesse caso é a oferta da quantidade adequada de oposição, já que o excesso inibe o impulso e impede que a motilidade se fusione à experiência instintual, como deve ocorrer em casos saudáveis. Isso favorece a elaboração imaginativa das funções corporais e, consequentemente, a tarefa de alojamento da psique no corpo, a personalização, é facilitada. O sentido de real, diz Winnicott, no artigo sobre "A agressividade em relação ao desenvolvimento emocional" (1950-1955/2000c), se origina especialmente das raízes motoras e sensoriais correspondentes. Quando, nas experiências instintuais, há uma fraca infusão do elemento motor, estas não fortalecem o sentido de realidade ou de existir.

Portanto, antes mesmo da integração da personalidade, a agressividade já está em ação, vinculada à motilidade, e faz parte da expressão primitiva de amor em termos de oralidade. Nesse momento do processo de subjetivação, caracterizado pela ausência de concernimento, pode-se dizer que a criança existe como uma pessoa e tem propósitos, mas ainda não considera importante o fato de que o que ela destrói quando excitada é a mesma coisa que valoriza nos intervalos mais calmos entre as excitações. Seu amor excitado inclui um ataque imaginário ao corpo da mãe. No estágio do concernimento, que traz com ele a capacidade para a culpa, a integração do ego já alcançou um grau em que a criança pode perceber melhor a personalidade da figura materna, o que tem como consequência alguma dose de consideração por parte dela quanto ao resultado de suas experiências instintivas, tanto físicas quanto psíquicas.

Nos estágios iniciais do amadurecimento, quando o eu e o não eu estão se constituindo, o componente agressivo é aquele que, em geral, conduz o indivíduo rumo a um objeto ou a um não eu que ele sentirá como externos. De acordo com Winnicott (1950-1955/2000c), "a experiência erótica pode ser completada por qualquer coisa que alivie o impulso instintivo erótico . . . Por outro lado, os impulsos agressivos não proporcionam nenhuma experiência satisfatória a não ser que encontrem oposição. A oposição deve originar-se no ambiente, no não-eu que gradualmente vai se distinguindo do eu" (p. 301).

O potencial de força vital de um feto, afirma Winnicott, é mais ou menos o mesmo, tal qual o potencial erótico do bebê. A complicação reside, como dizíamos, no fato de a quantidade de potencial agressivo depender da quantidade de oposição com a qual ele depara, ou seja, a oposição afeta a conversão da força vital em potencial de agressividade. Mais do que isso, o excesso de oposição tende a criar complicações que podem tornar impossível a fusão do potencial agressivo com o erótico.

Na saúde, os impulsos levam à descoberta de que existe um ambiente, sendo que este equivale à oposição encontrada pelo movimento e sentida no seu exercício. A consequência, nesse caso, é o reconhecimento primitivo de um mundo não eu e a instauração incipiente do eu. Vale lembrar que, na prática, tais coisas acontecem gradualmente, indo e vindo repetidamente, sendo alcançadas e perdidas em seguida.

Contudo, existe uma certa confusão, constata o nosso autor,

> *quando empregamos o termo agressividade para designar espontaneidade. O gesto impulsivo volta-se para fora e torna-se agressivo quando encontra oposição. Há realidade nessa experiência, e ela funde-se facilmente às*

> *experiências eróticas que aguardam o recém-nascido . . . É esta impulsividade e a agressividade que dela deriva que levam o bebê a necessitar de um objeto externo, e não apenas de um objeto que o satisfaça. (Winnicott, 1950-1955/2000c, p. 304)*

A motilidade, portanto, é uma característica do ser vivo e, como mostrou Winnicott, precede a agressividade, termo que vai fazendo mais sentido para a criança à medida que o processo de subjetivação se desenrola. São casos particulares desse movimento quase agressivo o ato de agarrar e a atividade de sugar que depois se transforma em morder. Na criança sadia, conforme vimos, grande parte desse potencial de agressividade funde-se às experiências instintivas e ao padrão dos relacionamentos mais primitivos. No entanto, esse desenvolvimento só ocorre caso certas condições ambientais suficientemente boas estejam presentes. Nesse contexto, surgem a culpa e a consideração.

> *Em algum momento da segunda metade do primeiro ano de vida da criança normal, essa começa a demonstrar certa capacidade de se preocupar, certa habilidade de ter sentimento de culpa. Trata-se aqui de um estado de coisas altamente complexo que depende da integração da personalidade infantil em uma unidade e está vinculado à aceitação, por parte da criança, da responsabilidade por toda a fantasia sobre o que pertence ao momento instintivo. A presença contínua da mãe é precondição necessária a essa realização altamente sofisticada, e a atitude da mãe deve comportar um elemento de estar atenta a ver e aceitar os esforços imaturos feitos pela criança no sentido de contribuir, isto é, cabe à mãe reparar, amar construtivamente. (Winnicott, 1958/2001, p. 18)*

Como vimos, o impulso de amor primitivo opera num estágio em que o ego está apenas começando a amadurecer, ou seja, quando a integração ainda não é um fato estabelecido, período em que também não é possível a aceitação da responsabilidade. Isso só ocorre quando o ego já está integrado e organizado a ponto de existir a raiva e, consequentemente, o temor à retaliação. "Quanto mais cedo detectarmos a presença de raiva e medo, poderemos reconhecer também a presença daqueles dois desenvolvimentos do ego antes dos quais não faz sentido falarmos em sentimentos de raiva no indivíduo" (Winnicott, 1950-1955/2000c, p. 296).

Na saúde, afirma Winnicott, o ambiente é constantemente descoberto e redescoberto por meio da motilidade. A partir da potência criativa do movimento, o indivíduo está se desenvolvendo no centro e o contato com o ambiente é uma experiência absolutamente singular do indivíduo, ainda que tudo isso dependa de uma mãe suficientemente boa, sensível e disposta a se adaptar ativamente às necessidades primárias da criança. E, nessa adaptação, como veremos agora, a sobrevivência desempenha um papel absolutamente fundamental.

Círculo benigno, sobrevivência, reparação e concernimento

No início do processo de subjetivação, a criança é mesmo impiedosa, pois não dá ainda nenhuma importância às consequências de seu amor instintivo impetuoso. Esse amor é originalmente uma forma de impulso, de gesto, contato ou relacionamento que proporciona ao bebê a satisfação de poder se expressar, bem como o alívio da tensão instintiva. Além disso, ele também situa o objeto fora do eu, o que lhe oferece uma percepção um pouco mais objetiva da realidade, a qual vai se consolidando com o tempo, caso tudo corra bem. Esse momento do processo é aquele da pré-piedade, pré-compaixão ou pré-concernimento, quando ainda não há propriamente cuidado ou consideração pelo objeto de amor. A mudança da ausência de consideração para um maior cuidado ocorre gradualmente, sob certas condições específicas de maternagem.

Uma transformação tão complexa no amadurecimento emocional, diz Winnicott, não pode realizar-se sem a ajuda de um ambiente suficientemente bom. Esse último é representado pela sobrevivência da mãe, e enquanto o bebê não dispuser de suficiente material mnêmico para existir sem a mãe, não há lugar para o seu desaparecimento.

> *O bebê abençoado com uma mãe que sobrevive, que reconhece um gesto de doação quando este ocorre, está agora em condições de fazer algo a respeito daquele buraco, o buraco no seio ou no corpo, criado imaginariamente no momento instintivo original. Aqui entram em cena as palavras reparação e restituição . . . O gesto de doação pode vir a alcançar o buraco se a mãe faz a sua parte. (Winnicott, 1954-1955/2000d, p. 365)*

Com isso, começa a se estabelecer um círculo benigno, e o resultado do fortalecimento diário desse círculo é que o bebê vai se tornando cada vez mais capaz de tolerar aquele buraco que é uma das consequências do seu amor instintivo. Aqui está a origem do sentimento de culpa, aliás, da única culpa realmente pessoal e verdadeira, já que, na visão de Winnicott, aquela culpa que é implantada de fora é falsa para o eu. Em termos mais específicos, a culpa verdadeira advém da junção das duas mães, ambiente e objeto, a do amor tranquilo e a do amor excitado, daquela que é objeto de amor e de ódio. Esse sentimento virá a compor, na medida em que cresça, uma fonte saudável de atividade nos relacionamentos interpessoais, quando do advento da pessoa total.

Temos aí, portanto, uma das fontes da potência para a construção social e o desempenho artístico, que Winnicott considera um resultado do desdobramento da destruição criativa e que depende fundamentalmente da sobrevivência do objeto à agressividade inerente à força vital originária. A criança saudável, segundo o nosso autor, não precisa ser ensinada a sentir culpa ou compaixão porque tem uma fonte absolutamente singular e própria desses sentimentos.

Por um bom tempo, a criança precisa de alguém que não seja apenas amado, mas que se disponha a acolher sua potência, não apenas de destruição, mas também de restituição e reparação. Ou seja, assim como precisa expressar sua agressividade e suas tendências destrutivas, a criança pequena também precisa, de acordo com Winnicott, ter a chance de dar, relacionada à culpa derivada daquelas experiências instintivas, porque só assim ela poderá crescer de modo emocionalmente saudável. Se a mãe se comporta de uma maneira significativamente adaptativa, o que tende a ocorrer de modo natural, ela será capaz de proporcionar tempo suficiente para que a criança se reconcilie com o fato de que o objeto do seu ataque impiedoso é a mesma pessoa responsável pela situação de cuidado total consigo.

> *Pode-se ver que o lactente tem duas preocupações: uma com o efeito do ataque na mãe, e a outra como resultado em seu próprio eu, conforme haja a predominância de satisfação ou de frustração e raiva. Usei a expressão impulso amoroso primitivo, mas nas obras de Klein a referência é à agressão, que é associada às frustrações que inevitavelmente perturbam a satisfação instintiva à medida que a criança começa a ser afetada pelas exigências da realidade.* (Winnicott, 1958/1983a, p. 25)

Caso haja um tempo razoável, o lactente certamente será capaz de solucionar os resultados da experiência instintiva. A mãe, sustentando a situação no tempo, precisa estar pronta para receber e compreender se o lactente tem o impulso natural de dar ou de reparar. De acordo com Winnicott, nesse momento do processo de subjetivação, a criança ainda não é capaz de lidar com uma sucessão de lembranças ou com a ausência prolongada da mãe, e precisa que lhe sejam oferecidas oportunidades para fazer reparações e restituições. Gradualmente, à medida que ela descobre que a mãe sobrevive e aceita o seu gesto reparador, a criança torna-se capaz de aceitar a responsabilidade pela fantasia total do impulso instintivo global que era impiedoso previamente. Assim, a crueldade impiedosa cede lugar à piedade e a desconsideração, à consideração pelo outro.

Um aspecto fundamental do sentimento de culpa resulta dessa tolerância por parte da mãe para com os impulsos destrutivos da criança no amor primitivo. A tolerância dos próprios impulsos destrutivos resulta numa coisa nova, diz Winnicott, que é a capacidade de desfrutar de ideias, mesmo que destrutivas, bem como das excitações corporais que as acompanham. Esse processo abre amplo espaço para a experiência de consideração/concernimento, que é a base para tudo o que é construtivo na subjetivação.

É importante notar que, ao longo desse processo de reparação, a criança está acumulando uma força do eu que possibilita a tolerância da destrutividade pertencente à sua própria natureza. "A oportunidade para contribuir, de um modo ou de outro, ajuda cada um de nós a aceitar a destrutividade que é parte de nós próprios, básica, e pertencente ao amor, que é comer" (Winnicott, 1960/2002b, p. 161).

Uma boa relação entre agressividade e potência construtiva depende, portanto, da oportunidade que é oferecida à criança para que ela possa prestar sua contribuição ao ambiente fazendo coisas com prazer e percebendo que isso faz falta e diferença para o outro. Winnicott ressalta que "se a sua contribuição não é valorizada pelo outro a sensação que predomina é a de impotência ou inutilidade, o que pode levar a explosões de agressividade. É fundamental que uma criança possa dar, mais até do que receber" (Winnicott, 1968/1982, p. 268).

Segundo Winnicott, a fantasia que acompanha os fortes impulsos do id reúne ataque e destrutividade. Isso significa que o bebê não apenas imagina a si próprio devorando o objeto, mas também quer se apossar dos seus conteúdos. Se o objeto não é destruído é por causa de sua própria potência para sobreviver, e não por causa de sua proteção pelo bebê. Este se sente ansioso porque se consumir a mãe a perderá, mas essa ansiedade pode ser transformada pelo fato de o bebê ter uma contribuição a fazer à mãe-ambiente. Se tudo corre bem, surge uma confiança crescente de que haverá alguma oportunidade para contribuir, sentimento que torna o lactente capaz de tolerar a ansiedade. Tolerada deste modo, ela acabará se transformando em culpa.

Os impulsos instintivos levam ao uso impiedoso dos objetos, e daí a uma culpa que é retida e aplacada pela contribuição à mãe que o lactente pode fazer. Além disso, a oportunidade para se doar e reparar danos que é oferecida pela mãe-ambiente, com sua presença consistente, capacita o bebê a se tornar cada vez mais audacioso na experimentação com seus próprios impulsos instintivos; dito de outro modo, a oportunidade de reparação libera a sua vida instintiva. Assim, a culpa não é propriamente sentida, mas permanece como que adormecida, ou em potencial, e aparece (como tristeza ou ânimo deprimido) somente se não for oferecida a oportunidade de reparação.

Quando a confiança nesse ciclo benigno e na expectativa da oportunidade se estabelece,

> *o sentimento de culpa relacionado com os impulsos do id sofre nova modificação; precisamos então de um termo mais positivo, tal como 'preocupação' (consideração, concernimento, cuidado). O lactente está agora se tornando capaz de ficar preocupado, de assumir responsabilidade por seus próprios impulsos instintivos e as funções que dele fazem parte.* (Winnicott, 1963/1983b, p. 73)

Isso provê um dos elementos construtivos fundamentais da brincadeira e do trabalho.

Entretanto, ao longo do processo de amadurecimento emocional, foi a oportunidade de contribuir, dada a sobrevivência da mãe, que possibilitou ao concernimento se situar dentro das capacidades da criança. Nessas condições, o bebê estará apto a perceber o mundo objetivamente porque experienciou o objeto que sobreviveu à sua destrutividade (agressividade primária). Isso significa que o objeto permanece sendo, de certa forma, o mesmo, uma vez que não promoveu qualquer retaliação por rejeição ou punição.

Já a mãe que não for suficientemente boa nestes termos e que não puder responder aos sinais espontâneos emitidos pelo bebê não conseguirá sobreviver e, consequentemente, contribuir para o desenvolvimento emocional de seu bebê. "Uma consequência disso é que o bebê corre o perigo de desenvolver uma complacência, um falso *self*, ou coisa muito pior" (Abram, 1996/2000, p. 20). Mas se o objeto sobrevive à destruição, o padrão de desenvolvimento da agressividade pessoal da criança prossegue e, um pouco mais tarde, servirá de pano de fundo para uma contínua fantasia de destruição ou provocação. A partir daqui, segundo Winnicott, o objeto subjetivo é permanentemente destruído na fantasia.

O amor, no sentido específico desse contexto, só surge após a destruição na fantasia inconsciente. Como vimos, Winnicott fala de amor primitivo referindo-se aos estados excitados do bebê, carregados de tensão instintual. Mas outra coisa, completamente distinta, é o amor pelo objeto que sobrevive à destruição. De acordo com Elsa Dias (2011a), "trata-se agora do sentimento de um eu, dirigido a um outro, experimentado como pessoa inteira e separada. Nestas condições fica evidenciado que tanto a realidade objetiva quanto o amor dependem de haver sempre destruição" (p. 109). Essa destruição, que aqui chamamos de criativa, torna-se o pano de fundo inconsciente para um amor de objeto real, isto é, para a percepção objetiva de um objeto situado fora da área do controle onipotente do sujeito.

É apenas nesse contexto do concernimento que aparece a agressividade propriamente dita, integrada como parte da personalidade, de caráter instintual e relativa à destrutividade inerente à natureza humana. Essa destrutividade é aquela mesma da impulsividade instintual do amor primitivo, só que até então o bebê não tinha qualquer consideração ou cuidado com nada, não sabendo de si mesmo nem do mundo. Agora, tendo alcançado a dimensão de um eu unitário, separado do não eu, ele começa a integrar a instintualidade e a destrutividade que lhe são inerentes, como parte do eu. Assim, passa também a sentir-se concernido e responsável pelos resultados de seu amor excitado tanto na mãe como em si mesmo.

Tal processo, como mostra Dias, não é apenas complexo, como também doloroso:

> *É quase intolerável para os seres humanos em geral assumir plenamente a responsabilidade pela destrutividade que é pessoal e inerente a uma relação com um objeto sentido como bom; em outras palavras, que está relacionada ao amor. Essa conquista só será possível por meio de um desenvolvimento gradual associado às experiências de reparação e restituição. (Dias, 2011a, pp. 112-113)*

Para que essa conquista se estabeleça como capacidade integrada à personalidade, a criança precisa suportar a culpa por algum tempo, o que só é possível mediante o auxílio luxuoso de uma mãe potente e viva, a qual sobrevive e permanece sustentando a situação durante o tempo necessário. Mediante o ataque voraz, a mãe permanece lá, disponível, até o gesto reparador. Essa sequência, em que o bebê morde e assopra, precisa se repetir muitas vezes até que, gradualmente, o lactente passe a acreditar no esforço construtivo, suportando a culpa e, assim, tornando-se livre para o amor instintivo. Conforme vimos, isso é o que Winnicott chama de círculo benigno. Se ele se estabelece de forma saudável, a criança torna-se capaz de descobrir e manter contato com sua destrutividade e seu ímpeto pessoal de dar, construir e reparar. Caso contrário, a vida instintiva será inibida e reaparecerá a dissociação entre os estados tranquilos e excitados. Com isso, o descanso torna-se impossível e fica perdida a capacidade de brincar.

Destruição criativa, externalidade e sobrevivência no contexto do uso do objeto

Para além do relacionamento com os objetos que ocorre nos momentos mais primitivos da subjetivação, Winnicott, ao final de sua obra, formulou a ideia de um uso do objeto que difere daquela relação inicial. Entre o relacionar-se e o uso, diz ele, temos algo de extrema importância, que é a colocação, pelo sujeito, do objeto fora da sua área de controle onipotente, ou seja, a percepção daquele objeto como um elemento externo, e não mais como um fenômeno predominantemente subjetivo. No entanto, uma vez mais, a sobrevivência do objeto nesse contexto é absolutamente imprescindível. Como lembra Winnicott (1968/1994d),

> *[é] importante notar que não se trata apenas de o sujeito destruir o objeto porque este está situado fora da área de controle onipotente. É igualmente importante enunciar isso ao contrário e dizer que é a destruição do objeto que o situa fora da área de controle onipotente do sujeito. Destas maneiras o objeto desenvolve sua própria autonomia e vida, e (se sobrevive) contribui para o sujeito, de acordo com suas próprias propriedades. . . . Por causa da sobrevivência do objeto o sujeito pode agora começar a viver*

> *uma vida no mundo dos objetos e tem assim a ganhar de maneira imensurável. (p. 174)*

Trata-se, no caso, de objetos afetivamente investidos que estão, nesse momento do amadurecimento emocional, em processo de destruição por serem reais, ao mesmo tempo que se tornam reais por serem destruídos.

O que Winnicott está considerando com essa proposição a respeito do uso é a necessidade de aceitar o fato de que o primeiro impulso na relação do sujeito com o objeto (percebido de maneira objetiva, e não subjetiva) seria destrutivo, e não apenas descuidado, como o considerava até então, ainda que a destrutividade não exclua o descuido. A questão aqui é que, enquanto o sujeito não destrói o objeto subjetivo (aquilo que Winnicott chamou em outras ocasiões de feixe de projeções), a destruição aparece e se torna um aspecto central para que o objeto seja objetivamente percebido, ganhe autonomia e passe a fazer parte da realidade compartilhada.

"A minha tese", diz o autor, "é que a destruição desempenha o seu papel na construção da realidade, situando o objeto fora do *self*. Para que isto aconteça, são necessárias condições favoráveis" (Winnicott, 1968/1994d, p. 175). Trata-se aqui de uma dimensão crucial no processo de destruição criativa que estamos nos propondo a destacar. Pois, na verdade, o sujeito está criando o objeto, no sentido de encontrar a própria externalidade, experiência que depende basicamente da capacidade de sobrevivência sem retaliação por parte do objeto. Se tudo corre bem nesse contexto, a oferta de oportunidades para a reparação poderá ser apresentada na sequência, consolidando um movimento construtivo/criativo, movimento que já existia virtualmente como potencial implícito na própria sobrevivência do objeto

Com essa noção de uso do objeto também é possível notar a absoluta singularidade da compreensão winnicottiana sobre a agressividade, que aqui estamos tentando realçar, quando consideramos a emergência da externalidade para o psiquismo do bebê. Se na teoria freudiana clássica, como vimos, a agressividade caracteriza a reação do bebê ao encontro com a realidade objetiva, aí incluída a frustração que ela lhe impõe, gerando nele, só então, raiva e desejo de agredir, a perspectiva winnicottiana é completamente distinta. Para o bebê, a transformação do objeto subjetivo (criado por ele e manipulável à vontade) em objeto objetivo remete a uma externalidade não manipulável, o que implica a destruição imaginária do objeto subjetivo. Como ressaltou Plastino (2014), "sua sobrevivência objetiva transforma-o em objeto objetivo, levando assim o bebê a aceitar, pelo amor que sente ao objeto sobrevivente, a realidade objetiva, a alteridade e a externalidade" (p. 91).

É, portanto, a destruição do objeto subjetivo promovida pelo bebê que coloca aquele objeto fora do eu, desde que, é claro, intervenha nesse processo um ambiente facilitador. "Na teoria ortodoxa encontra-se sempre o pressuposto de que a agressão é reativa ao encontro com o princípio da realidade, enquanto que aqui é a pulsão destrutiva que cria a qualidade de externalidade. Isto é central à estrutura dos meus argumentos" (Winnicott, 1968/1994d, p. 176). Assim, fica bem claro o valor positivo da destrutividade em sua dimensão criativa: destruído o objeto subjetivo cria-se a possibilidade do uso do objeto agora percebido objetivamente.

Já o que seria uma destruição real pertence justamente ao fracasso do objeto em sobreviver, pois, se ele não fracassar, a destruição permanecerá apenas como potencial. A palavra "destruição", nesse contexto, não remete especificamente ao impulso destrutivo do bebê, mas ao risco de o objeto não sobreviver, o que significa possíveis mudanças em sua qualidade ou atitude.

De acordo com Dias, a questão da agressividade no pensamento de Winnicott sempre esteve ligada à constituição da realidade externa. No fim dos anos 1960, o que ele fez foi configurar um tipo de destrutividade não instintual e sem raiva (*no anger*), ainda dentro dos estágios iniciais, que envolve não uma destruição efetiva, como vimos, mas uma destruição potencial, que ocorre basicamente na fantasia.

> *Há um momento do amadurecimento normal em que o bebê destrói o objeto, que, nessa ocasião, é subjetivo, não para se livrar de algo mau dentro dele (ainda não há dentro e a questão não é bom ou mau), mas para, expulsando o objeto para fora do seu controle onipotente e experienciando a sobrevivência dele, poder reconhecê-lo como uma coisa em si, externa e separada do seu eu, como algo que vive por sua própria conta . . . É desse modo que o bebê cria a externalidade do mundo como um novo e necessário sentido do real e pode, a partir de então, usar objetos. (Dias, 2011a, p. 108)*

Temos aqui reafirmada uma sequência fundamental no processo de subjetivação da criança: destruição, sobrevivência, criação.

O ataque raivoso relativo ao encontro com o princípio de realidade, segundo Winnicott, é algo mais sofisticado e posterior a essa destrutividade primitiva. Não há raiva na destruição do objeto dessa agressividade primária, embora se possa dizer que haja alegria com a sua sobrevivência. "A partir deste momento, ou originando-se desta fase, o objeto *na fantasia* está sempre sendo destruído. Esta qualidade de "sempre sendo destruído" torna a realidade do objeto sobrevivente sentida como tal, fortalece o tom do sentimento e contribui para a constância objetal. O objeto agora pode ser usado" (Winnicott, 1968/1994d, p. 177).

Esta destruição contínua torna-se o pano de fundo inconsciente para o amor de um objeto real situado fora da área de onipotência. Esse aspecto envolve, mais uma vez, um enunciado do valor positivo da destrutividade. Esta, em conjunto com a sobrevivência por parte do objeto, o situa fora da área dos objetos constituídos a partir de projeções subjetivas. Assim é criado um mundo de realidade que pode ser partilhada e usada pela criança, a qual também pode retroalimentar o que Winnicott chama de substância diferente de mim no sujeito.

A destrutividade, portanto, pertence ao relacionar-se com objetos que estão fora do mundo subjetivo ou da área de onipotência. "Em outras palavras, primeiro existe a criatividade que pertence ao estar vivo, e o mundo é apenas um mundo subjetivo. Depois vem o mundo objetivamente percebido e a destruição absoluta dele e de todos os seus detalhes" (Winnicott, 1963/1994a, p. 179). Essa destruição que se encontra na base da relação com os objetos, na saúde, canaliza-se para a destruição que se dá no inconsciente, na realidade psíquica interna do indivíduo, em sua vida onírica e suas atividades lúdicas, e na expressão criativa. "Esta destruição não precisa de controle; o que se necessita aqui é a provisão de condições que permitam o crescimento emocional do indivíduo, contínuo desde a primeiríssima infância até a ocasião em que as complexidades da fantasia e do deslocamento se tornam acessíveis ao indivíduo em sua busca de uma solução pessoal" (Winnicott, 1965/1994b, p. 180).

Nesse momento primeiro e vitalmente importante, a qualidade viva "destrutiva" do indivíduo é simplesmente um sintoma de estar vivo e, como vimos, nada tem a ver com raiva ou possíveis frustrações inerentes ao encontro com o princípio de realidade. "Esta premência destrutiva muito inicial, portanto, tem uma função positiva vital (quando, pela sobrevivência do objeto, ela funciona), a saber, a objetivização do objeto" (Winnicott, 1968/1994c, p. 186).

Um dos pontos cruciais do argumento sustentado por Winnicott é que a primeira pulsão é, ela própria, uma unidade, que ele chamou de destruição, mas poderia ter chamado de pulsão combinada amor-conflito. Essa unidade primária é o que, segundo ele, surge no bebê pelo processo maturacional natural, e seu destino não pode ser enunciado sem referência ao meio ambiente.

> *A pulsão é "potencialmente" destrutiva, mas ser ela destrutiva ou não depende de como é o objeto; o objeto* sobrevive, *isto é, mantém o seu caráter, ou* reage*? No primeiro caso, então, não há destruição, ou não muita, pelo menos, e há um momento seguinte em que o bebê pode tornar-se e gradualmente se torna cônscio de um objeto psicoenergizado, mais a* fantasia *de ter destruído, machucado, danificado ou provocado o objeto. O bebê, neste extremo de provisão ambiental, continua em um padrão de desenvolvimento da agressividade pessoal que proporciona o pano de fundo de uma fantasia contínua (inconsciente) de destruição. Aqui podemos utilizar o conceito de reparação kleiniano, que vincula o brinquedo e o trabalho construtivos com* este pano de fundo de fantasia *(inconsciente) de destruição ou provocação (talvez a palavra certa ainda não tenha sido encontrada). Mas a destruição de um objeto que sobrevive, que não reagiu nem desapareceu, conduz ao uso. (Winnicott, 1969/1994e, p. 190, grifos do original)*

Se a mãe sobreviver, o bebê também encontrará um novo significado para a palavra amor, e uma coisa nova surgirá em sua vida: a fantasia. "É como se o bebê agora pudesse dizer para a sua mãe: 'Eu a amo por ter sobrevivido à minha tentativa de destruí-la. Em meus sonhos e em minha fantasia eu a destruo sempre que penso em você, pois a amo.'" (Winnicott, 1969/2002c, p. 26). Isso objetifica a mãe e a torna útil, colocando-a num mundo que não é parte do bebê. A base do desenvolvimento saudável dos seres humanos, reafirma Winnicott, é a sobrevivência do objeto que foi atacado. No caso da mãe que alimenta um bebê, não se trata simplesmente da sua sobrevivência como uma pessoa viva, mas também como alguém que não se transformou, no momento crítico, em uma pessoa vingativa, nem partiu para retaliações.

Como mostrou Thomas Ogden, o processo de reconhecimento da mãe como uma pessoa por quem a criança sente preocupação (e que o bebê pode usar em virtude do reconhecimento da sua ancoragem no mundo fora dele mesmo) implica uma destruição da mãe pelo bebê em que, paradoxalmente, a mãe sobrevive. "Minha compreensão dessa noção paradoxal – que espero não ser uma resolução do paradoxo da destruição criativa da mãe – é que o bebê abre espaço para a possibilidade da mãe como sujeito, uma *pessoa* diferente-de-mim, destruindo um aspecto dele mesmo (sua própria onipotência projetada no objeto interno mãe onipotente)" (Ogden, 1994/1996, p. 52).

Enquanto o bebê se agarra à sua onipotência defensiva sob a forma de relação com o objeto interno mãe onipotente, a mãe, como sujeito e como objeto externo, é eclipsada pelas projeções do bebê, de seu *self* e de seus objetos internos onipotentes. A destruição na fantasia do objeto (interno) mãe é como um reflexo da renúncia do bebê às defesas onipotentes, sob a forma de dependência do objeto interno mãe onipotente. Ao destruir continuamente (na fantasia) o objeto interno mãe, o bebê torna-se capaz de descobrir o objeto externo mãe (tanto como objeto quanto como sujeito), se a mãe for capaz de sobreviver à destruição dela que o bebê opera na fantasia (e ao tratamento cruel que dispensa a ela), permanecendo emocionalmente presente o tempo todo. Nesse processo criativamente destrutivo, o eu como sujeito e a mãe como sujeito ganham vida simultaneamente um em relação ao outro.

A sobrevivência de alguma coisa a torna valiosa, diz Winnicott. Nos primórdios do processo de subjetivação, a sobrevivência da mãe capacita as pessoas a perceberem que a vontade de destruir do bebê nada tem a ver com raiva, mas com um amor primitivo. Esta destruição, continua o autor,

> *ocorre na fantasia inconsciente, ou no sonho pessoal que corresponde ao dormir. A coisa fica destruída apenas na*

> *realidade psíquica interna pessoal. Na vida desperta, a sobrevivência do objeto, seja lá qual for, traz um sentido de alívio e um novo senso de confiança. Agora fica claro que é* devido a propriedades que são suas *que as coisas podem sobreviver, apesar de nosso sonho, apesar do pano de fundo de destruição em nossa fantasia inconsciente. O mundo começa a existir agora por si próprio: um lugar onde viver, não um lugar para recear ou ao qual sempre devemos obedecer ou no qual ficamos perdidos; e também não um lugar onde lidamos apenas com os sonhos ou com a indulgência da fantasia.* (Winnicott, 1970/1999, p. 277)

Jan Abram chega a arriscar a hipótese de que esta ênfase de Winnicott na sobrevivência do objeto constituiria um conceito clínico de agressão enraizado na metodologia psicanalítica que deveria ser contrastado com o conceito especulativo de instinto de morte como formulado por Freud, com suas raízes biológicas.

> *Embora Winnicott tenha observado este fato e escrito sobre ele de 1937 a 1968, foi apenas com a conceituação do "uso do objeto" que ele pôde claramente afirmar que a sobrevivência do objeto é uma nova característica na sua formulação. Em outras palavras, a capacidade de pensar simbolicamente e alcançar uma posição na qual o outro é percebido como verdadeiramente separado, e não apenas um "feixe de projeções", seria, segundo o autor, inteiramente contingente com a sobrevivência do objeto desde o princípio, quando o bebê ainda não é capaz de diferenciar entre eu e não eu.* (Abram, 2013, pp. 316-317)

A capacidade consistente da mãe para tolerar as demandas infindáveis do bebê, graças ao seu estado de preocupação materna primária, é o que oferece a ele um sentido de continuidade e confiabilidade.

A sobrevivência, diz Abram, envolve identificação primária, espelhamento, proteção do ego e, crucialmente, não retaliação. A miríade de aspectos da sobrevivência da mãe suficientemente boa capacita o bebê a se mover da apercepção para a percepção no espaço potencial entre relacionar-se com objetos subjetivos até perceber objetos objetivamente. Essa fase na vida do bebê o leva da dependência absoluta para a dependência relativa.

A agressão primária do bebê – isto é, o impulso instintual benigno – força o objeto a se adaptar (ou não) às suas necessidades instintuais. De acordo com Abram (2013),

> *o momento crucial na sequência de Winnicott da relação com o objeto para o uso do objeto é que o objeto esteja lá para* receber a comunicação – *isto é, o objeto esteja apto a* receber *a destruição amorosa do sujeito. É essa* recepção *(que inevitavelmente inclui* reflexão*) que constitui a* sobrevivência *do objeto. Por causa da habilidade do objeto para receber, e portanto sobreviver, o sujeito experienciará que o objeto sobreviveu ao seu amor impiedoso, porque ele – o objeto – continua a receber e refletir; responder e se adaptar. Esta é a experiência essencial de mutualidade que conduzirá ao estabelecimento de um ambiente de apoio ao ego internalizado sem o qual o sujeito não consegue distinguir entre as suas projeções e a integridade da mãe/outro. (p. 321, grifos do original)*

Na passagem da relação subjetiva para a percepção objetiva do objeto encontra-se o arriscado movimento de expulsar o objeto (subjetivo) para fora do âmbito de onipotência, conferindo a ele, criativamente, em caso de sobrevivência, o caráter de externo. O objeto que está, nesse momento, em vias de ser expulso é o objeto subjetivo. Esta operação de expulsão do objeto, como vimos, é chamada por Winnicott de destruição do objeto. Segundo Dias (2011b),

> *o termo destruição é necessário por duas razões. Primeiro, devido ao impulso real do bebê de destruir (sem raiva), que em geral é efetivado por ocasião da relação excitada com o objeto ainda subjetivo, mas, sobretudo, devido à possibilidade de o ambiente (mãe) não sobreviver à destruição. Se o ambiente sobreviver, a destruição transforma-se, para o bebê,* na experiência da possibilidade de destruir (agredir), *ou seja, na integração da destrutividade como um aspecto de sua potência, o objeto sendo agora visto como seguro para ser usado excitadamente. (p. 132, grifos do original)*

Se o objeto continuar lá, o mundo externo terá início e permanecerá; se, ao contrário, o ambiente não sobrevive, caso ele seja realmente destruído (quando o objeto sucumbe e retalia), o bebê perde a sua sustentação e o seu impulso de uso excitado torna-se perigoso. Nessas condições, a nova fase de relacionamento objetal não tem início e a criança terá que permanecer em um mundo puramente imaginativo constituído apenas como um feixe de projeções, sem o enriquecimento proveniente de uma experiência criativa no contato com a realidade externa.

Considerações finais

Conforme vimos ao longo deste trabalho, Winnicott considera o impulso vital como algo poderoso no ser humano, fazendo de sua força instintiva, desde o início da vida, uma dimensão fundamental do desenvolvimento emocional. O amor primitivo constitui sua expressão inicial, manifestando-se em uma série de comportamentos dos quais a destrutividade faz parte. Ele é expressão da força vital e se desdobra na agressividade e na motilidade, compreendida como movimento de correr atrás das coisas, de mexer com o mundo. Assim, a força vital é parte da natureza humana e o é durante toda a vida, o que faz com que Winnicott a considere como uma parte muito importante da criatividade.

As fantasias de criação e destruição fazem parte desse processo. Durante o período do não concernimento, elas não são acompanhadas de ódio, que Winnicott considera um sentimento muito complexo para ser vivenciado por um bebê ainda não integrado. O ódio surge após o advento do concernimento, mas o faz em um cenário também complexo no qual despontam o sentimento de culpa e o desejo de reparação. Doravante, o bebê deverá lidar com sua ambivalência afetiva, e terá de fazê-lo durante toda a sua vida. Mas, em presença de um ambiente favorecedor, essa ambivalência poderá ser administrada no contexto da inserção social do sujeito, de sua vivência de contribuição com os outros e do desenvolvimento de sua capacidade de empatia. Sentindo-se concernido pelas consequências de seus comportamentos em relação aos outros, o bebê desenvolve uma dinâmica erótica que passa a ocupar o lugar central no seu processo de individuação.

Para Winnicott, são as experiências construtivas que capacitam o indivíduo a experimentar a sua destrutividade. É por meio da reparação que a pessoa constrói uma força pessoal que possibilita a tolerância para com a destrutividade pertencente a sua natureza. Se interrompermos ou impedirmos a reparação, a pessoa torna-se incapaz de assumir a responsabilidade por seus impulsos destrutivos e o resultado clínico será a depressão ou então uma busca de alívio por meio da descoberta da destrutividade em outro lugar, via mecanismo de projeção. Não se trata, como querem alguns intérpretes de Winnicott, de ele negar ou negligenciar a destrutividade em sua teoria; ao contrário. Contudo, ele entende que, para que se relacione de forma saudável com a sua destrutividade, o indivíduo precisa antes, como uma plataforma, da oportunidade para a atividade criativa, para o jogo imaginativo, o trabalho construtivo etc.

Ressaltando o viés positivo da destrutividade inerente à natureza humana como um fenômeno vital básico para que o homem se sinta real no mundo, Winnicott se destacou no campo psicanalítico como um dos teóricos que, ao mostrar a primazia da vida sobre a morte, trouxe para a psicanálise um ponto de vista crítico radical em relação à ortodoxia freudiana. Afirmar a potência da agressividade como um fenômeno singular no âmbito da existência humana, como ele fez, contribui para que se possa ver nela um elemento fundamental que contribui de forma decisiva para o sentimento de que a vida vale à pena. Isso, evidentemente, caso haja um ambiente facilitador capaz de acolhê-la de modo a desdobrar o seu viés criativo.

Referências

Abram, J. (2000). *A linguagem de Winnicott*. Revinter. (Trabalho original publicado em 1996)

Abram, J. (2013). D. W. W.'s notes for the Vienna Congress 1971: a consideration of Winnicott's theory of aggression and an interpretation of the clinical implications. In J. Abram (Org.), *Donald Winnicott today* (pp. 302-330). Routledge.

Dias, E. O. (2011a). Winnicott: agressividade e teoria do amadurecimento. In *Sobre a confiabilidade e outros estudos* (pp. 89-124). DWW Editorial.

Dias, E. O. (2011b). Winnicott em Nova Iorque: um exemplo da incomunicabilidade entre paradigmas. In *Sobre a confiabilidade e outros estudos* (pp. 125-150). DWW Editorial.

Ogden, T. H. (1996). O sujeito intersubjetivo de Winnicott. In *Os sujeitos da psicanálise* (pp. 46-55). Casa do Psicólogo. (Trabalho original publicado em 1994)

Plastino, C. A. (2014). *Vida, criatividade e sentido no pensamento de Winnicott*. Garamond.

Winnicott, D. W. (1982). As raízes da agressividade. In *A criança e seu mundo* (pp. 262-270). Zahar. (Trabalho original publicado em 1968)

Winnicott, D. W. (1983a). Psicanálise do sentimento de culpa. In *O ambiente e os processos de maturação* (pp. 19-30). Artmed. (Trabalho original publicado em 1958)

Winnicott, D. W. (1983b). O desenvolvimento da capacidade de se preocupar. In *O ambiente e os processos de maturação* (pp. 70-78). Artmed. (Trabalho original publicado em 1963)

Winnicott, D. W. (1994a). Um sonho de D.W.W. relacionado a uma resenha de um livro de Jung. In *Explorações psicanalíticas* (pp. 178-179). Artmed. (Trabalho original publicado em 1963)

Winnicott, D. W. (1994b). Notas escritas no trem, parte 2. In *Explorações psicanalíticas* (p. 180). Artmed. (Trabalho original publicado em 1965)

Winnicott, D. W. (1994c). Comentários sobre o meu artigo "O uso de um objeto". In *Explorações psicanalíticas* (pp. 185-186). Artmed. (Trabalho original publicado em 1968)

Winnicott, D. W. (1994d). O uso de um objeto e o relacionamento através de identificações. In *Explorações psicanalíticas* (pp. 171-177). Artmed. (Trabalho original publicado em 1968)

Winnicott, D. W. (1994e). O uso de um objeto no contexto de Moisés e o monoteísmo. In *Explorações psicanalíticas* (pp. 187-191). Artmed. (Trabalho original publicado em 1969)

Winnicott, D. W. (1999). O lugar da monarquia. In *Tudo começa em casa* (pp. 273-282). Martins Fontes. (Trabalho original publicado em 1970)

Winnicott, D. W. (2000a). Desenvolvimento emocional primitivo. In *Da pediatria à psicanálise* (pp. 218-232). Imago. (Trabalho original publicado em 1945)

Winnicott, D. W. (2000b). O ódio na contratransferência. In *Da pediatria à psicanálise* (pp. 277-287). Imago. (Trabalho original publicado em 1947)

Winnicott, D. W. (2000c). A agressividade em relação ao desenvolvimento emocional. In *Da pediatria à psicanálise* (pp. 288-304). Imago. (Trabalho original publicado em 1950-1955)

Winnicott, D. W. (2000d). A posição depressiva no desenvolvimento emocional. In *Da pediatria à psicanálise* (pp. 355-373). Imago. (Trabalho original publicado em 1954-1955)

Winnicott, D. W. (2001). O primeiro ano de vida: concepções modernas do desenvolvimento emocional. In *A família e o desenvolvimento individual* (pp. 3-20). Martins Fontes. (Trabalho original publicado em 1958)

Winnicott, D. W. (2002a). Agressão e suas raízes. In *Privação e delinquência* (pp. 93-110). Martins Fontes. (Trabalho original publicado em 1939)

Winnicott, D. W. (2002b). Agressão, culpa e reparação. In *Privação e delinquência* (pp. 153-162). Martins Fontes. (Trabalho original publicado em 1960)

Winnicott, D. W. (2002c). A amamentação como forma de comunicação. In *Os bebês e suas mães* (pp. 19-28). Martins Fontes. (Trabalho original publicado em 1969)

2. O ambientalismo de Winnicott: dependência, regressão, saúde e criatividade

Desde os anos 1940, pensando sobre o nascimento e sua possibilidade traumática, Winnicott (1949/2000) observou que o ambiente humano, inicialmente não percebido pelo bebê, tinha um papel fundamental tanto no amadurecimento saudável como nas interrupções do desenvolvimento. Em seu percurso, ele foi levado a repensar a importância das fantasias inatas, bem como a dualidade pulsional e seu papel na etiologia do sofrimento emocional. Nessas condições, sua obra se organizou a partir de um conjunto de problemas em que uma espécie de início antes do próprio início constitui um paradoxo instigante que se desdobra em questões existenciais bastante significativas para a psicanálise: a solidão essencial, a dupla dependência e a necessidade de o ambiente realizar uma adaptação ativa para que o bebê inicie uma vida digna de ser vivida são apenas algumas dentre muitas.

Sustentado na positividade dos paradoxos, o psicanalista britânico também retomou a importância do trauma real, alertou para as reações que ameaçam romper a continuidade do ser, propôs uma nova visão das psicoses e, consequentemente, uma ampliação dos recursos técnicos em que a regressão à dependência passou a ter um papel decisivo na clínica e na teoria. Seguindo os caminhos abertos por estas proposições, os psicanalistas que entendem a teoria do amadurecimento emocional como um encontro entre as potencialidades do infante e um ambiente capaz ou não de acolher aquele ser por vir consideram que os fatores disposicionais, como as fantasias sexuais precoces e os sentimentos de ódio e inveja inatos, são construções muitas vezes apressadas e de pouca utilidade. Para eles, a aceitação e o reconhecimento da dependência conduzem a uma compreensão singular do amadurecimento e de sua possível interrupção.

Situando-nos entre esses analistas, tentaremos abordar ao longo deste capítulo o que chamamos de ambientalismo winnicottiano a partir de alguns artigos importantes do último período da obra de Winnicott que, cada um a seu modo, recuperam e avançam teses já presentes desde os seus primeiros escritos. Nesse contexto, questões como dependência, regressão, saúde e criatividade se mostram bastante relevantes para que se compreenda a novidade trazida por sua revisão de alguns dos principais pressupostos da psicanálise clássica formulada por Freud e levada adiante por alguns pós-freudianos. Aí estão incluídas não apenas uma problematização do lugar de conceito fundamental atribuído às pulsões pelo pai da psicanálise, como também o abandono definitivo da hipótese da pulsão de morte, percebida como um erro, principalmente do ponto de vista clínico. Ao longo desse percurso, veremos também como a questão do paradoxo ocupa um lugar estratégico nessas formulações críticas propostas por Winnicott ao longo de toda a sua trajetória clínica e teórica.

Dependência, moralidade e mutualidade

Dois textos de 1963, "Da dependência à independência no desenvolvimento do indivíduo" e "Moral e educação", ambos publicados na coletânea *O ambiente e os processos de maturação*, abordam diretamente a importância do ambiente em sua relação com a dependência. Nos períodos iniciais do desenvolvimento emocional, diz Winnicott no primeiro artigo, a criança é completamente dependente da provisão física no útero materno e, após o nascimento, do cuidado oferecido por aqueles que dela se ocupam. Em termos psicológicos, já nos deparamos aí com um paradoxo no qual o lactente é ao mesmo tempo dependente e independente. Há tudo aquilo que é congênito, incluindo parte dos processos de maturação, com sua realidade própria e inalterável, mas, ao mesmo tempo, a provisão ambiental da qual depende fundamentalmente todo o processo maturativo.

Entretanto, ainda que o ambiente favorável viabilize o avanço contínuo dos processos de maturação, é importante lembrar que ele não é o único responsável pelo amadurecimento. Na melhor das hipóteses o ambiente facilitador possibilita à criança sadia em termos constitucionais a concretização de seu potencial, impedindo bloqueios no processo de maturação, o qual, ao ser atingido, se torna uma parte importante de sua personalidade.

Consideradas as necessidades infantis, a provisão natural deve se dar de maneira simples e espontânea, o que supõe um alto grau de adaptação por parte do ambiente. Aqui é importante notar que as necessidades do lactente não se restringem às tensões instintivas, ainda que elas sejam importantes, pois há todo um conjunto de processos egoicos que têm suas próprias necessidades. Quanto ao lugar do cuidado ambiental, Winnicott considera que "a mãe 'não desaponta o nenê', embora ela possa e deva frustrar no sentido de satisfazer suas necessidades instintivas" (Winnicott 1963/1983a, p. 82). Já no que diz respeito às necessidades do ego, especificamente, a imagem que melhor ilustra a sua satisfação é a da mãe que segura adequadamente o bebê no colo, e que só o faz na medida em que é capaz de se identificar com ele.

O artigo sobre "Moral e educação" lembra mais uma vez que a base do amadurecimento é a existência física com suas tendências, as quais incluem um esforço de maturação em que o processo de integração vai se tornando cada vez mais complexo. Ressalta também a importância da tendência a viver no próprio corpo e construir um *self* com base na elaboração imaginativa das funções corporais, constituindo assim uma realidade psíquica singular. A unidade que daí advém traz a sensação do "eu sou", a partir da qual se torna possível estabelecer relações afetivas com objetos, as quais também se baseiam na vida instintiva. Isso, diz Winnicott, é "a natureza humana se desdobrando" (Winnicott, 1963/1983b, p. 91), sempre na dependência de um favorecimento ambiental suficientemente bom.

Este se dá no que o autor chama de ambiente médio imaginável, que oferece as condições necessárias para um início saudável da dependência absoluta, que depois se tornará relativa. O alto grau de adaptação gradualmente dá lugar a falhas, que são outras formas de adaptação, relacionadas com a necessidade que a criança passa a ter de lidar com a realidade separando-se da mãe e criando uma identidade pessoal. Mas dado que o estado inicial do amadurecimento implica a fusão mãe/bebê, sem diferenciação eu/não eu, o que é bom no ambiente é sentido como qualidade do *self*. O ambiente adaptativo, nesse momento mais primitivo, não se distingue do funcionamento sadio do bebê, que só percebe e registra as falhas na confiabilidade. As reações a elas implicam traumas porque, ao interromperem a continuidade de ser, produzem uma ruptura no *self* do infante.

À medida que os mundos interno e externo vão se enriquecendo mutuamente, o *self* vai aos poucos se tornando cada vez mais consciente da presença do ambiente. Ainda que os objetos adotados pelo bebê, assim como suas introjeções, dependam basicamente do mundo que o sustenta, ele só se dá conta disso com o amadurecimento que leva ao advento da mente e do intelecto ao longo do processo de personalização.

Aos poucos, o ambiente também vai disponibilizando para a criança valores como o código moral, a ser oferecido de forma sutil por meio de expressões de aprovação e reprovação. Winnicott destaca que, do seu ponto de vista, os valores morais precisam ser oferecidos pelo ambiente para que possam ser criados pela criança. O código moral deve estar ao alcance dela porque suas tendências inatas, ainda muito cruas, precisam ser suavizadas para que se humanize aos poucos. Nesse sentido, ela não deve sofrer retaliações por uma possível ausência de cuidado ou consideração para com os outros, derivada do excesso de excitações que vive. O importante é que o ambiente desaprove certos exageros, quando for o caso, sem retaliar o impulso ligado à fantasia.

Fica claro, portanto, numa perspectiva winnicottiana, que a provisão ambiental também é importante para a constituição do sentimento de culpa e do respectivo senso de responsabilidade que o acompanha, por meio da adaptação à agressividade que faz parte da natureza humana, aí incluído o seu potencial destrutivo. Essa destrutividade básica deve ser tolerada sem retaliação porque a criança que destrói também ama o objeto. Enquanto a mãe ambiente sobrevive à agressividade, a mãe objeto se deixa destruir pelo amor excessivamente intenso. Aos poucos, em função dessa adaptabilidade, ambos os aspectos maternos vão sendo integrados e a ambivalência se torna um fato.

"Se a figura materna não é capaz de estar com a criança por toda essa fase, a criança fracassa em descobrir ou perde . . . a capacidade de sentir culpa, sentindo ao invés uma forma crua de ansiedade que é simplesmente desperdiçada" (Winnicott, 1963/1983b, p. 96). O fundamental, portanto, é que o ambiente dê oportunidade para que a criança se sinta responsável por suas ideias destrutivas porque pode confiar em seus impulsos de reparação e contribuição para o mundo. Nesse sentido, a boa provisão ambiental é mais importante do que a educação moral propriamente dita, sobretudo quanto ao seu teor repressivo.

Outro aspecto fundamental nesse processo de amadurecimento é a capacidade de relação objetiva com a realidade por parte do infante, que depende basicamente da sua experiência com objetos subjetivos.

Nesse sentido, a investigação winnicottiana da "experiência mãe-bebê de mutualidade" (Winnicott, 1969/1994c) é extremamente significativa e implica antes de tudo o abandono da ideia de um indivíduo anterior ao meio ambiente.

Quando se diz que o bebê é dependente, e, de começo, absolutamente dependente, afirma Winnicott, decorre daí que a maneira como o ambiente é apresentado à criança tem uma importância decisiva porque inicialmente ele é uma parte do bebê. Nesse momento do amadurecimento, um bebê é um fenômeno complexo que inclui o seu potencial e seu meio ambiente. Nos estágios muito iniciais, quando há uma dependência absoluta, a importância do meio para o infante é tal que não podemos descrevê-lo sem descrever o ambiente. Esse momento tem a ver com o estado inicial daquele bebê que ainda não separou um não eu do que é eu, pois ainda não se acha aparelhado para desempenhar tal tarefa. Nesse contexto, como mencionado, o objeto é um objeto subjetivo, que ainda não pode ser percebido de forma mais objetiva e, mesmo que seja repudiado ou colocado a distância, continua a ser um aspecto do próprio bebê.

O desenvolvimento e o estabelecimento da dependência relativa não se devem exclusivamente, por óbvio, à operação das tendências inatas do bebê no sentido de se integrar, buscar objetos e habitar um corpo experimentado como próprio. Em muitos casos, isso pode nunca acontecer, ou seja, a criança pode não se tornar uma pessoa total a caminho da independência relativa, apesar de tendências herdadas perfeitamente boas. Esse amadurecimento só é possível em razão do comportamento adaptativo da mãe ou de seu substituto, o qual torna possível ao bebê encontrar fora do *self* aquilo que é necessitado e esperado por ele. Por meio da "experiência de maternagem suficientemente boa, o bebê passa para a percepção objetiva, havendo herdado a tendência a fazer isso e tendo-lhe sido dadas a aparelhagem perceptual e a oportunidade" (Winnicott, 1969/1994c, p. 197).

Regressão e falha ambiental

Em seu artigo "O conceito de regressão clínica comparado com o de organização defensiva", Winnicott nos mostra como, no contexto da esquizofrenia, por exemplo, é justamente a progressão da dependência, a princípio quase absoluta, para a independência que fracassa. Aí, mais uma vez, a questão fundamental é a da provisão ambiental por parte do cuidador em sua apresentação do mundo ao bebê que não conhece nada sobre ele.

No começo, diz o psicanalista inglês, "pode-se atribuir valor total ao fator ambiental, que se situa em segundo lugar apenas em relação às tendências herdadas do bebê" (Winnicott, 1967/1994b, p. 152). À medida que a criança adquire autonomia e identidade, sentindo-se real e percebendo o mundo de maneira objetiva como um fenômeno separado, assim também o ambiente se torna, em caso de saúde, cada vez mais relegado ao segundo plano. Nas formas de sofrimento mais graves – como na esquizofrenia –, o meio ambiente pode continuar a ser um fator adverso por causa do fracasso do indivíduo em obter suficiente autonomia. Só que, nesse contexto, o que se diz do fracasso do indivíduo foi, primeiramente, um fracasso do ambiente.

A natureza da dissociação que aparece na experiência clínica pode ser influenciada pela natureza das expectativas patológicas oriundas do ambiente, as quais tendem a reforçar dissociações potenciais no indivíduo. A cisão na pessoa aconteceu e se organizou por causa de um fracasso ambiental, um fracasso daquilo que Winnicott também chama de "meio ambiente expectável médio". Em tais casos, ou a mãe suficientemente boa teve que falhar ou não era mesmo suficientemente boa.

Fracassos na confiabilidade ambiental nos estágios iniciais produzem no bebê quebras na continuidade pessoal por causa de reações excessivas ao imprevisível. Tais eventos são experimentados como traumáticos e carregam consigo uma ansiedade impensável ou um sofrimento imenso. O que se observa na esquizofrenia, diz o psicanalista britânico, o que é comum a todos os casos, é que a criança, o adolescente ou o adulto nunca mais devem experienciar a ansiedade impensável que se acha na raiz da enfermidade esquizoide. Essa ansiedade foi experimentada inicialmente em um momento de fracasso da confiabilidade por parte da provisão ambiental quando a personalidade ainda imatura se encontrava no estágio de dependência absoluta.

Inserindo nesse contexto a ideia de trauma, Winnicott refere-se a uma experiência contra a qual as defesas do ego foram insatisfatórias no estágio do amadurecimento emocional do indivíduo na ocasião, ou no estado do paciente no âmbito clínico. Em tais condições, o trauma remete a um impacto provindo do ambiente e à reação do indivíduo a ele, os quais ocorrem antes que a criança tenha desenvolvido mecanismos que tornassem aquela experiência minimamente previsível. Logo após experiências traumáticas, novas defesas são prontamente organizadas. Entretanto, "na fração de segundo que ocorre antes que isso se dê, o indivíduo teve rompida a linha contínua de sua existência, rompida pela reação automática à falha ambiental" (Winnicott, 1967/1994b, p. 155).

Já no que se refere ao "medo do colapso", Winnicott afirma que, em geral, o colapso decorre do fracasso de uma organização defensiva contra o impensável estado de coisas subjacente àquela defesa. Nas psicoses, do seu ponto de vista, o que ocorre é o colapso no estabelecimento do *self* unitário devido ao fracasso ambiental no contexto da dependência. Lembrando novamente que as tendências herdadas para o amadurecimento dependem de um ambiente facilitador, adaptado às necessidades mutantes do indivíduo em crescimento da dependência absoluta para a independência relativa, o autor ressalta que esse ambiente implica sustentação (*holding*), manuseio (*handling*) e apresentação de objetos, propiciando integração, personalização (*indwelling*) ou conluio psicossomático, e relações objetais.

Nessas condições, a psicose não seria propriamente o colapso, mas a defesa contra uma agonia primitiva, que geralmente advém quando o ambiente não é apenas deficiente, mas atormentador demais, impedindo uma experiência minimamente tranquila do estado de continuidade de ser. O medo em questão nesse tipo de experiência seria, então, o de "*um colapso que já foi experienciado*. Ele é um medo da agonia original que provocou a organização da defesa" (Winnicott, 1963/1994a, p. 72, grifos do original).

O ambiente e o indivíduo saudável

Se esse é o quadro no contexto do sofrimento emocional psicótico, na saúde, a tendência para amadurecer, em parte herdada, desenvolve-se de um modo complexo, especialmente no início, também na dependência de um suprimento ambiental satisfatório que facilite aquela tendência individual inata. Em seu artigo "O conceito de indivíduo saudável", de 1967, Winnicott nos mostra como, no caso da saúde, o meio ambiente satisfatório começa com um alto grau de adaptação às necessidades individuais da criança que geralmente depende daquele estado especial da mãe, ao que ele chamou de preocupação materna primária. Tal adaptação vai diminuindo gradualmente de acordo com a crescente necessidade que o bebê tem de experimentar reações à frustração. Esse ambiente facilitador e seus ajustes adaptativos progressivos às necessidades individuais incluem ainda as funções parentais e familiares com sua maneira cada vez mais complexa de introduzir o princípio de realidade, questão sobre a qual voltaremos a falar logo adiante quando nos referirmos à criatividade.

Antes disso, vejamos rapidamente como o nosso autor investiga o lugar do ego e do *self* em caso de saúde. Para cumprir tal tarefa, ele é levado mais uma vez à participação decisiva da provisão ambiental nos estágios pré-genitais e pré-verbais do desenvolvimento individual, em que a adaptação atrelada às necessidades primitivas, características da primeira infância, é a responsável pela experiência saudável.

Nesse ponto, ele destaca a enorme importância do *holding*, aqui entendido como um segurar físico que se inicia na vida intrauterina e gradualmente amplia seu alcance adquirindo o significado da globalidade do cuidado adaptativo em relação ao infante, incluindo a forma do manuseio. Esse suporte pode ser oferecido adequadamente por alguém sem qualquer conhecimento intelectual; o que se exige é a capacidade de se identificar *com* e perceber *como* o bebê está se sentindo. Num ambiente que propicia esse tipo de *holding*, ele é capaz de se desenvolver em termos pessoais de acordo com suas tendências inatas. "O resultado é uma continuidade da existência que se transforma num senso de existir, num senso de self e, finalmente, resulta em autonomia" (Winnicott, 1967/1999a, p. 11).

O ambiente saudável na infância conta com cuidadores capazes de segurar e manipular bem a criança, facilitando os processos de maturação. Segurá-la mal, diz Winnicott, significa uma incessante interrupção desses processos por causa das reações impostas ao bebê em função das quebras de adaptação. Nesse contexto, facilitação significa poder contar com a adaptação adequada às necessidades básicas. Se o bebê for segurado de forma satisfatória, a base de sua personalidade será bem assentada, e ele nem sequer se recordará de que as pessoas o seguravam bem. No entanto, Winnicott afirma que aqueles que não foram seguros de forma suficientemente boa registram, de algum modo, aquela experiência traumatizante.

O ambiente saudável também é aquele que cria as condições necessárias para uma experiência paradoxal na qual aquilo que o bebê cria já se encontrava ali para ser criado. Na verdade, o que ele cria é apenas parte da mãe que foi encontrada, dado que não estaria ali se ela também não estivesse naquele estado especial que lhe dá condições de estar presente mais ou menos no momento e no lugar certos.

"Isto se chama adaptação às necessidades, que permite ao bebê descobrir o mundo de forma criativa" (Winnicott, 1969/2002, p. 56).

Naturalmente, à medida que ele amadurece, a vida vai se tornando cada vez mais complexa. Com isso, as falhas de adaptação por parte da mãe são, elas mesmas, uma forma de adaptação à necessidade crescente da criança de reagir à frustração, ficar zangada e lidar com a rejeição. É dessa forma que a aceitação da vida como ela é se torna cada vez mais significativa e instigante, potencializando a criatividade do indivíduo.

O viver criativo

Criatividade, diz Winnicott em "Vivendo de modo criativo", é "a manutenção através da vida de algo que pertence à experiência infantil: a capacidade de criar o mundo" (Winnicott, 1970/1999b, p. 24). E se a figura materna for capaz de se adaptar às necessidades do bebê, isso não é difícil; ele simplesmente não perceberá que o mundo já estava lá antes que ele fosse concebido.

Quanto ao princípio de realidade, ao qual nos referíamos antes, e que aos poucos começa a fazer parte da relação com este mundo, a concepção winnicottiana difere consideravelmente daquela proposta por Freud, o que a torna inclusive bem mais interessante. Princípio de realidade, para Winnicott, é apenas o fato da existência do mundo independentemente de o bebê tê-lo criado ou não. Ainda que esse princípio seja muito ruim, diz ele, com o passar do tempo a criança acaba por adquirir os mecanismos mentais necessários para lidar com aquele tipo de dificuldade. Isso, evidentemente, caso lhe tenham sido fornecidas as condições ambientais necessárias para absorvê-lo.

No outro extremo, a criança conserva algo de sua onipotência, no sentido de ser criativa e ter uma visão singular sobre tudo. Por meio de um processo de amadurecimento bastante complexo, como vimos, que implica a interação do crescimento individual com fatores externos que tendem a ser positivamente facilitadores – ou então não adaptadores e produtores de reação –, a criança torna-se uma pessoa inteira que se descobre equipada com alguma capacidade para ver tudo de um modo novo e para ser criativa em diversos aspectos do viver.

No artigo "A criatividade e suas origens", publicado em 1971, Winnicott diz que vê com suspeita qualquer teoria da esquizofrenia que separe o indivíduo dos problemas da vida cotidiana e das proposições universais do desenvolvimento individual em um ambiente específico. Reafirmando a importância vital da provisão ambiental, especialmente no início da vida infantil do indivíduo, ele sublinha a necessidade de um estudo especial do meio ambiente propício em termos de crescimento humano, na medida em que a dependência possui um significado extremamente relevante.

Nessas condições, a criatividade relaciona-se com a forma como o indivíduo aborda a realidade externa. "Tudo o que acontece é criativo", afirma o autor, "exceto na medida em que o indivíduo é doente ou foi prejudicado por fatores ambientais que sufocaram seus processos criativos" (Winnicott, 1971/1975, pp. 98-99). Essa capacidade humana para o viver criativo nunca é destruída completamente, pois, mesmo no caso mais grave de submissão e de estabelecimento de uma falsa personalidade, oculta em algum lugar ainda existe uma vida secreta satisfatória pela sua qualidade criativa ou original. Por outro lado, permanece uma certa insatisfação em razão daquilo que está oculto e, portanto, carente do enriquecimento proporcionado pela experiência do viver.

A saúde até poderia ser encarada em termos de fusão dos impulsos eróticos e destrutivos, mas isso ainda exigiria um exame da origem da agressividade e da fantasia destrutiva. Conforme sabemos, por muito tempo na metapsicologia psicanalítica a agressividade tendia a ser explicada fundamentalmente com base no ódio. Segundo

Winnicott, tanto Freud quanto Melanie Klein desviaram-se do obstáculo nesse ponto, refugiando-se na hereditariedade.

Este é o contexto a partir do qual o autor formula sua famosa crítica na qual o conceito de instinto de morte é descrito como uma reafirmação do princípio do pecado original. Atribuindo um lugar central a esse conceito em suas teorias, ambos, Freud e Klein, deixaram de lado a implicação plena da dependência e do fator ambiental. "Se a dependência realmente significa dependência", diz o nosso psicanalista, "então a história de um bebê individualmente não pode ser escrita apenas em termos do bebê. Tem de ser escrita também em termos da provisão ambiental que atende a dependência ou que nisso fracassa" (Winnicott, 1971/1975, p. 102).

Winnicott também destaca a relevância da teoria dos fenômenos transicionais para descrever o modo como uma provisão ambiental suficientemente boa, nos estádios mais primitivos, possibilita ao indivíduo enfrentar a perda da onipotência. Aquilo que a criança experimenta com um objeto subjetivo torna-se gradualmente articulado com objetos que são objetivamente percebidos: mas isso só é possível, como vimos, quando uma provisão ambiental suficientemente boa, ou um ambiente expectável médio, capacita o bebê a desfrutar dessa experiência. Nesse estádio da tenra infância, o fundamental, do ponto de vista winnicottiano, é o paradoxo e a aceitação do paradoxo, como acontece quando a criança cria um objeto que só pôde ser criado porque já estava ali.

Em suas existências, alguns indivíduos vivem criativamente e sentem que a vida merece ser vivida; outros não podem viver criativamente e têm dúvidas sobre o valor do viver. Em ambos os casos, o que está em jogo é a qualidade e a quantidade das provisões ambientais nas fases primitivas da experiência de vida. O que Winnicott está mostrando é que aqui, definitivamente, não se trata de uma questão apenas individual, defensiva ou pulsional. Quando o que está em jogo é a possibilidade maior ou menor de um viver criativo, é imprescindível levar em conta o meio ambiente, e nenhuma afirmação que se refira ao indivíduo como ser isolado pode abordar de modo efetivo o problema da fonte da criatividade.

Retomando a questão das origens, daquele momento em que algum padrão está sendo estabelecido pelo modo como a mãe sutilmente maneja o bebê, Winnicott volta a se referir ao exemplo do fator ambiental, agora no campo específico da experiência da relação com o seio materno, sem privilegiar a satisfação pulsional, mas enfatizando novamente a importância da continuidade do ser. Citando o autor: "[ou] a mãe possui um seio que é, de maneira que o bebê também pode ser, quando bebê e mãe ainda não estão separados na mente rudimentar daquele, ou então a mãe é incapaz de efetuar essa contribuição, caso em que o bebê tem de se desenvolver sem a capacidade de ser ou com uma capacidade mutilada de ser" (Winnicott, 1971/1975, p. 116).

Após este breve percurso pelo ambientalismo winnicottiano, diríamos, para concluir, que a originalidade do pensamento de Winnicott está, dentre outras coisas, no deslocamento do cerne da estruturação psíquica da dualidade pulsional para o paradoxo da unidade dual primitiva entre o bebê e o ambiente que dele cuida. Ou seja, a fusão/desfusão pulsional, tão valorizada por Freud e freudianos ortodoxos e neo-ortodoxos, perde o seu caráter fundamental e o foco se detém nos pontos de contato entre o bebê e o mundo que ele está criando/descobrindo na medida em que é cuidado. Portanto, o que se pode notar é que toda uma aparente dualidade se constrói, justamente, na desconstrução desse modelo de dualidade.

Assim, o que gostaríamos de destacar é que suas ideias não podem ser apreendidas na sua real originalidade sem que se leve em conta a forma paradoxal de seu pensamento. Se a duplicidade contrastante e organizadora comum ao pensamento metafísico neoclássico influenciou a ordenação teórica da psicanálise tradicional, com o privilégio atribuído à metapsicologia e suas tendências solipsistas, a partir de Winnicott e do primado do ambiente foi possível abrir um espaço novo em que o ser pode alcançar toda a sua pertinência e existir de forma mais autêntica e verdadeira.

Referências

Winnicott, D. W. (1975). A criatividade e suas origens. In D. W. Winnicott, *O brincar e a realidade*. Imago. (Trabalho original publicado em 1971)

Winnicott, D. W. (1983a). Da dependência à independência no desenvolvimento do indivíduo. In D. W. Winnicott, *O ambiente e os processos de maturação*. Artmed. (Trabalho original publicado em 1963)

Winnicott, D. W. (1983b). Moral e educação. In D. W. Winnicott, *O ambiente e os processos de maturação*. Artmed. (Trabalho original publicado em 1963)

Winnicott, D. W. (1994a). O medo do colapso. In D. W. Winnicott, *Explorações psicanalíticas*. Artmed. (Trabalho original publicado em 1963)

Winnicott, D. W. (1994b). O conceito de regressão clínica comparado com o de organização defensiva. In D. W. Winnicott, *Explorações psicanalíticas*. Artmed. (Trabalho original publicado em 1967)

Winnicott, D. W. (1994c). A experiência mãe-bebê de mutualidade. In D. W. Winnicott, *Explorações psicanalíticas*. Artmed. (Trabalho original publicado em 1969)

Winnicott, D. W. (1999a). O conceito de indivíduo saudável. In D. W. Winnicott, *Tudo começa em casa*. Martins Fontes. (Trabalho original publicado em 1967)

Winnicott, D. W. (1999b). Vivendo de modo criativo. In D. W. Winnicott, *Tudo começa em casa*. Martins Fontes. (Trabalho original publicado em 1970)

Winnicott, D. W. (2000). Memórias do nascimento, trauma do nascimento e ansiedade. In D. W. Winnicott, *Da pediatria à psicanálise: obras escolhidas*. Imago. (Trabalho original publicado em 1949)

Winnicott, D. W. (2002). O ambiente saudável na infância. In D. W. Winnicott, *Os bebês e suas mães*. Martins Fontes. (Trabalho original publicado em 1969)

3. Cuidado ambiental e capacidade de estar só: de Ferenczi a Winnicott

Em 2023, comemoramos os 150 anos do nascimento de Sándor Ferenczi, um dos grandes nomes da história da psicanálise. Tendo em conta esse momento histórico, parece-me válido lembrar uma de suas principais contribuições ao mundo psicanalítico. Refiro-me ao que chamo de ambientalismo ferencziano, isto é, sua insistência constante em lembrar e ressaltar a importância da participação do ambiente na gênese dos processos de subjetivação e no amadurecimento saudável da criança. Insistência que, a meu ver, foi corroborada de forma clara pela psicanálise de Donald Winnicott, que aqui será abordada pelo viés de sua concepção da capacidade de estar só.

Em sua famosa carta de 21 de setembro de 1897, Freud escrevia a Fliess manifestando uma preocupação que definiria os rumos da psicanálise dali em diante: "Não acredito mais na minha neurótica" (Masson, 1986, p. 265), dizia ele. Com isso, o pai da psicanálise abandonava a sua antiga teoria da sedução e, ao mesmo tempo, certamente sem o saber, abria caminho para que a psicanálise mergulhasse de cabeça na investigação da fantasia e do mundo interno, aí compreendido o risco de empurrá-la gradativamente para uma visão cada vez mais solipsista, essencialista e a-histórica da subjetividade. Apesar disso, a ênfase no universo intrapsíquico dali em diante daria o tom maior da psicanálise clássica de Freud, bem como de alguns freudianos e pós-freudianos.

Trinta e cinco anos depois, em 1932, naquela também famosa conferência sobre a "Confusão de língua entre os adultos e a criança" (que Freud não queria que ele pronunciasse), Sándor Ferenczi chamava a atenção dos psicanalistas para a importância da origem exterior da neurose e do fator traumático tão negligenciado já naqueles tempos. Tratava-se para o autor de considerar, mais uma vez, a importância dos fatores ambientais na origem do sofrimento emocional, diante dos fracassos e resultados terapêuticos insuficientes com os quais a psicanálise deparava (Ferenczi, 1933[1932]/1992h). Digo mais uma vez porque o ambientalismo de Ferenczi é muito anterior à data daquela conferência.

Já em 1913, discutindo as etapas na construção do sentido de realidade pela criança, ele destacava que a substituição da megalomania pelo reconhecimento da realidade, imposta pela experiência nos estágios mais primitivos do desenvolvimento, dependia da manutenção de certo predomínio do princípio do prazer, a qual só seria possível mediante a ilusão proporcionada pelos cuidados ambientais, predominantemente maternos. Na verdade, todos os cuidadores deveriam se incumbir de amenizar ao máximo o desprazer posterior ao nascimento do bebê, suprindo todas as suas necessidades corporais.

Nessas condições, aquele primeiro desejo de retornar ao estado intrauterino experimentado no corpo materno torna-se uma ilusão que efetivamente se realiza, mas apenas quando os cuidados oferecidos pelo ambiente facilitador são verdadeiramente adequados. A criança tratada com amor, portanto, mantém ao menos em parte sua ilusão primária de onipotência. No entanto, ela também começa a pressentir a existência de algo ou alguém que ela precisa conquistar para que obtenha a satisfação desejada. Mas tal experiência só se torna viável com a presença de um ambiente que Ferenczi chama de "particularmente conciliador" (Ferenczi, 1913/1992a, p. 47).

Em "Adaptação da família à criança", de 1927, Ferenczi conclui que não há mudança ou evolução na vida para a qual o indivíduo está mais bem preparado do que para o nascimento, contanto que o cuidado ambiental torne essa transição tão suave quanto possível. Aqui fica claro que não é exatamente o indivíduo que já está preparado para nascer, mas que tal preparação depende do ambiente. O problema, segundo o autor, é que os humanos que fazem parte desse ambiente diferem de todos os outros seres, animados ou inanimados, não apenas por sua importância afetiva: todos eles, exceto o homem, têm qualidades semelhantes e constantes que os tornam bastante confiáveis. "A única parte do meio ambiente com que não se pode contar", diz Ferenczi, "é a constituída pelos outros seres humanos, a começar pelos pais . . . O homem é o único ser vivo que mente. Eis o que torna difícil para a criança a adaptação a essa parte do seu meio" (Ferenczi, 1927/1992b, p. 11).

Outra dificuldade reside na dependência da criança em relação ao mundo que a circunda, a qual de início, como também notou Winnicott, é imensa. Ela se defronta então com toda uma série de opiniões diferentes que a contrariam, em sua maioria profundamente enraizadas no espírito de seus pais. Assim, sua vivência afetiva pessoal, agradável ou desagradável, opõe-se aos dizeres de muitos dos seus cuidadores, pessoas a quem ama com fervor, apesar de suas opiniões. Por amor a elas, a criança se adapta, mas isso porque antes lhe faltou uma melhor adaptação por parte do meio que deveria facilitar sua dura tarefa inicial de viver.

"Elasticidade da técnica psicanalítica" (1928/1992c), "Princípio de relaxamento e neocatarse" (1930/1992e) e "Análise de crianças com adultos" (1931/1992f) inauguram e aprofundam o último período da experimentação ferencziana no que se refere a mudanças quanto à técnica clássica. Todas as propostas presentes nesses artigos, de maior empatia, tato, maleabilidade e plasticidade por parte do analista, cada vez mais atento à contratransferência, apontam para a necessidade de adaptação do ambiente terapêutico ao paciente. Esta seria a primeira consequência do ambientalismo ferencziano no que se refere a uma nova modalidade de clínica, centrada então, predominantemente, na questão do trauma.

O analista convocado a sentir com, a colocar-se no diapasão do paciente de forma afetivamente empática, é aquele elemento do ambiente maleável, como diz Balint (1968/1993), que busca se adequar às necessidades mais básicas do paciente traumatizado. No contexto dessa traumatogênese revivida em análise, as falas apaziguadoras e cheias de tato por parte do terapeuta reduzem a intensa reação emocional do paciente a um nível que o torna novamente acessível ao processo de análise, o que permite que ele discorra sobre as mais diversas ações e reações inadequadas dos adultos por ocasião dos choques traumáticos em sua infância, as quais contrastam nitidamente com a maneira empática e cuidadosa do analista no presente da relação transferencial (Ferenczi, 1931/1992).

O material mnêmico descoberto ou confirmado pela neocatarse e pelo relaxamento voltava a dar grande importância, naquele momento, ao fator traumático original na equação etiológica das neuroses. As medidas de precaução na histeria e as evitações obsessivas encontravam agora, segundo Ferenczi, sua explicação em formações fantasísticas que sempre derivavam de perturbações traumáticas provenientes do ambiente, as quais, por seu efeito de choque, proporcionam o primeiro impulso às diferentes formas de sofrimento emocional.

Após ter dado a devida atenção à atividade fantasística como fator patogênico, Ferenczi diz ter sido levado a se ocupar, cada vez mais, do próprio traumatismo patogênico. E, assim, verificou que esse traumatismo era, com muito menos frequência, o resultado de uma hipersensibilidade constitucional das crianças. "As fantasias histéricas não mentem", diz ele, "elas nos contam como pais e adultos podem, de fato, ir muito longe em sua paixão erótica pelas crianças" (Ferenczi, 1930/1992, p. 64). Tudo isso reafirmado, reforça uma vez mais a tese ambientalista de que "as forças intrapsíquicas apenas representam o conflito que se desenrolou originariamente *entre o indivíduo e o mundo externo* (Ferenczi, 1930/1992, p. 67, grifos do original).

"A criança mal acolhida e sua pulsão de morte" (1929/1992) não é um artigo que trata de crianças indesejadas, e sim daquelas que já chegaram e foram mal-recebidas, aquelas que Ferenczi chamou de *hóspedes não bem-vindos* no mundo. A tese fundamental defendida por ele nesse texto refere-se ao fato de que crianças acolhidas com rudeza e sem ternura morrem com facilidade, ou seja, que a questão fundamental na gênese da subjetivação não tem a ver primordialmente com uma pulsão de morte, visão essencialista em última instância, e sim com falhas graves no cuidado ambiental.

Essas crianças registram com acuidade os sinais conscientes e inconscientes de aversão ou impaciência por parte do ambiente cuidador, e essa é a principal razão pela qual sua vontade de viver acaba aos poucos se esvaindo. Daí que os menores acontecimentos, no decorrer da vida posterior, são suficientes para suscitar nelas uma vontade de morrer. Pessimismo, ceticismo e desconfiança tendem fortemente a tornarem-se traços de caráter marcantes nesses indivíduos.

Ferenczi destaca, mais uma vez, que o pleno amadurecimento psicossomático, desde a vida intrauterina, depende antes de tudo das condições particularmente favoráveis de proteção do embrião e da criança proporcionadas pelo ambiente. O bebê, diferentemente do adulto, se encontraria muito próximo do não ser individual, do qual ainda não foi afastado pela experiência da vida. Dado que a "força vital" que busca se afirmar no mundo – resistindo às dificuldades provenientes da realidade externa – não é muito forte logo após o nascimento, a imunização progressiva contra os atentados físicos e psíquicos, por meio de um tratamento conduzido com tato pelo mundo-ambiente, torna-se fundamental para reforçá-la. Caso contrário, deslizar novamente para um estado de não ser pode se tornar muito fácil (Ferenczi, 1929/1992d). Nota-se aqui um Ferenczi com inspiração claramente winnicottiana, se é que se pode dizer algo assim: antes de tudo ser, para só depois se relacionar com o mundo, e até mesmo poder estar só com tranquilidade. Retornarei a isso logo em seguida.

Antes, retomo ainda o último período da obra ferencziana, em que várias passagens do *Diário clínico* (1932/1992g) não apenas reforçam a importância do ambiente na gênese dos processos de subjetivação, como trazem para o primeiro plano a questão da capacidade de estar só, à qual acabo de me referir. A nota de 26 de julho reafirma que o indivíduo ainda inacabado só pode prosperar num meio ótimo; numa atmosfera de ódio, o bebê não pode respirar plenamente e perece. Se este ser por vir, ainda "semilíquido", não for sustentado de todos os lados por um mundo-ambiente acolhedor, sua tendência é explodir.

Reforçando a tese de que o sentimento da personalidade em sua própria grandeza, forma e valor é produto do meio circundante, em nota do mês anterior, Ferenczi sustenta que o narcisismo indispensável à base da personalidade, isto é, o reconhecimento e a afirmação do próprio ego como uma entidade que realmente existe, com dimensão, forma e sentido determinados, só pode ser adquirido se o interesse positivo do mundo circundante caucionar de algum modo a consistência dessa forma de personalidade. Sem tal suporte de amor em retorno, próprio ao narcisismo secundário e não primário, como mostrou Balint, o indivíduo tende a dissolver-se no universo e talvez morrer em função do mau acolhimento.

Uma nota de agosto reafirma que a personalidade infantil, ainda tão pouco consolidada, não tem nenhuma capacidade de existência se o seu meio não a sustentar e amparar de todos os lados. "Sem esse amparo, os mecanismos parciais, psíquicos e orgânicos, divergem, explodem de certa forma; ainda não existe centro do Ego em força digna de ser mencionada, que manteria o todo unido, mesmo de um modo autônomo" (Ferenczi, 1932/1992, pp. 258-259).

Em outra nota, intitulada "Bandagem psíquica", sobre a fantasia de uma paciente cujos quadris seriam mantidos no lugar por bandagens rígidas, Ferenczi nos diz que as associações permitiram concluir que essa fantasia remeteria ao desejo de ser protegida e sustentada. A transferência em análise, então, oferece a proteção e o apoio que faltaram no momento do trauma. O amor e a força do analista, supondo-se que a confiança nele seja suficientemente profunda, agem como o abraço de uma mãe amorosa.

A partir daí, o autor sustenta novamente a tese de que a criança desprotegida está, por assim dizer, pronta para a explosão, como no caso do desejo de morrer das crianças mal acolhidas. "A narcose, a hipnose, a angústia, destroem as funções de síntese. O sentimento de não ser amado, ou de ser odiado . . . faz desaparecer o desejo de viver, isto é, de ser reunificado" (Ferenczi, 1932/1992, p. 106). Daí advém a incapacidade de estar só e de dar forma ao mundo circundante, uma ausência de forma do que não tem limites. Nesses casos, estar só conduz à clivagem, e apenas a presença acolhedora de alguém com quem se possa compartilhar a alegria e o sofrimento cura o trauma.

Como todos sabemos, "A capacidade de estar só" foi investigada a fundo por Donald Winnicott (1958/1983), outro ambientalista convicto, como aliás o é qualquer empirista, que a meu ver acentuou ainda mais a importância do cuidado ambiental já ressaltada por Ferenczi. Segundo ele, a capacidade do indivíduo de ficar só é um dos sinais mais importantes do amadurecimento emocional e é preciso discutir os seus aspectos positivos, coisa que comumente a psicanálise tradicional se recusava a fazer. Essa capacidade deve ser pensada tendo como referência as relações diádicas, bipessoais, que pertencem a momentos relativamente mais precoces da vida do indivíduo. Tal relação diádica inicial é aquela entre a criança e o ambiente cuidador, a qual se constitui antes que qualquer característica da mãe tenha se diferenciado e moldado a imagem do pai.

No entanto, cabe ressaltar que, na perspectiva winnicottiana, não se trata de ficar realmente só, porque tal experiência é bem mais complexa e deve ser entendida em função da dimensão paradoxal nela contida. Se algumas pessoas em situação de confinamento solitário, por exemplo, são incapazes de ficar só, outras se tornam capazes de apreciar a solidão antes de sair da infância, e podem até valorizá-la como a sua possessão mais preciosa. De acordo com Winnicott, trata-se, nesses casos, de um fenômeno altamente sofisticado, ao qual uma pessoa pode chegar após estabelecimento de relações triádicas ou é algo que já está presente no início da vida, proporcionando a base sobre a qual a solidão sofisticada se constrói.

Ainda que as mais diversas experiências levem à formação da capacidade de estar só, há uma que é fundamental, e sem a qual ela não se constitui; trata-se, no caso, de ficar só, ainda quando criança pequena, na presença de uma figura materna que cuida. "Assim, a base da capacidade de ficar só é um paradoxo; é a capacidade de ficar só quando mais alguém está presente" (Winnicott, 1958/1983, p. 32). Nessa capacidade está implícita uma relação muito especial entre a criança pequena que está só e a mãe ou mãe substituta que está de fato presente de maneira confiável, ainda que representada por alguma outra figura emocionalmente significativa para o bebê ou pela atmosfera geral do ambiente próximo empenhado em seus cuidados. Este tipo de relação está ligado ao ego e contrasta claramente com a conexão com o id.

Segundo o psicanalista britânico, todos nós necessitamos de uma forma não sofisticada de estar só desfrutando de momentos não integrados e tranquilos. Mesmo concordando com o fato de que a capacidade de ficar só seja algo sofisticado e complexo, o autor reafirma que a habilidade de estar realmente só tem sua base na experiência mais fundamental e primária de estar só na presença de outra pessoa que, sintonizada de maneira empática com a criança, viabiliza essa experiência. Isso em geral ocorre num momento bem precoce, ou seja, quando a imaturidade do ego é naturalmente compensada pelo apoio do ego da mãe que ali está suficientemente disponível. À medida que o tempo passa, o indivíduo introjeta aquele ego auxiliar e, dessa forma, torna-se capaz de ficar só sem o apoio frequente dos outros.

Contudo, para "estar só", antes é preciso "ser", "ser eu", isto é, sentir-se minimamente integrado, habitando o próprio corpo como uma morada bem construída num mundo confiável. E o indivíduo só pode atingir o estágio do "eu sou" porque existe um mundo-ambiente que cuida e protege. Esse meio protetor é de fato aquela mãe verdadeiramente interessada pela sua criança e orientada para as necessidades do ego infantil por meio da sua identificação com o bebê. Do ponto de vista winnicottiano, nesse estágio do "eu sou", não há qualquer necessidade de pressupor uma percepção da figura materna por parte da criança. É apenas o estágio seguinte do "eu estou só" que envolve uma apreciação por parte dela em relação à existência contínua do cuidador.

Aqui vale lembrar que a percepção da continuidade daquele que cuida só se tornou possível para a criança na medida em que ele proporcionou a ela uma continuidade de ser. "Considero que 'estar só', contudo, é uma decorrência do 'eu sou'", afirma Winnicott (1958/1983), "dependente da percepção da criança da existência contínua de uma mãe disponível cuja consistência torna possível para a criança estar só e ter prazer em estar só, por períodos limitados" (p. 35). Nesse sentido, justifica-se o paradoxo de que a capacidade de ficar só se baseia na experiência de estar só na presença de alguém, e que sem uma suficiência dessa experiência, tal capacidade não se desenvolve.

Apenas quando está só (isto é, na presença de alguém) a criança pode descobrir sua vida pessoal singular e mais verdadeira. A alternativa patológica seria uma vida falsa, fundada em reações a estímulos externos. Ou seja, mediante uma impossibilidade de ser para então ficar só, a criança se vê levada a reagir. Quando só no sentido paradoxal em que Winnicott emprega o termo, e somente neste sentido, a criança se torna capaz de fazer algo equivalente ao que, no adulto, entendemos como relaxar. Ela tem então "a capacidade de tornar-se não-integrada, de devanear, de estar num estado em que não há orientação, de ser nem alguém que reage às contingências externas nem uma pessoa ativa com uma direção de interesse ou movimento" (Winnicott, 1958/1983, pp. 35-36).

Uma criança com organização fraca do ego, que ainda não alcançou um bom trânsito entre integração e não integração, somente pode ficar só em virtude do apoio de um ego consistente, o ego auxiliar do ambiente. Winnicott nos mostra como, gradualmente, esse ambiente auxiliar do ego vai sendo introjetado e construído dentro da personalidade individual de modo a surgir a capacidade de estar realmente sozinho. Mesmo assim, teoricamente, há sempre alguém presente, alguém que, no fim das contas, de modo inconsciente, equivale àquele ambiente de cuidado inicial.

Para concluir, diria que esta perspectiva ambientalista forte caracteriza não apenas as psicanálises de Ferenczi e Winnicott, como procurei ilustrar ao longo deste capítulo, mas também a proposta por Michael Balint, que não pude discutir aqui. E este ambientalismo constitui, do meu ponto de vista, um traço marcante, talvez o mais marcante, daquilo que venho chamando, inspirado na noção de língua menor proposta por Deleuze e Guattari, de psicanálise menor.

Para os filósofos franceses, "maior e menor não qualificam duas línguas, mas dois usos ou funções da língua" (Deleuze & Guattari, 1980/1995, p. 50). O problema aí, dizem eles, não é o de uma distinção entre língua maior e língua menor, mas o de um devir a partir do qual cada um pode encontrar sua própria língua menor ou tornar menor a sua própria língua maior. Essa é a força dos autores que Deleuze e Guattari chamam de "menores", e que na verdade são os maiores, os únicos verdadeiramente grandes: aqueles que conquistaram sua própria língua, isto é, chegaram a essa sobriedade no uso da língua maior, para colocá-la em estado de variação contínua. Conquistando a língua maior para nela traçar línguas menores ainda desconhecidas, servindo-se da língua menor para *pôr em fuga* a língua maior, o autor menor acaba por tornar-se estrangeiro em sua própria língua.

A meu ver, Ferenczi e Winnicott se encaixam perfeitamente nesse contexto dos grandes autores da psicanálise menor, uma psicanálise totalmente antidogmática, que nunca pretendeu fazer escola para se tornar língua maior ou dominante. Privilegiando sempre a clínica, a experiência, o programa de vida, a expressão, a afetividade e a experimentação, ela colocou em questão a primazia da interpretação, do simbólico, da estrutura e da fantasia. Mais interessada no processo transferencial-contratransferencial, na expressão afetiva, nos procedimentos relacionais, e menos na forma ou na representação, sua tendência básica é colocar em segundo plano aspectos como o Édipo ou o significante, por exemplo. Quando instalada no domínio da representação reterritorializante, interessa-lhe sempre acolher o exercício menor de uma linha de fuga que muitas vezes implica desterritorializações regressivas a serem prontamente sustentadas pelo analista. Trata-se aí de ressaltar o devir no máximo de sua diferença em termos de intensidades em que não interessam mais os sujeitos do enunciado ou da enunciação, e sim o processo afetivo com sua semiótica pré-significante, o qual possibilita o advento de uma vida mais digna de ser vivida a partir de uma continuidade de ser. Desse estilo de psicanálise menor, parece-me que Sándor Ferenczi foi o grande pioneiro e mentor. Seus 150 anos de nascimento merecem, portanto, ser comemorados em grande estilo.

Referências

Balint, M. (1993). *A falha básica*. Artmed. (Trabalho original publicado em 1968)

Deleuze, G., & Guattari, F. (1995). *Mil platôs: capitalismo e esquizofrenia* (Vol. 2). Editora 34. (Trabalho original publicado em 1980)

Ferenczi, S. (1992a). O desenvolvimento do sentido de realidade e seus estágios. In S. Ferenczi , *Obras completas II*. Martins Fontes. (Trabalho original publicado em 1913)

Ferenczi, S. (1992b). Adaptação da família à criança. In S. Ferenczi, *Obras completas IV*. Martins Fontes. (Trabalho original publicado em 1927)

Ferenczi, S. (1992c). Elasticidade da técnica psicanalítica. In S. Ferenczi, *Obras completas IV*. Martins Fontes. (Trabalho original publicado em 1928)

Ferenczi, S. (1992d). A criança mal acolhida e sua pulsão de morte. In S. Ferenczi, *Obras completas IV*. Martins Fontes. (Trabalho original publicado em 1929)

Ferenczi, S. (1992e). Princípio de relaxamento e neocatarse. In S. Ferenczi, *Obras completas IV*. Martins Fontes. (Trabalho original publicado em 1930)

Ferenczi, S. (1992f). Análise de crianças com adultos. In S. Ferenczi, *Obras completas IV*. Martins Fontes. (Trabalho original publicado em 1931)

Ferenczi, S. (1992g). *Diário clínico*. Martins Fontes. (Trabalho original publicado em 1932)

Ferenczi, S. (1992h). Confusão de língua entre os adultos e a criança. In S. Ferenczi, *Obras completas IV*. Martins Fontes. (Trabalho original publicado em 1933[1932])

Masson, J. M. (1986). *A correspondência completa de Sigmund Freud para Wilhelm Fliess 1887-1904*. Imago.

Winnicott, D. W. (1983). A capacidade de estar só. In D. W. Winnicott, *O ambiente e os processos de maturação*. Artmed. (Trabalho original publicado em 1958)

4. Personalidade, relações objetais e esquizoidia na obra de Ronald Fairbairn[1]

Antes de entrarmos diretamente no tema central deste capítulo, gostaríamos de iniciá-lo tecendo uma breve consideração sobre a obra de Ronald Fairbairn e sua situação nos campos psicanalíticos moderno e contemporâneo. Dentre outras possibilidades, o lugar relativamente marginalizado que Fairbairn ocupa hoje na psicanálise, ao menos no que se refere a citações explícitas de seus textos, parece derivar do fato de que o leitor que empreende o estudo de sua obra se vê confrontado com uma prosa de estilo denso e com uma forma altamente abstrata de teorização. Nela deparamos com um conjunto de termos teóricos muito pouco familiares (como estrutura dinâmica, estrutura endopsíquica, ego central, ego libidinal, ego antilibidinal, objeto excitante, objeto rejeitante etc.), os quais não foram adotados por muitos dos analistas teóricos subsequentes. Porém, ainda que sua terminologia seja pouco utilizada correntemente, acreditamos que suas ideias tiveram um impacto considerável em teóricos importantes da psicanálise moderna e contemporânea, como Klein, Guntrip, Kohut e Kernberg, dentre outros.

1 Originalmente publicado na *Revista Interação em Psicologia*, *18*, 2015.

Numa série de férteis e densos ensaios escritos no começo dos anos 1940, Fairbairn desenvolveu uma pesquisa teórica que fornece a expressão mais clara da mudança do modelo estrutural-pulsional para o modelo relacional, ainda que também encontremos nela uma rigorosa teoria da libido revisada. O semi-isolamento físico e acadêmico de Fairbairn nas províncias de Edimburgo na Escócia e uma prática de estudos em filosofia facilitaram a sua corajosa reconsideração de longo alcance do edifício conceitual dentro do qual opera a teoria psicanalítica.

Embora Fairbairn inaugure sua obra inserindo-se no cerne da metapsicologia freudiana, voltada para a teoria do desenvolvimento psicossexual, não é difícil notar que ele desafia com frequência alguns de seus princípios e suposições básicos. Vale lembrar ainda que seu enfoque imediato não estava diretamente voltado para a prática clínica da psicanálise. Na realidade, ele achava que a maioria dos analistas ficaria corretamente indignada com a sugestão de que eles minimizavam suas preocupações a propósito das relações com outras pessoas no seu trabalho com os pacientes. Em vez disso, sua preocupação era com o fracasso na ampliação da experiência clínica com os pacientes ao mais básico de seus princípios teóricos. O autor argumenta que as suposições fundamentais e os suportes conceituais da teoria da libido e da teoria do desenvolvimento psicossexual representam ênfases mal colocadas e equívocos básicos quanto à motivação e à experiência humana.

Ao que nos parece, pelo menos em parte, a escassez de referências diretas às suas ideias na literatura psicanalítica não é proporcional à significância de sua contribuição dentro da história das ideias psicanalíticas. Dado esse contexto, o presente capítulo pretende analisar alguns princípios e conceitos básicos da teoria psicanalítica fairbairniana a respeito da personalidade e do ego para, em seguida, discutir algumas das principais características da esquizoidia elencadas pelo autor, tanto no que se refere ao seu aspecto teórico quanto clínico.

A teoria da personalidade: dinâmica psíquica, estrutura e psicopatologia

No centro das amplas e variadas contribuições de Fairbairn estão a sua crítica e a reformulação da clássica teoria pulsional. A fonte da energia motivacional, tanto para a teoria freudiana como para a kleiniana, continuou sendo o impulso pulsional. Nesse sentido, do seu ponto de vista, à psicologia do ego e seus objetos foi sobreposta uma psicologia das pulsões anterior. Fairbairn argumentou que as suposições básicas sobre as quais descansa a teoria pulsional seriam errôneas e enganosas; em um sentido mais amplo, ele viu o seu trabalho como significando uma "reinterpretação das visões de Freud com base numa série diferente de princípios científicos subjacentes" (Fairbairn, 1946/1994e, p. 149).

Fairbairn localizou o seu desacordo com a teoria pulsional em dois princípios básicos: (1) a libido não busca o prazer, mas o objeto; e (2) a pulsão é inseparável da estrutura. Ele argumenta que o objeto não está apenas embutido na pulsão desde o começo, mas que a característica principal da energia libidinal é a sua qualidade de busca de objeto. O prazer não é o objetivo final da pulsão, mas um meio para o seu fim real – a relação com um outro.

A suposição de que a energia é separável da estrutura subjaz à distinção de Freud (1923/1992) entre diferentes agências psíquicas no seu modelo estrutural – um id sem estrutura, com energias sem direção, e um ego com processos e mecanismos para usar energia, mas sem nenhuma energia própria. Fairbairn argumenta que esta separação de energia e estrutura deriva de uma visão do mundo físico própria ao século XIX, na qual o universo é concebido como um "conglomerado de partículas inertes, imutáveis e indivisíveis às quais era conferida moção por uma quantidade fixa de energia separada das partículas em si" (Fairbairn, 1944/1994d, p. 127).

Do ponto de vista fairbairniano, o que a metapsicologia clássica fez foi tomar a pessoa humana, que é energia operando em modos direcionais (para objetos), para sobrepor a esse processo natural uma distinção artificial entre as atividades e a energia que supostamente as move. Para o autor, a visão do ego como um aparelho, com estruturas sem energia, é uma distorção linguística da atividade humana original, energizada e estruturada. Assim, não há nenhuma separação de ego e id. Não há nenhum poço de energia sem direção que se torna secundariamente orientada para objetos. As estruturas do ego têm energia – elas *são* energia – e tal energia se mostra estruturada e direcionada para os objetos desde o seu início. As pulsões, portanto, não podem ser separadas dessas estruturas e das relações objetais que elas permitem que o ego estabeleça.

Segundo Greenberg e Mitchell (1994),

> *o que Fairbairn está sugerindo é, na realidade, uma visão fundamentalmente diferente da motivação, significados e valores humanos. De acordo com o modelo estrutural-pulsional clássico, o bebê humano nasce fundamentalmente não relacionado a outros, buscando a redução de tensão; torna-se relacionado a outros apenas secundariamente, devido à sua utilidade em reduzir as suas tensões, fornecer-lhe prazer. Fairbairn sugere que o bebê é orientado para outros desde o começo e que sua busca de relação tem raízes adaptativas na sua sobrevivência biológica. (p. 114)*

Fairbairn sustenta que a criança está tão orientada para a realidade, a mãe, como estão os animais inferiores, mas que, sem os comportamentos pré-programados, instintivos, "o seu caminho para a mãe está mais duramente traçado" (Fairbairn, 1946/1994e, p. 140). O aparente caos e o comportamento a esmo dos primeiros meses não refletem um estágio narcísico primário ou autoerótico no qual o bebê não está dirigido a objetos para satisfazer suas necessidades. O aparente estado ao acaso simplesmente reflete inexperiência. Sem configurações embutidas, ele ponderava, leva tempo para o bebê humano aprender como fazer contato e organizar as suas relações com a sua mãe.

Já no que se refere à estruturação psíquica, Fairbairn imagina um ego unitário, completo, com sua própria energia libidinal, que busca relações com objetos externos reais. Se estas relações são satisfatórias, o ego permanece completo e inteiro. Relações insatisfatórias com objetos externos naturais necessitam do estabelecimento de objetos internos compensatórios. A cisão do ego é uma consequência da proliferação desses objetos internos, uma vez que porções diferentes dele permanecem relacionadas a diferentes objetos internos. Essa ligação e essa devoção por parte do ego a seus objetos internos causam uma fragmentação do ego original integral.

Na visão do autor, o relacionamento com a mãe tem dois traços fundamentais: um componente gratificante e um componente não gratificante. O aspecto não gratificante consiste não só em rejeição, mas em uma rejeição seguida de algum sentimento de esperança ou promessa. Nessas condições, a criança teria três experiências diferentes da mãe: uma gratificante, outra sedutora e uma terceira privadora. O psicanalista britânico denomina os três objetos internos que advêm dessas experiências objeto ideal (aspectos gratificantes da mãe), objeto excitante (aspectos promissores e sedutores da mãe) e objeto rejeitante (aspectos privadores, sonegadores da mãe).

Conforme vimos, um princípio básico no sistema estrutural fairbairniano é o de que ego e objeto são inseparáveis. Para ser importante, um objeto deve ter uma parte do ego ligada a ele.

> *Um ego sem objeto é uma contradição de termos . . . o objeto excitante e o objeto rejeitante são "maus" objetos, no sentido que Fairbairn dá ao termo, porque não são*

> *gratificantes. O ego mantém relações com estes maus objetos internos num esforço para controlá-los e preservar as suas relações com a mãe real sem contaminá-las por frustração, raiva e anseios não gratificados. (Greenberg & Mitchell, 1994, p. 121)*

No entanto, a criança também internaliza um bom objeto, o objeto ideal, composto daqueles traços da mãe que permanecem depois que as porções sobre-excitantes e sobrerrejeitantes são separadas.

O ego libidinal é aquela parte do ego original da criança que não desistiu dos anseios e das exigências insatisfeitas da dependência infantil. Ele é o repositório da esperança e, na sua ligação ao objeto excitante, permanece preso a imagens de promessas não cumpridas, seduções e potenciais para contato com a mãe que nunca foram desfrutados. O ego libidinal anseia por união com o objeto excitante, como uma relação objetal interna, porque o anseio por gratificação real da mãe real tornou-se demasiado doloroso.

O ego libidinal, portanto, permanece num relacionamento perpétuo e carente com o objeto excitante (Fairbairn, 1944/1994d). A promessa é mantida viva, mas a realização é impossível. De acordo com Thomas Ogden, se considerarmos o vínculo entre o ego e os objetos internos de Fairbairn do ponto de vista da vida emocional, "a relação entre o ego libidinal e o objeto excitante é a de um 'amor' viciado por parte do ego libidinal, acompanhada da necessidade desesperada do objeto excitante no sentido de evocar o desejo por parte do ego libidinal (cujo desejo o objeto excitante nunca satisfará)" (Ogden, 2010, p. 108).

O ego antilibidinal é a parte do ego que se torna o repositório para todo o ódio e a destrutividade que se acumulam em consequência da frustração do anseio libidinal. Ele está ligado e identificado com o objeto rejeitante, o aspecto da mãe sentido como privador e sonegador. Representa, portanto, a parte do ego que, como não foi gratificada pelas seduções maternas, identifica-se com aqueles seus traços que privam e sonegam (Fairbairn, 1946/1994e).

Estes ataques internos pelo ego antilibidinal são responsáveis por aspectos autodestrutivos e autopunitivos da psicopatologia, como veremos mais adiante. O ego antilibidinal é o inimigo da esperança, principalmente da esperança por qualquer coisa significativa com outras pessoas. Ele odeia e pune o ego libidinal por quaisquer tentativas para conseguir algo dos outros e odeia aquela outra pessoa que oferece uma possibilidade de relacionamento. Assim, "na situação psicanalítica, por exemplo, um período de maior contato entre um paciente gravemente perturbado e o analista é quase sempre seguido por poderoso ódio por parte do paciente, de si e do analista. Nos termos de Fairbairn, isto é o ego antilibidinal punindo o ego libidinal e o objeto excitante – tanto o sujeito como o objeto de relacionamento possível" (Greenberg & Mitchell, 1994, p. 122).

A relação entre o ego antilibidinal e o objeto rejeitante deriva do amor infantil pela mãe a despeito (mas também por causa) de sua rejeição para com ele. A ligação entre o ego antilibidinal e o objeto rejeitante não constitui propriamente um laço de ódio, mas um amor patológico que é experimentado como um amargo "ressentimento" (Fairbairn, 1944/1994d, p. 115). Nem o objeto rejeitante nem o ego antilibidinal querem ou estão aptos a pensar sobre, e menos ainda abandonar, este laço. De fato, não há nenhum desejo da parte de ambos para mudar alguma coisa a propósito de sua dependência mútua. "Os maus tratos nas mãos do outro são sentidos como imperdoáveis. Uma desculpa é sempre esperada por cada um deles, mas nunca oferecida por nenhum dos dois. Nada é mais importante para o ego antilibidinal (o self rejeitado) do que coagir o objeto rejeitante a reconhecer a dor incalculável que ele ou ela causa" (Ogden, 2010, p. 109).

Já o ego central é uma estrutura endopsíquica capaz de pensamento, sentimento, respostas etc. Ele constitui o *self* original saudável do bebê recém-nascido. Desde o começo, o ego central é capaz de diferenciar de forma rudimentar *self* e objeto e de operar na base do princípio de realidade, mas, em resposta a uma experiência traumatizante com uma mãe que, ao mesmo tempo que ama e aceita o seu amor, não o ama e o rejeita, o bebê cliva partes do ego central e as reprime na forma de relações de objeto internas. Consequentemente, o ego central retém sua saúde original, mas é significativamente esvaziado pelo processo de clivagem, que implica uma espécie de "envio para o exílio" (repressão) de partes de si mesmo (Fairbairn, 1943/1994c).

Nesses termos, o ego central é a única parte do *self* que está apta a se engajar e aprender com a experiência junto aos objetos externos. A mudança no mundo inconsciente dos objetos internos é sempre mediada pelo ego central. Para Ogden (2010),

> *ele não inclui qualquer relação de objeto interno dinamicamente reprimida (insatisfatória); na verdade, o ego central consiste exclusivamente em relações de objeto suficientemente boas (opostas às idealizadas), tais como as identificações com pessoas que foram amadas e por quem se foi amado, reconhecido e aceito. (p. 103)*

Tais identificações formam a base de sentimentos que incluem um senso de segurança interna, bem como sentimentos básicos de solidariedade e integridade.

No que diz respeito à psicopatologia, Fairbairn a vê fundamentalmente como uma tentativa do ego de perpetuar laços e esperanças antigos representados por objetos internos. A psicopatologia, portanto, é compreendida antes de tudo não como derivando de conflitos entre impulsos que buscam prazer, mas como um quadro que reflete distúrbios e interferências provenientes das relações com os outros. O aspecto crucial da maturidade saudável, nesses termos, diria respeito à capacidade para uma rica e íntima mutualidade compartilhada com o outro.

Se o bebê está orientado para a realidade (para os objetos) desde o início, a pura busca de prazer seria o reflexo de uma deterioração do funcionamento libidinal natural (relacionado ao objeto). O uso do prazer por descarga de tensão serve como uma válvula de escape; funciona não como um meio de atingir objetivos verdadeiramente libidinais, mas como um "meio de mitigar o fracasso destes objetivos" (Fairbairn, 1949/1994f, pp. 139-140).

A consequência do que Fairbairn considera uma relação não natural é que as primeiras relações com objetos tornam-se "más" ou privam. É doloroso demais ansiar por e depender de um objeto que está física ou emocionalmente ausente grande parte do tempo. Assim, a criança estabelece objetos internos dentro de si que agem como substitutos e "soluções" para relacionamentos não satisfatórios com objetos externos reais. Quanto maior o grau de interferência e privação nas relações com seus objetos "naturais", pessoas reais, maior a necessidade do ego de estabelecer relações com objetos internos. Estes seriam então, por definição, estruturas patológicas.

Do ponto de vista fairbairniano, a internalização inicial de objetos deriva da intensa necessidade da criança por um relacionamento consequente, a qual é imposta por pais emocionalmente ausentes, intrusos ou caóticos. Diante da necessidade de preservar a ilusão da bondade dos pais como figuras reais no mundo externo, a criança separa e internaliza os seus maus aspectos – não são eles que são maus, mas ela. A maldade está dentro dela; se ela fosse diferente, o amor deles seria possível.

Toda criança precisa compreender que seus pais são justos e confiáveis e, se ela não os sente assim, transfere o problema para si, ou seja, toma para si a "carga de maldade". A "maldade", as qualidades não desejáveis dos pais – isto é, a depressão, a desorganização, o sadismo – agora estão nela. Estes "maus" traços tornam-se maus objetos com os quais o ego se identifica (por meio da identificação primária). A criança adquiriu a segurança externa ao preço de sacrificar a segurança interna acrescida de mais esperança ilusória.

Em 1943, o autor distinguiu diferenças qualitativas entre os tipos de patologia baseadas em: (1) extensão de maus objetos e grau de maldade deles; e (2) extensão da identificação do ego com esses objetos e natureza e força das defesas que protegem o ego deles (Fairbairn, 1943/1994c). Mais tarde, ele acrescentará à sua teoria da repressão de maus objetos a perspectiva de que porções do ego acompanham esses objetos no decorrer da repressão, resultando numa cisão do ego. O grau de patologia, nesse contexto, depende de quanto do ego ainda permanece disponível para relações reais e potencialmente gratificantes com outros e do quanto fica ligado a aspectos não gratificantes e inalcançáveis dos pais, os quais se tornam entesourados internamente.

A culpa, nesse processo, surge secundariamente, por meio da "defesa moral". A criança se sente má do ponto de vista moral e a culpa aparece a fim de abrir a possibilidade de tornar-se moralmente boa e, desse modo, reconquistar boas relações com o objeto (Fairbairn, 1944/1994d). Como vimos, Fairbairn acredita que ela tenta proteger o que é gratificante e controlar o que não é, estabelecendo relações objetais internas compensatórias. É na "ligação obstinada" (Fairbairn, 1944/1994d, p. 117) do ego libidinal com o objeto excitante que a criança conserva suas esperanças de um maior e mais satisfatório contato com os pais.

A experiência dessas relações objetais internas e a projeção delas no mundo externo produzem o sofrimento humano patológico. Os objetos de amor são selecionados como ou transformados em sonegadores ou privadores a fim de personificar o objeto excitante, promissor, mas nunca satisfatório. A derrota é orquestrada repetidamente para perpetuar o anseio e a necessidade de satisfação do ego libidinal diante da promessa do objeto excitante. Depressão, terror e futilidade representam as identificações do ego com "maus" aspectos dos pais que não podiam ser alcançados por meio de um intercâmbio real com eles no mundo externo e, assim, foram levados para dentro. A psicopatologia persiste, dores antigas retornam, configurações destrutivas na integração de relações com os outros e no sentir a vida são perpetuadas – porque, sob a dor e as relações e organizações de experiências autoderrotistas, jazem ligações internas e lealdades antigas para com os outros significativos anteriores. A recriação da dor, do sofrimento e da derrota é uma forma de renovação e devoção a esses laços. A relutância em trair tais ligações por meio de novas relações e lealdades impede a mudança construtiva no viver e resulta numa resistência central e intransigente (Greenberg & Mitchell, 1994, pp. 127-128).

As teses sobre a experiência esquizoide: teoria e clínica

Talvez as ideias mais inovadoras de Fairbairn sejam aquelas que concernem não apenas à estrutura endopsíquica, já comentadas brevemente, como também à condição esquizoide que a subentende. Tal condição constitui, pelo menos em parte, o destino do homem, na medida em que a cisão é inerente a ele como uma consequência inevitável da experiência humana. Para Grotstein e Rinsley (1994), "o próprio estabelecimento da estrutura endopsíquica é então um testemunho arquivístico de momentos arcaicos dos desapontamentos críticos. Nestes termos, nenhum indivíduo poderia deixar de ser minimamente patológico" (p. 11).

O bebê esquizoide fairbairniano acredita que o seu amor é mau porque não foi validado. Como vimos, atribuindo a rejeição da mãe à sua maldade *a priori*, ele acaba por acreditar que o seu amor é inerentemente destrutivo (cruelmente predatório). Fairbairn considerava que a presença (ou ausência) do amor materno no estágio oral precoce (pré-ambivalente) colocaria o bebê em risco, dado que ele acreditaria que o amor é mau e perigoso, o que instigaria, portanto, o retraimento esquizoide, nesse caso, defensivo. Assim, nosso autor atribui a patologia não propriamente a destrutividade ou ao ódio, mas ao fracasso na capacidade de amar e ser considerado como uma pessoa por direito próprio.

Ao mesmo tempo, o autor sustenta que qualquer bebê percebe realisticamente os limites na capacidade de sua mãe para amá-lo, e que essa percepção realista é "traumática" para ele (Fairbairn, 1944/1994d, p. 110). A lógica é a seguinte: (1) "Todos sem exceção devem ser vistos como esquizoides" (Fairbairn, 1940/1994a, p. 7), ou seja, todo mundo evidencia uma cisão patológica do *self* – as pessoas se diferenciam umas das outras apenas na severidade da sua patologia esquizoide; (2) a psicopatologia esquizoide tem sua origem em uma relação "insatisfatória" com a mãe, isto é, há uma "falha da parte da mãe em convencer a criança de que ela realmente a ama como pessoa" (Fairbairn, 1940/1994a, p. 13); (3) na medida em que todo mundo é esquizoide, e que a condição esquizoide deriva da falha materna em convencer o bebê do seu amor, segue-se que todo bebê experimenta um fracasso traumatizante com o amor materno.

Na visão de Fairbairn, todas as crianças interpretam mal privações inevitáveis como falta de amor da mãe por elas. Desse ponto de vista, a concepção fairbairniana a respeito do desenvolvimento psíquico precoce

> *é uma teoria do trauma na qual a criança, em graus variados, é traumatizada pela sua percepção realística de que é totalmente dependente de uma mãe cuja capacidade de amá-la passou do seu ponto de ruptura. Fairbairn acredita na primazia da realidade externa e no papel secundário da fantasia, contrariamente a Melanie Klein. (Ogden, 2010, p. 103)*

Nota-se então que o autor modificou o significado e a relativa importância do conceito "esquizoide", retirando-o de uma classe específica e estreita de desordens existenciais para situá-lo em um tipo de categoria mais ampla que comporta qualquer subjetividade atingida por divisões em sua estrutura de ego. Com isso, ele efetivamente promoveu uma transformação nos termos do "diagnóstico" psicanalítico a propósito da esquizoidia, que excluía apenas indivíduos com uma saúde mental notavelmente boa. Assim, vários tipos não neuróticos foram incluídos em sua definição. Mas Fairbairn não estava apenas expandindo a definição de esquizoidia para incluir uma ampla variedade de conflitos; ele também estava mudando o seu estatuto de uma modalidade de sofrimento específico para uma forma de subjetivação definida pelo processo psíquico de divisão do ego, considerado como a base de vários quadros clínicos (Fairbairn, 1941/1944).

Segundo Paul Celani (2010), Fairbairn também percebeu que "o indivíduo esquizoide tem três características que hoje são bem conhecidas: a onipotência, um senso de desligamento e um foco excessivo no mundo interno. Todas as três características são consequência de várias formas de privação maturacional – isto é, de uma relação fracassada com os objetos mais primários" (p. 27). A fonte da tendência esquizoide seria então efeito de uma relação interpessoal fracassada, da falta de sintonia, da indiferença e da ausência de vínculo emocional por parte da mãe, vividas nas mais diversas modalidades de sofrimento emocional.

Conforme dizíamos antes, na perspectiva fairbairniana a estabilidade dos laços inconscientes com os objetos internos é a principal fonte de estabilidade na organização da personalidade de qualquer indivíduo. O apego inconsciente aos objetos internos constitui a "substância aderente" que mantém juntas todas as organizações da personalidade. Nas esquizoidias mais graves, essa "substância" produz um apego tão intenso aos objetos internos que o envolvimento emocional com os objetos da realidade é quase completamente excluído.

Nesses casos extremos, a energia psíquica é retirada não apenas das relações com os objetos externos, mas também dos objetos internos. O resultado é o que Fairbairn (1941/1994b) chama de "perda do ego". Ainda assim, o autor nos diz que é possível reconhecer como essencialmente esquizoides não apenas fenômenos confirmados de despersonalização e desrealização, mas também problemas relativamente menores na percepção da realidade, como sentimentos "de artificialidade" (quer se trate do *self* ou do ambiente), o sentimento de estranheza diante de pessoas ou lugares conhecidos e o sentimento de familiaridade com o desconhecido (Fairbairn, 1940/1994a, p. 5).

Segundo Thomas Ogden (1989), quando um objeto externo fracassa em se conformar com o roteiro e a direção ansiados pelo indivíduo, o uso de elementos como negação, desprezo, grandiosidade, distorção de percepção e retraimento emocional serve para reduzir ao mínimo o impacto da experiência com o objeto externo. Em consequência disso, o indivíduo não se deixa transformar por sua experiência no mundo. Inconscientemente, ele sabe que é um ator aprisionado no seu próprio drama interno e, nessas condições, experimenta profundos sentimentos de futilidade e vazio.

Contudo, o vazio do paciente esquizoide não é apenas aquele da solidão; ele é também o vazio da ausência de apoio em qualquer coisa que exista fora de sua própria mente. "Trata-se, no caso, do vazio de um self amplamente desconectado da experiência intersubjetiva humana, através da qual o self comumente adquire um sentido sobre sua própria realidade através do reconhecimento do outro" (Peixoto Junior, 2011, p. 95). Em geral, o paciente esquizoide só está ocupado e preocupado com suas relações objetais internas; além disso, essas relações, em si mesmas, são muito pouco substanciais e levam a um estado de empobrecimento emocional.

Tendo em conta o desligamento desse tipo de paciente na transferência, Fairbairn também buscou as causas desse processo ativo de desvinculação e divisão do ego, bem como os conflitos que antecediam o complexo de Édipo e a consolidação do superego. Ele notou com frequência que as personalidades esquizoides, na tentativa de se retrair dentro da transferência, estavam se defendendo da temível ativação de uma relação terapêutica básica, caracterizada por um investimento libidinal do analista experimentado como uma mãe pré-edipiana, particularmente oral. Essa modalidade de investimento libidinal se assemelhava a uma grande ameaça para esses pacientes, derivada do medo de que seu amor pelo objeto pudesse ser devastadoramente destrutivo para esse último.

De acordo com Otto Kernberg (1994), analisando tal medo,

> *Fairbairn encontrou uma constelação típica de sentimentos e fantasias, refletindo essencialmente a convicção do paciente de que o seu próprio amor pela mãe teria qualidades que exaurem e esvaziam a mãe, sendo portanto destrutivas para ela e que, ao mesmo tempo, ameaçam o paciente com um sentimento fundamental de futilidade, uma sensação de depleção relacionada ao gasto do seu próprio amor na ausência de um objeto receptivo e responsivo . . . A frustração do paciente derivada de sua percepção da falta de amor da mãe faz com que ele experimente o seu próprio amor como demandante e agressivo. (p. 46)*

Fairbairn concluiu que, por causa de um medo profundo de que suas necessidades de amar e ser amados fossem frustradas, os indivíduos esquizoides lutavam inconscientemente contra um verdadeiro investimento nos outros e regrediam para e/ou se fixavam em um estágio de relações objetais essencialmente receptivo, demandante, no qual experimentam a si próprios como alguém que está apenas do lado de quem pede, evitando cuidadosamente ter que dar de si mesmo. Dar, em tal caso, torna-se equivalente a ser esvaziado, um resto catastrófico do sentido de depleção derivado do investimento libidinal não atendido. Os esforços para evitar "dar" podem reforçar a necessidade de reprimir quaisquer afetos para evitar um investimento afetivo.

Fairbairn via o sentimento de desperdício, de irrealidade, de intensa autoconsciência e constante auto-observação dos pacientes esquizoides como consequências do empobrecimento do seu ego central pela divisão excessiva. O estudo do desenvolvimento da transferência nestes pacientes ofereceu a ele a evidência de que haveria uma "des-emocionalização" das relações objetais, resultando no desapego característico dos pacientes das relações com objetos externos, lado a lado com uma intensa preocupação com a realidade interna.

No entanto, a perda ou a atenuação dos contatos externos não contam toda a história da esquizoidia, apenas uma boa parte dela: a do pânico. Essa perda de contatos realmente diz respeito a uma dimensão do sofrimento muito séria e radical: a do amortecimento e silenciamento das forças pulsionais, que se voltam quase exclusivamente para o "mundo interno", gerando uma profunda sensação de tédio e futilidade, como indicamos anteriormente, a qual poderia ser confundida erroneamente com a depressão. Mas esse tédio e essa futilidade são mais radicais: eles dão o tom dominante dos estados esquizoides nos seus momentos mais sombrios, em que absolutamente nada pode ser dotado, no presente, no passado ou no futuro, de qualquer valor afetivo, de qualquer apelo positivo ou negativo.

Esses estados esquizoides emergem ao final de um percurso fracassado de busca de contato e da consequente construção de estruturas endopsíquicas que se cronificam em um sistema fechado. Como nos mostra Luiz Claudio Figueiredo (2003),

> *na derradeira estação da viagem esquizoide, uma estabilidade psíquica é finalmente alcançada, mas cobrando o alto preço de uma retirada do mundo, uma profunda desvinculação e um opressivo sentimento de futilidade. Na*

> *esquizoidia, produto derradeiro do movimento básico de construção do psiquismo, realiza-se integralmente o processo esquizoide que, ao mesmo tempo em que constituía nosso psiquismo como defesa contra o trauma, nos remetia ao gélido isolamento dos astros infinitamente distantes uns dos outros. (p. 54)*

A outra parte da história não é a do tédio, mas a do pavor, e este pode ser muitas vezes a única fonte de calor nesse mundo gelado da esquizoidia. A crescente dissociação entre partes da experiência do indivíduo dá, a cada uma, um dinamismo próprio e uma independência que emprestam a esse lugar de interioridade, em que supostamente se encontra refúgio, o colorido da turbulência e da desintegração. Os objetos internos podem adquirir um dinamismo independente que não pode ser ignorado, ou seja, eles se transformam efetivamente em fontes de energia, em dínamos da vida psíquica.

Ao contrário do que parecia ser a marcha natural do processo na direção do desligamento silencioso e do fechamento dos sistemas, quando os objetos internalizados são mais que objetos e se convertem em estruturas dinâmicas, o psiquismo passa a ser agitado "de dentro" por elementos que contrariam todo o sossego que o sistema fechado esquizoide promete e aparentemente proporciona. Ao internalizar seus maus objetos para melhor controlá-los, o indivíduo não imaginava que ficaria, mais que antes, à mercê deles em suas duplas e inconciliáveis facetas. Trata-se de abrigar em si mesmo corpos estranhos intratáveis e desarmônicos.

Discutindo a situação de um ponto de vista clínico, Figueiredo (2003) afirma que:

> *no caso do paciente esquizoide os limites da interpretação podem ser bastante grandes, pois não faz sentido a tarefa de interpretar comportamentos dissociados de fantasias*

> *e afetos congelados. No entanto, as interpretações podem ocorrer com a função de holding verbal, a serviço do manejo da regressão e da instalação da confiança como passos preliminares para o descongelamento afetivo, para a superação das cisões e dissociações, para o contato com o mundo dos afetos e das fantasias na regressão e para a instalação subsequente da capacidade do sonho e do espaço do jogo. (pp. 148-149)*

Quando se constitui o sistema fechado (Fairbairn, 1958), o paciente esquizoide profundo torna-se impermeável às experiências com novos objetos, ficando encarcerado na estrutura e na dinâmica mantidas por seus demoníacos maus objetos internos. O medo e o pavor dominam a situação, e quando surge algo parecido com a esperança, trata-se apenas, na verdade, da ingenuidade diante de maus objetos que assumem a forma da tentação e da sedução. Sem o rompimento desse sistema em que o sujeito fica aprisionado entre seus objetos maus, persecutórios e sedutores, o trabalho terapêutico não pode caminhar.

Considerações finais

A título de conclusão, diríamos que a maioria dos autores que lançaram mão da obra de Fairbairn o fez, acima de tudo, para enfrentar os desafios teóricos e clínicos dos chamados "pacientes difíceis", *borderline*, narcísicos, bem como dos casos ainda mais graves de franca esquizoidia. Uma resposta fairbairniana a esse uso restritivo, como vimos no decorrer deste capítulo, seria dizer que toda e qualquer subjetivação comporta certa esquizoidia, seja como fase inicial e estrutura básica da construção do psiquismo, seja como quadro sintomático em certas situações-limite pelas quais todos passamos, seja, ainda, como estrutura de caráter singular após uma sucessão de desastres existenciais profundos. A própria instituição de um "interior" relativamente isolado, um psiquismo investido e estruturado, já seria da ordem da psicopatologia esquizoide.

Os diversos quadros neuróticos, psicóticos e perversos seriam estratégias sintomáticas habituais e estruturadas para lidar com uma esquizoidia sempre subjacente. Essas estratégias, quando falham ou faltam, dariam lugar aos quadros esquizoides propriamente ditos em que a dominância de inúmeras cisões egoicas e objetais impediriam um nível mais consistente de integração subjetiva, mas, ao mesmo tempo e paradoxalmente, gerariam uma "estabilidade" e uma resistência à mudança surpreendentes (Figueiredo, 2003, p. 46).

Para Fairbairn, uma mudança psicológica como essa, que poderia ser alcançada por meio da psicanálise, apesar dos mais diversos obstáculos terapêuticos próprios a tais casos, envolveria primariamente diminuições de intensidade dos sentimentos de ressentimento, amor viciado, desprezo, dependência primitiva, desilusão etc., que conjugariam as suborganizações cindidas e reprimidas do *self* umas com as outras.

Embora Fairbairn nunca coloque desse modo, parece-nos que o princípio psicológico mais fundamental que sustenta a sua concepção de amadurecimento emocional é a ideia de que toda maturação comportaria a aceitação genuína de si mesmo por parte do próprio indivíduo e, por extensão, também dos outros. Essa aceitação poderia ser alcançada por meio de um difícil e extenuante trabalho, muitas vezes infrutífero, pelo qual se chegaria a uma espécie de acordo com uma ampla variação de aspectos do *self*, incluindo aí identificações perturbadas, infantis ou cindidas com uma mãe que não ama e não aceita, como ocorre com os esquizoides.

Uma mudança emocional desse tipo, ainda que comporte um tom excessivamente otimista, talvez criasse a possibilidade de descobrir um mundo de pessoas e experiências que existiria fora do próprio mundo estritamente subjetivo, no qual seria possível se sentir curioso, surpreso, satisfeito, desapontado, saudoso etc. "Este também é um mundo no qual se pode aprender com a experiência mantida com os outros porque estas experiências não são mais dominadas por projeções de relações de objeto interno estáticas" (Ogden, 2010, p. 114).

O amadurecimento emocional, para Fairbairn, envolve assim uma forma de aceitação de si mesmo que só poderia ser alcançada no contexto de uma relação real com uma pessoa relativamente madura em termos psíquicos. Um relacionamento desse tipo (incluindo a relação analítica) seria uma saída possível do mundo solipsista de relações de objeto internas que caracteriza a esquizoidia. No caso da análise, como ele mesmo dizia, "o fator realmente decisivo (terapêutico) é o relacionamento do paciente com o analista" (Fairbairn, 1958, p. 379). No entanto, Fairbairn também nunca deixou de nos alertar para o fato de que tal relacionamento nem sempre é suficientemente exitoso no que se refere aos objetivos terapêuticos almejados com os pacientes esquizoides no decurso de uma análise.

A autoaceitação é um estado mental que marca o abandono (nunca completamente realizado) do esforço para transformar relações de objeto internas insatisfatórias em satisfatórias (ou seja, amáveis e aceitáveis), esforço que pode consumir toda uma vida e ainda assim não ser bem-sucedido. Com o crescimento psicológico, o sujeito chegaria a compreender em profundidade que suas experiências precoces com uma mãe que não o amava e não o aceitava nunca serão nada além do que foram. Seria uma perda de tempo devotar-se ao esforço de se transformar (e transformar os outros) na pessoa que queriam que fôssemos (ou queríamos que fossem). Para que pudesse tomar parte na experiência de um mundo povoado por pessoas que não inventou, e com as quais poderia aprender, todo indivíduo, e antes de tudo o esquizoide, precisaria primeiramente afrouxar os laços inconscientes de ressentimento, amor viciado, desprezo e desilusão que muitas vezes o confinam a uma existência vivida principalmente dentro de sua própria mente. Quem sabe assim seria possível descobrir que a vida e os encontros que ela oferece valem à pena.

Este talvez tenha sido o mais importante legado de Fairbairn com seu estudo da personalidade como um todo e, mais especificamente, com a abordagem da experiência esquizoide. Um legado paradoxal que, com todo o seu aparente otimismo no que se refere às possibilidades de investigação teórico-clínica da esquizoidia, nunca esqueceu as enormes dificuldades técnicas inerentes a esta experiência. Ao contrário, Fairbairn certamente foi, na história da psicanálise, um dos que mais se dedicou ao enfrentamento dessas questões tão difíceis, não apenas para o seu tempo como também para a clínica psicanalítica atual.

Referências

Celani, D. P. (2010). *Fairbairn's object relations theory in the clinical setting*. Columbia University Press.

Fairbairn, W. R. D. (1994a). Schizoid factors in the personality. In W. R. D. Fairbairn, *Psychoanalytic studies of the personality*. Routledge. (Trabalho original publicado em 1940)

Fairbairn, W. R. D. (1994b). A revised psychopathology of the psychoses and psychoneuroses. In W. R. D. Fairbairn, *Psychoanalytic studies of the personality*. Routledge. (Trabalho original publicado em 1941)

Fairbairn, W. R. D. (1994c). The repression and the return of bad objects (with special reference to the war neurosis). In W. R. D. Fairbairn, *Psychoanalytic studies of the personality*. Routledge. (Trabalho original publicado em 1943)

Fairbairn, W. R. D. (1994d). Endopsychic structure considered in terms of object-relationships. In W. R. D. Fairbairn, *Psychoanalytic studies of the personality*. Routledge. (Trabalho original publicado em 1944)

Fairbairn, W. R. D. (1994e). Object-relationships and dynamic structure. In W. R. D. Fairbairn, *Psychoanalytic studies of the personality*. Routledge. (Trabalho original publicado em 1946)

Fairbairn, W. R. D. (1994f). Steps in the development of an object-relations theory of the personality. In W. R. D. Fairbairn, *Psychoanalytic studies of the personality*. Routledge. (Trabalho original publicado em 1949)

Fairbairn, W. R. D. (1958). On the nature and aims of psychoanalysis. *The International Journal of Psychoanalysis*, (39), 374-385.

Figueiredo, L. C. (2003). *Psicanálise: elementos para a clínica contemporânea*. Escuta.

Freud, S. (1992). El yo y el ello. In *Obras completas* (Vol. XIX). Amorrortu. (Trabalho original publicado em 1923)

Greenberg, J. R., & Mitchell, S. A. (1994). *Relações objetais na teoria psicanalítica*. Artmed.

Grotstein, S., & Rinsley, D. B. (1994). Introduction. In S. Grotstein, & D. B. Rinsley (Orgs.), *Fairbairn and the origins of object relations*. Free Association Books.

Kernberg, O. (1994). Fairbairn's theory and challenge. In S. Grotstein, & D. B. Rinsley (Orgs.), *Fairbairn and the origins of object relations*. Free Association Books.

Ogden, T. H. (1989). *The primitive edge of experience*. Basic Books.

Ogden, T. H. (2010). Why read Fairbairn? *The International Journal of Psychoanalysis*, (91), 101-118.

Peixoto Junior, C. A. (2011). Os limites da representação na experiência esquizoide. In C. A. Garcia, & M. R. Cardoso (Orgs.), *Limites da clínica, clínica dos limites*. Cia. de Freud/FAPERJ.

5. Experimentação e prudência na clínica de Sándor Ferenczi[1]

Considerando-se a radicalidade da relação de Ferenczi com a psicanálise de seu tempo, mais especificamente no que se refere à prática clínica, o que inclusive o levou a ficar conhecido como um *enfant terrible*, e ainda a relevância de suas contribuições para o momento atual, uma palavra parece condensar o seu projeto, bem como sua obra: experimentação. Isso porque, ao nosso ver, esta seria sem sombra de dúvida uma marca fundamental no processo que levou às inovações técnicas da clínica ferencziana, dada a sua constante preocupação com a possibilidade e, mais do que isso, a necessidade de ampliar o alcance terapêutico das intervenções psicanalíticas, principalmente no que se refere aos casos difíceis. Tendo em conta então a importância da noção de experimentação na prática clínica de Ferenczi, em suas derivas e confins, junto com a necessidade de conjugá-la, como esclareceremos adiante, com a noção de prudência, sem a qual ela não pode efetivamente caminhar, vejamos o que é possível pensar a esse respeito no intuito de destacar as principais contribuições do psicanalista húngaro.

1 Originalmente publicado na *Revista Psicologia Clínica*, 33, 2021.

Em sua acepção dicionarística, um experimento é um ensaio científico destinado à verificação de um fenômeno físico. Tal definição também é comumente apresentada em manuais de metodologia científica: o método experimental – com pressupostos na filosofia positivista – diz respeito à identificação de variáveis que são manipuladas de maneira preestabelecida e seus efeitos, suficientemente controlados pelo pesquisador para a observação do estudo. Apresenta-se, portanto, com o propósito de constituir um conhecimento racional e sistemático de modo a revelar aspectos da realidade.

O termo experimentação, surgido na aurora das ciências experimentais, é apresentado no *Novum organum* de Francis Bacon, em 1620 (Ferrater Mora, 1971), como uma maneira de atestar as causas e os axiomas verdadeiros, como um modo de testar experimentalmente algum conjunto de teorias de modo a validá-lo ou desqualificá-lo. Já para o senso comum, experimentação significa apenas o ato de experimentar, de empreender uma experiência qualquer. Diferentemente do campo das ciências, ela pode ocorrer ao acaso e de maneira desinteressada. Em comum a ambos os domínios, o seu resultado é sempre algo inédito ou de ordem inusitada.

Sem dúvida, esse algo inusitado também é um traço fundamental da técnica ferencziana, mas é no campo da filosofia francesa contemporânea, e não no da ciência ou do senso comum, que encontramos uma questão que nos parece mais relevante para falarmos da experimentação na clínica de Ferenczi. Vamos a ela.

A experimentação em Deleuze e Guattari

Em *Mil platôs*, Gilles Deleuze e Félix Guattari retomam seus argumentos sobre a necessidade de substituir a interpretação psicanalítica ortodoxa pela experimentação, que passa a ser o seu contraponto fundamental. Não mais a interpretação do fantasma como no modelo da psicanálise clássica, mas a experimentação de um programa.

Abandonando o viés mais reativo da crítica, tal como eles a haviam formulado em *O anti-Édipo* (Deleuze & Guattari, 1972/1976), em *Mil platôs* ela se torna ao mesmo tempo mais propositiva e incisiva.

Eis então o que é necessário fazer, dizem os autores: instalar-se sobre um estrato, experimentar as oportunidades que ele nos oferece, buscar aí um lugar favorável, eventuais movimentos de desterritorialização, linhas de fuga possíveis, vivenciá-las, assegurar aqui e ali conjunções de fluxos, experimentar segmento por segmento dos conjuntos de intensidades, ter sempre um pequeno pedaço de uma nova terra. É seguindo uma relação meticulosa com os estratos que se consegue liberar as linhas de fuga, fazer passar e fugir os fluxos conjugados, desprender intensidades contínuas (Deleuze & Guattari, 1980/1986).

Na verdade, desde o final dos anos 1960, a partir de seu estudo sobre Espinosa e sua filosofia prática (Deleuze, 1981/2002), qualquer método, segundo Deleuze, poderia ser apresentado como uma forma de experimentação vital com a qual aumentamos ou diminuímos a nossa potência de conhecer. E o conhecimento, nesse sentido, aumenta a nossa capacidade de agir. O deslocamento de questões ou a criação de outros campos de problematização aqui não se configura apenas como uma especificidade metodológica, passando a assumir conotações vitais. Toda e qualquer experiência, científica ou artística, pode então ser entendida como experimentação vital. Já que não sabemos de antemão quais afetos podem potencializar nosso viver, dizem os autores, o que nos resta é experimentar.

Como cada vivente define-se pelas afecções que vivencia e nenhum deles compartilha com o outro exatamente os mesmos afetos, cabe a cada um experimentar as alegrias e as tristezas que lhe cabem. Cada qual deve empreender a sua própria experimentação de acordo com as composições nas quais se vê envolvido. Não podemos julgar de saída aquilo que convém ou não para um vivente agenciado em uma situação singular, não há um caminho preestabelecido para se conhecer adequadamente (Vinci, 2018).

Todavia, à noção de experimentação em Deleuze e Guattari segue-se a de prudência, que lembra a cautela espinosana, um manejo próprio ao vivente para lidar com a sua potência de afetar e ser afetado, sua maneira de perseverar na existência (*conatus*). Trata-se, portanto, de uma atitude estratégica que norteia a experimentação, a prudência como dose, como regra imanente à experimentação (Deleuze & Guattari, 1980/1986).

Para Espinosa, o homem prudente não é aquele capaz de se privar da ação ou aquele que calcula as consequências de cada gesto antes de executá-lo. Na visão espinosana, a potência, poder ou não agir, não antecede a ação, mas lhe é imanente. Quanto mais um vivente experimenta, mais suscetível às alegrias está e, portanto, mais potência para agir pode vir a adquirir (Spinoza, 1677/2009).

Essa relação entre experimentação e prudência nos parece fundamental no caso específico de Ferenczi porque ele muitas vezes foi acusado injustamente de imprudência quanto a suas inovações no campo da técnica psicanalítica. E, ao nosso ver, essa acusação carece de qualquer fundamento, como pretendemos mostrar daqui em diante.

A clínica da experimentação em Ferenczi

Na primeira fase da experimentação ferencziana, a técnica ativa, tão incentivada e admirada por Freud, é sobretudo uma questão de frustração; nas fases posteriores, seu interesse clínico está voltado para as possibilidades de gratificação como fator de progresso na terapia analítica. Porém, em todos os momentos, como mostrou André Haynal (1988/1995), a pesquisa que a sustentava era totalmente coerente e prudente: Ferenczi "procurava compreender o papel do analista – tema tabu até então – e sua implicação no processo terapêutico" (p. 23).

Na técnica ativa, tratava-se de intervir por meio de interdições e injunções sempre a contrapelo do princípio do prazer. O aumento de tensão produzido pelo desprazer provocado por tais intervenções resultava em um deslocamento libidinal que traria à tona o material inconsciente a ser interpretado. No artigo sobre os "prolongamentos" daquela técnica (Ferenczi, 1921/1993a), a ideia principal era intervir de forma direta e imediata sobre o corpo, enquanto no livro *Perspectivas da psicanálise* (Ferenczi & Rank, 1924/1993), publicado em conjunto com Otto Rank, tratava-se de estimular a repetição, valorizada na sua dimensão de experiência terapêutica, em contraponto à rememoração. Aqui ainda se tratava prioritariamente de interpretar, da técnica ativa como um auxiliar da interpretação, mas Ferenczi já estava alerta para a importância da prudência que deveria acompanhar esta atividade experimental, como deixa claro o artigo sobre as "contraindicações" (Ferenczi, 1926/1993b).

Pode-se considerar que Ferenczi inicia uma virada de 180 graus no seu método quando retira a ênfase da técnica ativa e desenvolve o princípio de relaxamento e neocatarse (Ferenczi, 1929/1992), o que não agradou nada a Freud. Ele se deu conta de que a técnica ativa acabava, em última instância, aumentando as resistências e de que, ao encorajar o analisando a mudar seu comportamento, ele estava muitas vezes encorajando-o a relaxar.

O experimento com o relaxamento envolvia reduzir a tensão e a frustração na situação analítica por intervenções empáticas mais do que pela interpretação; por demonstrações de cuidado e afeto verdadeiros; pela sinceridade e pela honestidade da parte do analista; por uma redução da necessidade de poder e controle na relação; e pela mutualidade na interação quando necessário. Ou seja, tratava-se, antes de tudo, de empregar a empatia em vez da confrontação ativa das resistências, como ocorria nas técnicas clássica e ativa formuladas anteriormente.

Segundo Lewis Aron (1996), se para Freud a análise era como uma luta, uma espécie de combate metafórico, para Ferenczi, a partir daquele momento, a psicanálise passa a ser fundamentalmente um ato de ternura materna, uma experiência de colaboração afetiva. No entanto, reduzir a tensão ao invés de aumentá-la não implicava que se conduzisse uma análise pela tentativa de remover todas as instâncias de ansiedade, tensão, frustração ou privação. Ferenczi esclareceu sua percepção da ambivalência na terapia de relaxamento com a introdução de um novo conceito: o de "economia do sofrimento". O que estava em questão aí era a real necessidade de levar o paciente a sofrer mais do que o necessário ao longo do percurso analítico.

A experimentação com o relaxamento não era apenas uma mudança na conceituação da atividade entre terapeuta e paciente, mas uma maneira de enfatizar a contribuição do analista para o processo terapêutico. Ela realçava basicamente a ideia de uma psicologia a duas pessoas, como dizia Balint (1968/1992). O funcionamento, o estilo de interpretação, a personalidade e a habilidade do analista eram introduzidos em uma perspectiva dual, lado a lado com o funcionamento do analisando. A disposição do analista para criar uma atmosfera democrática e mútua de intercâmbio na situação analítica ajudava a reduzir os efeitos prejudiciais de questões como poder e controle, as quais são inerentes ao lugar de suposta autoridade do analista (Rachman, 1997).

Conforme sabemos, Ferenczi tornou-se o primeiro psicanalista a empregar suas reações contratransferenciais como uma ferramenta significativa para o entendimento do processo analítico, a qual também poderia contribuir de maneira decisiva para a situação terapêutica. Sua consideração pela empatia, seu trabalho com casos difíceis, sua abertura emocional e sua dedicação ao tratamento e à cura contribuíram de forma efetiva para movê-lo na direção do entendimento de que a análise da contratransferência era um aspecto central da terapia analítica. O concernimento com a empatia significava que o aspecto mais importante da análise era a relação a dois, na qual as intervenções do analista eram examinadas de modo a entender, por exemplo, uma reação negativa do paciente na transferência. E essa mudança, absolutamente fundamental no que se refere à técnica, da explicação pela resistência para o entendimento empático marcou uma transformação significativa na compreensão do vínculo psicanalítico.

Partindo da reação contratransferencial, a análise da contratransferência proposta por Ferenczi não apenas reconhece a reação emocional do analista como elemento constitutivo do *setting* analítico, mas o encoraja a explorá-la como parte de sua contribuição ao processo terapêutico. No lugar do analista que antes de tudo interpreta o mundo interno do paciente, destaca-se agora aquele que trabalha em conjunto com ele.

A visão afirmativa sobre a contratransferência também encorajava o analisando a expressar livremente todos os seus sentimentos em relação ao analista, incluindo os sentimentos negativos, evidentemente. De acordo com William Rachman, nenhum analista antes de Ferenczi e poucos desde então encorajaram tão abertamente os pacientes a serem críticos em relação a eles como o fez o psicanalista húngaro. Uma vez que não reagia com silêncio, frieza e distância defensiva, tal como o analista ortodoxo, ou retaliação, o paciente podia usá-lo como continente para o seu ódio e para diversos sentimentos negativos, como proposto por Bion (1959/1993) posteriormente.

Em tais condições, o vínculo empático era colocado diante do seu teste mais difícil quando o analista lutava para aceitar, entender e responder terapeuticamente à hostilidade aberta e direta do paciente. Inclusive, Ferenczi chegou a propor aos analistas que tomassem esses ataques como declarações significativas a respeito do estado emocional da situação terapêutica, e não como resistências inerentes às relações transferenciais (Rachman, 1997).

A chave do sucesso terapêutico era um contínuo relacionamento empático por meio do monitoramento da reação contratransferencial. E a chave para o trabalho com a reação contratransferencial era a disposição para admitir que o analista tinha reações emocionais ao paciente; que tais sentimentos podiam ser positivos ou intensamente negativos; que essas reações negativas podiam ser percebidas pelo paciente, mesmo em momentos em que o analista não estava consciente delas; e que a análise se beneficiaria bastante se ele admitisse suas reações negativas para o paciente.

Como sabemos, os experimentos de Ferenczi com a análise mútua constituíram a mais controversa e talvez menos compreendida de suas inovações técnicas. Tratava-se, nesse caso, de uma experimentação clínica radical, acompanhada de um pensamento arrojado e aberto, plena de elementos relacionais ricos e vitais, como queria Espinosa, e que nos obriga a reexaminar a própria natureza da relação analítica (Aron, 1996).

A análise mútua estava baseada antes de tudo na ideia de que o analisando pode oferecer ao analista algo de valor em momentos em que ele muitas vezes não está apto a fornecer uma interpretação adequada ou mesmo uma resposta empática. O mínimo que o analista pode fazer nessas circunstâncias, dizia Ferenczi, é ser genuíno a respeito de sua inadequação, assumindo seus pontos cegos e suas fraquezas contratransferenciais.

Ele precisa estar disposto, intelectual e emocionalmente, a manter uma atitude humilde e inquisitiva que permita um questionamento de suas considerações teóricas, método, técnicas de intervenção terapêutica e contribuição pessoal para o andamento efetivo da análise. Ou seja, estar apto mais uma vez a examinar o seu funcionamento emocional interno tal como está se refletindo nas reações do analisando.

Ferenczi, contudo, também não empreendeu seus experimentos clínicos com a análise mútua sem estar consciente das dificuldades e dos perigos nele envolvidos, pois, como dizíamos antes, sempre houve prudência de sua parte, e aqui não seria diferente. Ele sabia que, colocando a si mesmo nas mãos do paciente, estava correndo um risco significativo. Ainda assim, estava disposto a arriscar a sua própria segurança emocional de modo a manter uma conexão afetiva empática com o analisando (Rachman, 1997).

No entanto, Ferenczi se deu conta de que a análise mútua era realmente bem mais limitada do que ele podia supor. Na verdade, guiado pela cautela em sua experimentação, ele considerou que, dada a simetria problemática que lhe era inerente, a análise mútua acabava se tornando muito mais uma fonte de resistência e impasse do que uma abertura para o aumento da potência clínica, num sentido espinosano.

Mesmo assim, em seu prefácio ao *Diário clínico*, Judith Dupont (1985/1990) nos alerta para não "jogarmos fora o bebê junto com a água do banho". Ferenczi, diz ela,

> *conclui que a análise mútua é um recurso que, na falta de coisa melhor, se tornou necessário por causa da análise insuficientemente aprofundada dos analistas . . . Dessa técnica abandonada, algo nos resta, porém: as interpretações de contratransferência.*
>
> *Com efeito, talvez toda a experimentação da análise mútua seja essencialmente o resultado das análises didáticas tal como eram praticadas na época, inclusive a de Ferenczi e Freud . . . Mas, em todo caso, a questão apresentada continua sendo pertinente mesmo na época de cursos cuidadosamente elaborados e de múltiplas supervisões: a saber, como consegue o analista gerir suas próprias fraquezas e cegueiras? (p. 23)*

Buscar com prudência os confins da sintonia empática foi, sem dúvida, um dos elementos essenciais da análise mútua a despeito de todas as dificuldades inerentes a ela. Ferenczi estava basicamente tentando encontrar uma forma de responder ao analisando, em um momento de crise terapêutica, que não o culpasse pelo dilema que estava sendo vivido na transferência/contratransferência, uma tarefa extremamente delicada principalmente quando se trata do manejo de casos difíceis.

Segundo Franco Borgogno (2015), a análise mútua pode ser vista em nossos dias como aquilo que prefigura a atual capacidade do analista de sustentar e elaborar, ao longo das sessões e na onda longa do processo analítico, uma reversão de papéis inevitável para se chegar a uma apreensão dos elementos da personalidade do paciente desaparecidos ou dispersos.

Considerações finais

Os experimentos clínicos de Ferenczi com a mutualidade, bem como suas revisões teóricas e técnicas baseadas na recuperação da importância decisiva do trauma para os processos de subjetivação, certamente estão entre as inovações mais importantes da história da psicanálise. Suas investigações terapêuticas levaram a descobertas teóricas, clínicas e técnicas no que se refere não apenas ao trauma, mas também à dissociação, ao uso da contratransferência e à atuação na matriz transferencial-contratransferencial, como tivemos a oportunidade de ver anteriormente. Estas ideias, ainda controversas, continuam a ocupar um lugar central nos debates contemporâneos sobre a psicanálise e a técnica psicanalítica em suas mais diversas vertentes. E o trabalho de Ferenczi com a abertura para a contratransferência, que culminou na análise mútua, permanece até hoje inigualável em termos de ousadia.

Por décadas, conforme sabemos, muito de seu trabalho foi sufocado e repudiado pelo *mainstream* psicanalítico, desconsiderado por sua redescoberta do interesse na importância etiológica do trauma exterior, e porque era percebido, inclusive por Freud no início dos anos 1930, como alguém que encorajava "perigosas regressões" em seus pacientes, além de tentar curá-los por meio do afeto (Freud & Ferenczi, 1920-1933/2000). Uma das grandes tragédias da história da psicanálise, aliás, foi a supressão, por mais de meio século, dos experimentos relatados no seu *Diário clínico* (1932/1990), bem como da sua correspondência com Freud.

Conforme vimos, o trabalho terapêutico de Ferenczi está amplamente concernido com o coração da situação analítica, com o cerne de suas possibilidades terapêuticas, isto é, a relação entre paciente e analista. Suas descobertas ocorreram precisamente nessas áreas que estão recebendo, com toda a razão, a mais viva atenção entre os analistas atualmente, tanto na teoria como na prática. Em muitos aspectos, em seus desacordos e debates com Freud, mestre admirado, Ferenczi definiu a agenda de quase todas as controvérsias atuais da cena psicanalítica: a ênfase na técnica em contraponto à metapsicologia; na experimentação e não na interpretação; na empatia em vez da neutralidade; no intersubjetivo mais do que no intrapsíquico.

Em um famoso colóquio sobre Nietzsche ocorrido na França em 1973, Deleuze dizia sobre Winnicott palavras já bastante conhecidas, mas que, ao nosso ver, se aplicam com absoluta exatidão a Ferenczi, uma espécie de mentor inconsciente, diríamos, do psicanalista britânico.

> *Um psicanalista como Winnicott [ou como Ferenczi, dizemos nós] mantém-se realmente no limite da psicanálise porque tem o sentimento de que este procedimento não convém mais num certo momento. Há um momento em que não se trata mais de traduzir, de interpretar, traduzir em fantasmas, interpretar em significados ou significantes, não, não é isto. Há um momento em que será necessário partilhar, é preciso colocar-se em sintonia*

> *com o paciente, é preciso ir até ele, partilhar seu estado. (Deleuze, 1973/1985, pp. 59-60)*

Em um breve artigo que homenageava Ferenczi quinze anos após a sua morte, Balint (1948/1973) constatava alguns aspectos importantes a respeito da experimentação clínica de seu mestre:

> *Os vários experimentos técnicos de Ferenczi foram uma reação à demanda de ajuda de seus pacientes. Estes experimentos, em vários aspectos, pertencem agora à história da psicanálise e, particularmente, de nossa técnica terapêutica. Eles são muito conhecidos, especialmente no que se refere a tudo o que pode ser criticado neles. Admitido isto, estou certo de que ainda chegará o dia em que os analistas vão começar a estudá-los de novo, não para criticá-los, mas para aprender com eles. (p. 246)*

Do nosso ponto de vista, a função da teoria da clínica ferencziana sempre foi e ainda é caotizar, mesmo que minimamente, a imagem dogmática da psicanálise, permitindo-nos experimentar outras formas de agir e sentir na nossa prática, para além daquelas impostas pelas ortodoxias e neo-ortodoxias das escolas e dos sistemas psicanalíticos. E, claro, sempre tendo em conta a prudência necessária a esse empreendimento.

Referências

Aron, L. (1996). *A meeting of minds*. Routledge.

Balint, M. (1973). Sándor Ferenczi. In M. Balint, *Problems of human pleasure and behavior*. Liveright. (Trabalho original publicado em 1948)

Balint, M. (1992). *The basic fault*. Northwest University Press. (Trabalho original publicado em 1968)

Bion, W. R. (1993). Attacks on linking. In W. R. Bion, *Second thoughts: selected papers on psychoanalysis*. Jason Aronson. (Trabalho original publicado em 1959)

Borgogno, F. (2015). "Venir de loin" et "devenir pour um temps le patient sans le savoir": deux conditions inhérentes au travail psychanalytique selon Ferenczi. *Le Coq-Héron*, (223), 11-21.

Deleuze, G. (1985). Pensamento nômade. In S. Marton (Org.), *Nietzsche hoje?* Brasiliense. (Trabalho original publicado em 1973)

Deleuze, G. (2002). *Espinosa: filosofia prática*. Escuta. (Trabalho original publicado em 1981)

Deleuze, G., & Guattari, F. (1976). *O anti-Édipo*. Imago. (Trabalho original publicado em 1972)

Deleuze, G., & Guattari, F. (1986). *Mil platôs* (Vol. 3). Editora 34. (Trabalho original publicado em 1980)

Dupont, J. (1990). Prefácio. In S. Ferenczi, *Diário clínico*. Martins Fontes. (Trabalho original publicado em 1985)

Ferenczi, S. (1990). *Diário clínico*. Martins Fontes. (Trabalho original publicado em 1932)

Ferenczi, S. (1992). Princípio de relaxamento e neocatarse. In S. Ferenczi, *Obras completas IV*. Martins Fontes. (Trabalho original publicado em 1929)

Ferenczi, S. (1993a). Prolongamentos da "técnica ativa" em psicanálise. In S. Ferenczi, *Obras completas III*. Martins Fontes. (Trabalho original publicado em 1921)

Ferenczi, S. (1993b). Contraindicações da técnica ativa. In S. Ferenczi, *Obras completas III*. Martins Fontes. (Trabalho original publicado em 1926)

Ferenczi, S., & Rank, O. (1993). Perspectivas da psicanálise. In S. Ferenczi, *Obras completas III*. Martins Fontes. (Trabalho original publicado em 1924)

Ferrater Mora, J. (1971). *Diccionario de filosofia* (Tomo I). Editorial Sudamericana.

Freud, S., & Ferenczi, S. (2000). *Correspondance 1920-1933: les anées doloureuses*. Calmann-Lévy. (Trabalho original publicado em 1920-1933)

Haynal, A. (1995). *A técnica em questão: controvérsias em psicanálise de Freud e Ferenczi a Michael Balint*. Casa do Psicólogo. (Trabalho original publicado em 1988)

Rachman, W. (1997). *Sándor Ferenczi: the psychotherapist of tenderness and passion*. Jason Aronson.

Spinoza, B. (2009). *Ética*. Autêntica. (Trabalho original publicado em 1677)

Vinci, C. F. G. (2018). O conceito de experimentação na filosofia de Gilles Deleuze. *Sofia*, *7*(2), 322-342.

6. Os limites da representação na experiência esquizoide[1]

Considerando as dificuldades inerentes ao que se convencionou chamar de clínica estrutural – fundamentalmente baseada em aspectos da metapsicologia freudiana pura – e tendo em conta as novas configurações do sofrimento emocional contemporâneo, pensar a temática dos limites da clínica psicanalítica, dada essas novas configurações, parece-nos algo urgente. Nesses termos, tomando como referência os limites da representação psíquica e seus desdobramentos clínicos, o presente capítulo buscará desenvolver algumas reflexões a propósito da experiência esquizoide, que já há algum tempo temos tido a oportunidade de acompanhar de perto no consultório. Isso porque, ao nosso ver, o paciente esquizoide comporta traços bastante significativos de certas configurações mais pregnantes em algumas formas de sofrimento atuais. Em busca desse objetivo, portanto, recorreremos brevemente a alguns dos principais teóricos das chamadas relações objetais, considerando que suas abordagens foram as que melhor delimitaram a singularidade da esquizoidia em sua complexidade absolutamente singular. Passados mais de oitenta anos desde a publicação

---

1 Originalmente publicado em *Limites da clínica. Clínica dos limites*, Cia de Freud/ FAPERJ, 2011.

do artigo seminal de Ronald Fairbairn a respeito deste tema, intitulado "Fatores esquizoides da personalidade" (1940/1998a), esta certamente é uma boa oportunidade para retomarmos criticamente algumas teses desse autor e avançar na direção de algumas formulações mais recentes, postuladas por outros clínicos que tiveram a sua obra como referência. Com isso, será possível não apenas delimitar minimamente as principais características da experiência esquizoide, mas também levantar alguns pontos importantes relativos aos limites da representação psíquica, próprios da sua dinâmica, no âmbito da clínica.

De acordo com vários teóricos que se voltaram para o estudo das primeiras relações de objeto, o termo esquizoide é usado para se referir ao aspecto de todas as personalidades que está organizado em torno do apego defensivo inconsciente do *self* aos objetos internos. Quando essa dimensão comum da personalidade se torna hipertrofiada para propósitos defensivos, ela forma a base de um conjunto de psicopatologias que incluem não apenas as perturbações esquizoides, mas também aquelas de caráter narcísico. A esquizofrenia, por exemplo, apresenta um contraste marcante em relação à organização da personalidade esquizoide, com a primeira se expressando por uma fragmentação ou desorganização da personalidade, enquanto a segunda representa uma forma de coesão baseada em relações de objeto estáveis e muitas vezes rígidas.

Segundo Thomas Ogden (1989), a experiência esquizoide se caracterizaria por um amplo retraimento ou retirada de investimentos da relação com objetos externos totais, e pelo retorno para um mundo composto de relações com objetos internos conscientes e inconscientes. Tais relações objetais fantasiadas se estabelecem sob o domínio do pensamento onipotente e dependem fundamentalmente dos mecanismos de divisão do ego e identificação projetiva como modos de defesa. Trata-se, para o autor, "de um mundo de heróis e vilões, de perseguidores e vítimas; um mundo no qual as introjeções são oniscientes e conduzem narrativas inexoravelmente críticas sobre o comportamento fantasiado e real de cada um" (p. 85). No caso desses indivíduos, os objetos externos são tão completamente eclipsados por projeções transferenciais de seu mundo objetal interno que as qualidades do objeto externo são dificilmente discerníveis.

Dada a extensão na qual o mundo externo é encoberto por este manto de projeções transferenciais, o indivíduo é incapaz de aprender com a experiência, tal como queria Bion (1962/1991). O presente torna-se apenas uma reencenação do uso dos objetos externos no passado, os quais passam a constituir esteios para a recriação de um drama interno atemporal.

De acordo com Fairbairn (1944/1998b, 1946/1998c), a constância dos laços inconscientes com os objetos internos é a principal fonte de estabilidade na organização da personalidade de qualquer indivíduo. O apego inconsciente aos objetos internos constitui a "substância aderente" que mantém juntas todas as organizações da personalidade. No caso do indivíduo esquizoide, essa "substância" produz um apego tão intenso aos objetos internos que o envolvimento emocional com os objetos da realidade é quase completamente excluído.

Em casos extremos, a energia psíquica é retirada não apenas das relações com os objetos externos, mas também dos objetos internos. O resultado é o que Fairbairn (1941/1994) chama de "perda do ego". Ainda assim, o autor nos diz que é possível reconhecer como essencialmente esquizoides não apenas fenômenos confirmados de despersonalização e desrealização, mas também problemas relativamente menores na percepção da realidade, como sentimentos "de artificialidade" (quer se trate do *self* ou do ambiente), o sentimento de estranheza diante de pessoas ou lugares conhecidos e o sentimento de familiaridade com o desconhecido (Fairbairn, 1940/1998a, p. 5).

Do ponto de vista de Ogden (1989), quando um objeto externo fracassa em se conformar com o roteiro e a direção inconsciente determinados pelo paciente, o uso de elementos como negação, desprezo, grandiosidade, distorção de percepção e retraimento emocional servem para reduzir ao mínimo o impacto da experiência com o objeto externo. Em consequência disso, o indivíduo não se deixa transformar por sua experiência no mundo. Inconscientemente, ele sabe que é um ator aprisionado no seu próprio drama interno e, nessas condições, experimenta profundos sentimentos de futilidade e vazio.

Contudo, o vazio vivido na experiência esquizoide não é apenas aquele da solidão; ele é também o da ausência de apoio em qualquer coisa que exista fora da própria mente do sujeito. Trata-se, no caso, do vazio de um *self* amplamente desconectado da experiência intersubjetiva humana, pela qual o *self* comumente adquire um sentido sobre sua própria realidade por meio do reconhecimento do outro. Em geral, o paciente esquizoide só está ocupado e preocupado com suas relações objetais internas; além disso, essas relações, em si mesmas, são muito pouco substanciais e levam a um estado de empobrecimento emocional.

Uma das principais contribuições de Fairbairn (1940/1998a) para o entendimento psicanalítico do fenômeno esquizoide foi a sua interpretação da natureza da ansiedade nesses casos. Enquanto a ansiedade depressiva estaria centrada no medo da perda do objeto como resultado de desejos destrutivos para com ele, a ansiedade esquizoide baseia-se no medo de que o amor possa destruí-lo, o que torna as coisas bem mais complicadas. Na medida em que, nesse caso, estamos lidando com a relação humana mais primitiva, a da mãe com o bebê, a noção de amor infantil deve ser entendida virtualmente como sinônimo da maneira pela qual o infante está com sua mãe e precisa dela. Temos aí, portanto, um dilema catastrófico, pois o bebê sente que qualquer sentido de *self* adquirido por ele, ainda que o mais rudimentar, pode ser precisamente aquele que destruirá o objeto do qual ele depende totalmente.

Tomando como pano de fundo essas teses de Fairbairn sobre a condição esquizoide, Ogden (1989) propõe que se considere um aspecto predominantemente sensorial, ainda mais primitivo, da personalidade esquizoide, uma dimensão da experiência muito pouco abordada pelas hipóteses fairbairnianas. Trata-se, segundo ele, de pensar a condição esquizoide de acordo com duas facetas fundamentais: uma delas voltada para o medo e a expectativa provocada pelo mundo dos objetos externos, a qual subjaz para além do alcance das ilusões e desilusões de onipotência do paciente; a outra voltada para um estado predominantemente sensório, mais primitivo do que aquele enfocado por Fairbairn. Essa última face seria a base inarticulada, a margem primitiva da experiência esquizoide, na qual a fantasia abre caminho para uma dimensão sensorial pré-simbólica que o autor abordou a partir daquilo que chamou de posição autista-contígua.

Nesse caso, estamos diante de uma experiência na qual ficam explícitos os limites da representação psíquica, dado que o modo autista-contíguo é extremamente rudimentar e constitui uma experiência de *self* construída a partir do ritmo das sensações, tal como a entendia Frances Tustin (1986). Ela se aproxima daquilo a que Michael Balint (1959/1987), introduzindo uma nova maneira vital de descrever a experiência corporal primária, aludiu em termos de fenômenos muito primitivos que só poderiam ser apreendidos a partir de imagens sensórias como sentimentos de calor, contato corporal íntimo, sensações musculares e táteis, movimentos e ruídos rítmicos, zumbidos indefiníveis, efeitos do olfato e do paladar etc. Essas experiências também parecem estar bastante próximas daquelas que Daniel Stern (1985) investigou a partir dos "afetos de vitalidade", as quais só podem ser abordadas a partir de intensidades, formas e padrões temporais.

Revendo algumas teses de Fairbairn, notamos que Donald Winnicott também se distanciou dos seus paradigmas não somente no que se refere a uma concepção da organização psíquica primária, mas também no que concerne a experiência esquizoide. Primeiramente, para Winnicott (1952/1978a, 1956/1978b, 1971/1975, 1960/1983b), a unidade do desenvolvimento psicológico não é o infante, mas uma entidade intersubjetiva, qual seja, a unidade mãe-bebê. Em segundo lugar, ele substitui a concepção fairbairniana da divisão do ego e do objeto (seguida da elaboração de um mundo interno de objetos) por um modo diferente de conceber a divisão da personalidade. Do seu ponto de vista (Winnicott, 1960/1983a, 1963/1983c), tal divisão envolve a alienação de uma experiência rudimentar do *self* (o verdadeiro *self*) em um aspecto do *self* direcionado para o mundo externo e complacente com ele (o falso *self*). Esse último aspecto do *self* constitui o equivalente winnicottiano do aspecto esquizoide da personalidade.

Winnicott (1963/1983c) afirma que, no princípio, o espaço no qual vive o infante não é um mundo interno. Na verdade, esse "interior" significa apenas algo "pessoal", e pessoal, nesse caso, ainda não pode ser considerado propriamente "individual". O verdadeiro *self* é um potencial que tem suas origens nas sensações corporais mais primitivas, tal como experimentadas no contexto das relações com a mãe ambiente. Citando o autor, "o self verdadeiro provém da vitalidade dos tecidos corporais e da atuação das funções do corpo, incluindo a ação do coração e a respiração" (p. 136). Nesse momento, o mundo do bebê não é um mundo de relações objetais internas e externas, mas um mundo de "fenômenos simples baseados em experiências corporais" (p. 167). O psicanalista inglês acredita que, ainda que o bebê não possa sustentar sozinho sua própria organização psicológica primitiva, tal auto-organização (que é primariamente de tipo sensorial) existe porque é criada pelo par mãe-bebê: "o self verdadeiro aparece logo que há qualquer organização mental que seja do indivíduo e isso quer dizer pouco mais do que o viver sensório-motor" (p. 136).

Assim, Winnicott indica o caminho para concebermos um aspecto da personalidade – mais primitivo do que o mundo de objetos internos de Fairbairn – no qual há um isolamento pré-simbólico e não defensivo do sentido mais rudimentar do *self*, o qual está centrado na experiência corporal. Essa organização psicológica primária depende totalmente da provisão de um ambiente facilitador por parte da mãe. No curso do desenvolvimento, por meio da experiência com o fenômeno transicional, o aspecto da provisão materna desse estado é assumido pelo infante. Eis aí mais uma forma de conceber os limites da representação psíquica no caso da experiência esquizoide.

Buscando integrar e ampliar as teses de Winnicott e Fairbairn, Harry Guntrip (1961, 1968) propõe que, no decorrer do desenvolvimento arcaico de cada indivíduo, uma porção do ego inconsciente – uma parte dividida do "ego libidinal" de Fairbairn (1944/1998b) – passa por uma regressão a um estado de isolamento tal como aquele vivido no período intrauterino. Esse aspecto regredido do *self* perdura como uma parte permanente da estrutura da personalidade e exerce uma tensão sobre aspectos do *self* mais diretamente relacionados com os objetos. Profundamente regredida e isolada, tal faceta da personalidade é bem mais extensa na condição esquizoide do que em outras organizações de personalidade mais amadurecidas. Citando Guntrip (1961), "neste estado regredido o lugar do bom objeto é assumido pelo bom ambiente, e há uma experiência profunda e obscura, mas bastante bem definida, de sentir-se 'bem e confortável dentro de alguma coisa'" (p. 435).

Sem dúvida, há segurança e potencial para a emergência da individualidade do *self* no isolamento desse estado regredido; mas também há o risco de perda de conexão permanente com os objetos internos e externos. A desconexão permanente com estes dois mundos de objeto representa a ameaça de uma perda aterrorizante do *self*, a qual é experimentada por um estado de iminente sufocação. Assim, o mundo de objetos internos é de importância crítica como defesa contra a perda irreversível do *self* no estado regredido intrauterino.

Nessas condições, a organização esquizoide das relações objetais internas é vista por Guntrip como uma área intermediária entre as relações com os objetos externos e um estado primitivo de ausência de objeto. Segundo ele, a causa fundamental do desenvolvimento de uma condição esquizoide é a experiência de isolamento que resulta da perda de relação mental com a mãe no momento em que ela é o único ambiente ou mundo total com o qual o bebê pode contar, posto que ele não tem qualquer alternativa de defesa. Assim, do seu ponto de vista, "a mãe é a fonte primária da segurança psicossensual e a doadora do primeiro relacionamento que pode neutralizar o trauma-separação do nascimento" (Guntrip, 1971, p. 162). Apenas nessa experiência subjetiva de segurança, restaurada com rapidez e confiança, o ego em potencial da psique infantil começa a se desenvolver. Apesar de sabermos das dificuldades inerentes às tentativas de apropriação por Guntrip das teses de Winnicott e Fairbairn, as quais não poderão ser comentadas aqui, acreditamos que ele nos oferece contribuições valorosas para a teoria e a clínica dos estados esquizoides, considerando os limites da representação.

Para concluir a partir de um viés mais estritamente clínico, gostaria apenas de fazer uma breve referência às hipóteses formuladas por Cristopher Bollas (1987/1992) a respeito do objeto transformacional. Esse autor considera que uma das principais e mais comuns psicopatologias da relação objetal transformacional ocorre no *self* esquizoide, um tipo de personalidade que pode possuir um ego com riqueza de atributos, mas que pessoalmente é despojado e triste, sem que muitas vezes esteja clinicamente deprimido.

Retomando as teses winnicottianas a respeito da mãe ambiental, que representa para o infante o ambiente em sua totalidade, Bollas (1987/1992) acrescenta a ideia de que "a mãe é menos significativa e identificável como um objeto do que como um processo, sendo este associado às transformações internas e externas cumulativas" (p. 28). Nesses termos, ele associa a primeira experiência subjetiva do bebê com o objeto ao objeto transformacional, o qual é identificado experimentalmente pelo infante com processos que alteram a experiência do *self*. Trata-se, no caso, de uma identificação que surge de um relacionamento simbiótico, em que o primeiro objeto é "conhecido" não tanto por estar situado em uma representação objetal, mas como uma experiência recorrente do ser – um conhecimento mais existencial em oposição ao representacional.

Enquanto a mãe ajuda a integrar o ser do infante (instintivo, afetivo, cognitivo e ambiental), os ritmos desse processo – da não integração para a integração – informam mais sobre a natureza dessa relação objetal do que sobre as características do objeto como objeto. Este é o contexto no qual se passaria o que o autor chama de psicanálise do conhecido não pensado. Ainda não totalmente identificada como um outro, a mãe é experienciada como um processo de transformação, e essa característica dos primeiros tempos de vida perdura em certas formas de busca do objeto na vida adulta, quando o objeto é procurado por sua função de indicador da transformação.

Tratando-se de uma identificação que se inicia antes de a mãe ser representada mentalmente como um outro, Bollas delimita aí uma relação que não emerge do desejo, mas de uma identificação perceptiva do objeto com sua função: o objeto como um transformador ambiento-somático da subjetividade. A memória dessa primeira relação objetal manifesta-se na busca da pessoa por um objeto (lugar, pessoa ou acontecimento) que promete transformar o *self*. Dadas essas características, o autor afirma que a busca do objeto transformacional no caráter esquizoide é, na realidade, um reconhecimento interno da necessidade de uma reparação do ego e, como tal, algo como uma busca maníaca da saúde. Ao mesmo tempo, o idioma esquizoide reflete uma mãe minimamente transformativa, fato que se torna claro pela maneira quase sempre pobre como esse paciente usa o analista na transferência (Bollas, 1987/1992).

No entanto, afirma Bollas, ainda que uma de suas principais características seja a relativa inacessibilidade à relação com um outro verdadeiro, pode-se supor que tais características, reflexos de bloqueios no desenvolvimento psicológico, também indiquem a necessidade do paciente de confirmar a parte doente como um apelo à chegada da relação objetal regressiva identificada com a reparação básica do ego. Na análise, isso pode resultar em uma quase total incapacidade de se relacionar com o analista como uma pessoa real, mas, ao mesmo tempo, pode implicar ainda a possibilidade de manter com ele uma relação intensa, como um objeto transformacional.

Esses pacientes procuram um clima especial com o analista, onde as interpretações dele são, inicialmente, menos importantes pelo seu conteúdo e mais significativas pelo que é experienciado como uma presença materna, um retorno empático. Na realidade, a chamada neutralidade clínica de expressão – usada frequentemente para atenuar temores histéricos ou obsessivos de se sentir criticado e para facilitar a associação livre – trabalha de uma forma diferente nos pacientes esquizoides: estes podem ficar enfeitiçados por essa expressão e parecer desatentos ao verdadeiro conteúdo da interpretação, desde que o tom de voz do analista permaneça constante. Ainda de acordo com Bollas (1987/1992), é possível considerar essa situação como uma dificuldade no caminho da análise e do analisável, ou aceitar que o espaço analítico como provisão do meio continente facilita, nesses pacientes, um processo que leve à evocação de um estado profundamente regredido e que pode ser parte do caminho necessário para a cura.

Considerando-se que o paciente regrida ao nível da falha básica, tal como trabalhada por Balint (1968/1993), faz-se necessário levar em consideração o fato de que, da mesma forma que cada regressão indica uma parte pouco sadia da pessoa, ela também sugere uma possibilidade de cura. Assim, torna-se indispensável uma experiência inicial das sucessivas transformações do ego, as quais são identificadas com o analista e com o processo analítico. Nesses momentos, o paciente experiencia as interpretações basicamente pela capacidade que elas têm de corresponderem aos seus humores, sentimentos e pensamentos internos. Esses momentos de comunicação o levam a "re-experienciar" a relação objetal transformacional. Nesse contexto, ele também pode apreciar a forma fundamental do analista de não ser intrusivo, não porque ela propicia a associação livre, mas porque é sentida como o tipo de relação necessária à cura.

Se isso é verdadeiro, a credibilidade do analista, sua maneira não intrusiva de permanecer no *setting* e o uso do pensamento empático para atender às exigências do analisando são, muitas vezes, mais maternais do que foram os cuidados da mãe verdadeira. E, nesses momentos, a identificação do analista com o objeto transformacional por parte do paciente não é muito distinta daquela que o infante faz da mãe com esses processos. Na verdade, exatamente como a identificação das transformações do ego com a mãe experimentada pelo bebê – identificação perceptiva que não constitui um desejo –, também a identificação por parte do paciente não parece refletir o seu desejo de que o analista *seja* transformacional; trata-se, na verdade, de uma identificação que *faz* dele um objeto transformacional. No tratamento de pacientes esquizoides, essa fase da análise é tanto necessária quanto inevitável.

Referências

Balint, M. (1987). *Thrills and regressions.* International University Press. (Trabalho original publicado em 1959)

Balint, M. (1993). *A falha básica: aspectos terapêuticos da regressão.* Artmed. (Trabalho original publicado em 1968)

Bion, W. R. (1991). *O aprender com a experiência.* Imago. (Trabalho original publicado em 1962)

Bollas, C. (1992). *A sombra do objeto: psicanálise do conhecido não pensado.* Imago. (Trabalho original publicado em 1987)

Fairbairn, W. R. D. (1998a). Les facteurs schizoïdes de la personnalité. In W. R. D. Fairbairn, *Études psychanalytiques de la personnalité.*

Éditions du Monde Interne. (Trabalho original publicado em 1940)

Fairbairn, W. R. D. (1994). A revised psychopathology of the psychoses and psychoneuroses. In W. R. D. Fairbairn, *Psychoanalytic studies of the personality*. Routledge. (Trabalho original publicado em 1941)

Fairbairn, W. R. D. (1998b). La structure endopsychique en function des relations d'objet. In W. R. D. Fairbairn, *Études psychanalytiques de la personnalité*. Éditions du Monde Interne. (Trabalho original publicado em 1944)

Fairbairn, W. R. D. (1998c). Les relations d'objet et la structure dynamique. In W. R. D. Fairbairn, *Études psychanalytiques de la personnalité*. Éditions du Monde Interne. (Trabalho original publicado em 1946)

Guntrip, H. (1961). *Personality structure and human interaction*. International University Press.

Guntrip, H. (1968). *Schizoid phenomena, object-relations, and the self*. Karnac.

Guntrip, H. (1971). *Psychoanalytic theory, therapy, and the self*. Hogarth Press.

Ogden, T. H. (1989). *The primitive edge of experience*. Jason Aronson.

Stern, D. (1985). *The interpersonal world of the infant*. Basic Books.

Tustin, F. (1986). *Autistic barriers in neurotic patients*. Yale University Press.

Winnicott, D. W. (1978a). Psicose e cuidados maternos. In D. W. Winnicott, *Da pediatria à psicanálise*. Francisco Alves. (Trabalho original publicado em 1952)

Winnicott, D. W. (1978b). Preocupação materna primária. In D. W. Winnicott, *Da pediatria à psicanálise*. Francisco Alves. (Trabalho original publicado em 1956)

Winnicott, D. W. (1983a). Distorção do ego em termos de verdadeiro e falso self. In D. W. Winnicott, *O ambiente e os processos de maturação*. Artmed. (Trabalho original publicado em 1960)

Winnicott, D. W. (1983b). Teoria do relacionamento paterno-infantil. In D. W. Winnicott, *O ambiente e os processos de maturação*. Artmed. (Trabalho original publicado em 1960)

Winnicott, D. W. (1983c). Comunicação e falta de comunicação levando ao estudo de certos opostos. In D. W. Winnicott, *O ambiente e os processos de maturação*. Artmed. (Trabalho original publicado em 1963)

Winnicott, D. W. (1975). *O brincar e a realidade*. Imago. (Trabalho original publicado em 1971)

PARTE II
Sobre corpos e afetos

7. Permanecendo no próprio ser: a potência de corpos e afetos em Espinosa[1]

Vários autores têm sublinhado a extraordinária importância da obra de Baruch de Espinosa para as mais diversas áreas dos pensamentos moderno e contemporâneo: a teoria espinosana do desejo, das paixões, das relações entre corpo e mente; sua teoria da imaginação como relação de espelhamento entre o eu e o outro; sua afirmação de que a razão não vence um afeto, mas somente um afeto vence outro se for mais forte e contrário ao primeiro; sua concepção da passagem da passividade à atividade como trabalho interpretativo que a mente realiza sobre seus afetos para descobrir-se como causa interna deles; tudo isso, dizem vários estudiosos, repercutiu de modo decisivo nos diferentes saberes e práticas ligados às questões humanas nos tempos atuais. Dada a impossibilidade de abordarmos de forma mais aprofundada e rigorosa todos esses temas, pretendemos nos ater neste capítulo principalmente à teoria espinosana sobre o corpo, buscando algumas articulações entre essa noção e mais alguns de seus conceitos fundamentais, notadamente o de afeto.

---

1 Originalmente publicado em *Fractal. Revista do Departamento de Psicologia da UFF* (Impresso), *21*, 2009.

Nos quatro últimos livros da sua *Ética* (1677/2009), Espinosa examina a produção e a produtividade da natureza humana não como uma substância criada pela substância divina, mas como modo de uma substância única e infinita. O modo é a modificação da substância por meio de seus atributos. Nessas condições, o corpo é um modo do atributo extensão e a mente é um modo do atributo pensamento. A natureza humana repete de maneira finita a mesma estrutura que possui a substância infinita. A mente é ideia do corpo. O corpo é uma máquina complexa de movimento e de repouso composta por corpos menores, que, por sua vez, são máquinas de movimento e de repouso. É pelo corpo que entramos em contato com a realidade exterior, ou seja, com os demais corpos com os quais interagimos. A mente, entendida como ideia do corpo, não é um mero reflexo dele, mas o pensamento do corpo e de sua inteligibilidade, bem como o de outros corpos.

Considerada sob este ponto de vista, já é possível adiantar que a relação entre a mente e o corpo não é a da ação e da paixão – a mente ativa e o corpo passivo –, nem a relação cartesiana de uma ação recíproca do corpo sobre a mente e vice-versa. A relação espinosana é uma relação de correspondência ou de expressão, que foge de uma explicação mecanicista como a cartesiana: o corpo não é causa das ideias, nem as ideias são causa dos movimentos do corpo. Como veremos no decorrer desse trabalho, mente e corpo exprimem no seu modo próprio o mesmo evento.

O movimento interno do corpo e o nexo interno das ideias na mente constituem a essência do homem – essa essência se chama *conatus*, esforço para perseverar na existência, poder para vencer os obstáculos exteriores a essa existência, poder para expandir-se e realizar-se plenamente. O mundo exterior surge como um conjunto de causas que podem aumentar ou diminuir o poder do *conatus* de cada um. A ação consiste em apropriar-se de todas as causas exteriores que aumentam o poder do *conatus*; a paixão, em deixar-se vencer por todas aquelas que diminuem seu poder. Isso não significa que, na ação, o *conatus* (mente e corpo) incorpora o exterior graças ao seu próprio poder, enquanto na paixão ele se torna incapaz disso. De acordo com Marilena Chaui (1979),

> *Espinosa definirá ação e paixão em termos de causa adequada e de causa inadequada. A ação é uma potência positiva, a paixão, um declínio da potência. O homem livre é aquele que, conhecendo as leis da natureza e as de seu corpo, não se deixa vencer pelo exterior, mas sabe dominá-lo. A partir daí Espinosa definirá a essência humana pelo desejo. O desejo é a tendência interna do conatus a fazer algo que conserve ou aumente sua força. (p. 20)*

Daí pode-se deduzir que o desejo do homem livre é o desejo no qual, entre o ato de desejar e o objeto desejado, deixa de haver distância para haver união. O desejo é a causalidade humana reproduzindo no plano dos modos a atividade divina como atividade imanente. Mais à frente buscaremos articular essa concepção do *conatus* ao entendimento espinosano da relação entre corpo e mente.

A substância e a concepção inovadora de corpo

Espinosa parte de um conceito de substância muito preciso, qual seja, o de um ser que existe em si e por si mesmo, que pode ser concebido em si e por si mesmo, e sem o qual nada existe nem pode ser concebido. Toda substância é substância por ser causa de si mesma (de sua essência, de sua existência e da inteligibilidade de ambas) e, ao causar-se a si mesma, causa a existência e a essência de todos os seres do universo.

Nesses termos, torna-se evidente que só pode haver uma única substância, caso contrário, teríamos de admitir um ser infinito limitado por outro ser infinito. Há, portanto, uma única e mesma substância constituindo todo o universo, e essa substância é eterna porque, nela, existir, ser e agir são uma só e mesma coisa. Essa substância é o que o autor da *Ética* chama de Deus ou Natureza.

Dos infinitos atributos infinitos de Deus, conhecemos certamente dois: o *pensamento* e a *extensão*. A atividade da potência do atributo pensamento produz um modo infinito, o intelecto divino, e este produz todas as modificações ou modos finitos do pensamento, isto é, as ideias e a mente. A atividade da potência do atributo extensão produz um modo infinito, o universo material, isto é, proporções de movimento ou de repouso que dão origem a todos os modos finitos da extensão, os corpos. Ideias e corpos, ou mentes e corpos, também podem ser considerados modos finitos imanentes à substância infinitamente infinita, exprimindo-a de maneira determinada segundo a ordem necessária que rege todos os seres do universo.

Dada essa concepção da substância, nota-se que a ação dos atributos produz regiões diferenciadas de realidade, campos diferenciados de entes, mas essas regiões ou campos exprimem sempre o mesmo ser. A unidade e a relação entre os entes produzidos pelos atributos são internas ao próprio ser ou à substância. O que um atributo realiza numa esfera de realidade é realizado de maneira diferente noutra por outro atributo, e as atividades de ambos se exprimem reciprocamente porque são ações da mesma substância complexa.

O homem, portanto, contrariamente ao que imaginara toda a tradição, não é uma substância composta de duas outras, mas é um modo singular finito da substância, isto é, efeito imanente da atividade dos atributos substanciais. Ele é uma maneira de ser singular constituída pela mesma unidade complexa que a de sua causa imanente, possuindo a mesma natureza que ela: por meio do atributo pensamento, é uma ideia ou mente; pelo atributo extensão, é um corpo.

Assim, "a natureza humana é ao mesmo tempo mente e corpo; como mente é um modo finito do pensamento divino; como corpo é um modo finito da extensão divina" (Delbos, 1916/2002, p. 233).

O corpo humano, mais especificamente, seria um modo finito do atributo extensão, um indivíduo extremamente complexo constituído por uma diversidade e pluralidade de corpúsculos duros, moles e fluidos, relacionados entre si pela composição e pelo equilíbrio entre suas proporções de movimento e repouso. Segundo Chaui (1995),

> *trata-se de uma unidade estruturada: não é um agregado de partes, mas unidade de conjunto e equilíbrio de ações internas interligadas de órgãos, portanto é um indivíduo. Um indivíduo dinâmico, pois o equilíbrio interno é obtido por mudanças internas contínuas, formando um sistema de ações e reações centrípeto e centrífugo, de modo que, por essência o corpo é relacional: constituído por relações internas e externas com outros corpos e por afecções, ou seja, pela capacidade de afetar outros corpos e por eles ser afetado sem se destruir, regenerando-se com eles e os regenerando. (pp. 50-51)*

Assim, concebendo-se o corpo como um sistema complexo de movimentos externos e internos, pressupõe-se e põe-se a intercorporeidade como originária. Para Espinosa, portanto, o corpo é uma individualidade dinâmica e intercorpórea. Os corpos são forças que não se definem apenas por seus encontros e choques ao acaso, mas por relações e processos de composição e decomposição de acordo com uma maior ou menor conveniência (Deleuze, 1993). Mais adiante, após discutirmos de modo detalhado os principais aspectos da relação entre corpo e mente, voltaremos a abordar o ponto de vista espinosano sobre a especificidade do corpo humano.

A relação corpo-mente

Em face da tradição e do dualismo cartesiano, a inovação de Espinosa é sem precedentes. Ele nega que a mente, o corpo e o homem sejam substâncias (portanto, seres em si), demonstrando que eles são modificações e expressões singulares da atividade imanente de uma substância única e infinita. Assim, a comunicação entre corpo e mente, de um lado, e, de outro, a singularidade do homem como unidade de um corpo e de uma mente são imediatas. A união corpo e mente e a comunicação entre eles decorrem direta e imediatamente do fato de serem expressões finitas determinadas de uma mesma e única substância, cujos atributos se exprimem diferenciadamente numa atividade comum a ambos. Corpo e mente são isonômicos, isto é, estão sob as mesmas leis e os mesmos princípios, expressos diferenciadamente.

Somos a unidade de um complexo corporal (os milhares de corpos que constituem o nosso corpo) e de um complexo psíquico (as inumeráveis ideias que constituem nossa mente). A mente é, então, definida como pensamento das afecções de seu corpo e das ideias dessas afecções: é pensamento do corpo e pensamento de si, ou, em linguagem espinosana, ideia do corpo e ideia da ideia do corpo. O corpo constitui o objeto atual da mente: por constituir, Espinosa entende que é da natureza da mente estar ligada internamente ao seu corpo porque ela é a atividade de pensá-lo e ele é o objeto pensado (imaginado, concebido, compreendido, desejado) pela mente. A ligação entre ela e o corpo não é algo que aconteça a ambos, mas é o que ambos são quando são corpo e mente humanos.

A mente também não é a ideia de uma máquina corporal que ela observaria de fora e sobre a qual formaria representações. Espinosa demonstra com precisão: ela é ideia das afecções corporais. "É pensamento dos movimentos, das mudanças, das ações e reações de seu corpo na relação com outros corpos, das mudanças no equilíbrio interno de seu corpo sob a ação das causas externas" (Chaui, 1995, p. 56). A mente é pensamento da vida de seu corpo e pensamento que tem consciência disso. Deixa de existir, portanto, o problema metafísico da união entre a mente e o corpo: é da essência da mente, por ser atividade pensante, estar ligada à vida de seu objeto de pensamento, qual seja, o corpo. A mente tem consciência de si por meio da consciência das modificações, dos movimentos, da vida ou das afecções de seu corpo, ainda que este estatuto consciente não seja uma condição *sine qua non* para que ela exista enquanto tal e possa pensar seu corpo.

Constituído por um corpo e uma mente, conforme indicado acima, o homem em Espinosa não é por isso um ser duplo composto de duas entidades realmente distintas. A união do corpo e da mente deve ser pensada como uma unidade e não como a conjunção de duas substâncias, extensa e pensante, tal como propunha Descartes. É assim que o autor afasta o dualismo fundando a possibilidade de uma dupla aproximação, física e mental, da realidade humana. Do seu ponto de vista, "a mente e o corpo são um único e mesmo indivíduo concebido ora sob o atributo do pensamento, ora sob o da extensão" (Spinoza, 1677/2009, p. 71).

Porém, se o corpo e a mente constituem um só e mesmo ser expresso de duas maneiras, resta investigar mais detalhadamente como esses dois modos se articulam um ao outro e se unificam, a fim de compreender clara e distintamente a natureza humana. A mente em Espinosa não é nem uma substância, nem um receptáculo, nem uma faculdade: ela é, como mostramos antes, ideia do corpo. O termo mente não designa nada além da percepção ou, mais exatamente, da concepção que o homem faz de seu corpo – e por extensão, do mundo exterior – por meio dos diversos estados que o afetam. Preferindo abertamente o termo "concepção" a "percepção", Espinosa destaca o caráter afetivo e dinâmico da potência de pensar em ação na produção das ideias. Por consequência, a mente é uma maneira de pensar o corpo, de formar dele uma ideia mais ou menos adequada em função da natureza clara ou confusa das afecções que o modificam.

Assimilando a mente à ideia do corpo, o filósofo fornece indicações sobre a maneira de conceber suas relações (Spinoza, 1677/2009). Ele convida a pensar sua união pelo modelo da relação entre uma ideia e seu objeto. Tendo estabelecido que "o objeto da ideia que constitui a mente humana é um corpo" (p. 60), ele conclui, no escólio dessa proposição, que "a mente humana está unida ao corpo" (p. 61). No entanto, a natureza da união entre uma ideia e seu objeto não é simples de ser entendida. O que significaria mais exatamente essa tese segundo a qual a mente está unida ao corpo como uma ideia ao seu objeto?

Para ilustrar a natureza dessa relação, e para que se possa compreender melhor os fundamentos desse monismo que concilia alteridade, identidade e diferença, Espinosa recorre ao exemplo geométrico do círculo. "Um círculo existente na natureza e a ideia desse círculo existente . . . são uma só e mesma coisa, explicada por atributos diferentes" (pp. 55-56). Trata-se do mesmo indivíduo, que é concebido tanto como modo da extensão, o círculo, quanto como modo do pensamento, a ideia do círculo. O mesmo ocorre com todos os corpos na natureza e suas ideias. A árvore e a ideia de árvore não constituem dois seres diferentes, mas remetem a uma só e mesma coisa, encarada a cada vez como uma realidade material extensa ou como objeto de um pensamento. Segundo Chantal Jaquet (2004),

> *as ideias do corpo humano, no caso, contêm objetivamente tudo o que o corpo contém formalmente. Para Espinosa qualquer coisa possui uma essência formal que exprime a sua realidade e uma essência objetiva que é a ideia dessa realidade. A essência objetiva de uma coisa é a ideia dessa coisa, a essência formal visa à coisa em sua realidade material ou sua forma. A mente, enquanto ideia, é, portanto, a essência objetiva do corpo na medida em que compreende, a título de objeto de pensamento, tudo o que a essência*

> *do corpo compreende formalmente ou realmente, segundo a mesma ordem e o mesmo encadeamento. A ideia e seu ideado são então idênticos e indissociáveis. (pp. 8-9)*

Essa identidade, todavia, não exclui a alteridade. Ainda que exprimam uma só e mesma coisa, o círculo e a ideia de círculo não são redutíveis um ao outro. O círculo é um modo da extensão determinado unicamente pelos modos da extensão. A ideia do círculo é um modo do pensamento determinado unicamente pelos modos do pensamento. Enquanto distinto de seu objeto, ele possui uma essência formal própria e pode tornar-se, por sua vez, objeto de uma ideia. O corpo e a mente são duas expressões de uma só e mesma coisa, mas essas duas expressões não são estritamente redutíveis uma à outra. Uma ideia exprime as propriedades de seu objeto sem ter por isso as mesmas propriedades que ele. Nessas condições, todo o problema é discernir a essência dessa união psicofísica que implica ao mesmo tempo a identidade e a diferença entre o corpo e a mente, e determinar com precisão suas modalidades de expressão.

Efetivamente, corpo e mente não estão superpostos no homem como coisas paralelas, mas designam uma só e mesma coisa expressa de duas maneiras. Por consequência, quer seja em Deus ou no homem, existe uma igualdade entre potência de pensar e potência de agir. No homem, ela concerne um modo do atributo pensamento, a mente, e um modo do atributo extensão, o corpo. A teoria da expressão em Espinosa é inteiramente regida pelo princípio da igualdade e deve, portanto, ser reconsiderada à luz desse conceito.

Espinosa também dá claramente a entender que a igualdade não poderia se confundir com uniformidade, mas que ela pode, ao contrário, nascer da diversidade e ser confortada por ela. De acordo com a análise de Jaquet (2004), no livro IV da *Ética,* Espinosa afirma que o corpo

> *tem necessidade de uma alimentação variada e de exercícios diversos para estar igualmente apto a cumprir tudo o que concerne a sua natureza. Ele não deve se reduzir à repetição do mesmo pois, nesse caso, o desenvolvimento de suas aptidões será desigual, conduzirá a uma hipertrofia de algumas de suas partes em detrimento do todo, e se fará acompanhar de uma atrofia da mente exposta a ideias fixas ou afetos tenazes. (p. 20)*

Nesses termos, a igualdade entre a potência de agir do corpo e a potência de pensar da mente manifesta na realidade uma igualdade de aptidões para exprimir toda a diversidade contida na natureza de cada um.

O conatus *e a importância dos afetos*

As afecções do corpo são representações desprovidas de cognição, interessada ou não. Já as ideias dessas afecções, como modos do atributo pensamento, podem exercer atividades no âmbito do conhecimento. Se fossem apenas representações, seriam apenas experiências dispersas e sem sentido. Na verdade, elas são modificações da vida do corpo e significações psíquicas dessa vida corporal, fundadas no interesse vital que, do lado do corpo, o faz mover-se (afetar e ser afetado por outros corpos) e, do lado da mente, a faz pensar. O interesse vital do corpo e da mente é a existência e tudo o que contribua para mantê-la, bem como o aumento das potências de existir, pensar e agir.

Todos os seres possuem, em decorrência dos atributos substanciais infinitos, uma potência natural de perseverar em si próprios que Espinosa, como já vimos, seguindo a terminologia do século XVII, denomina *conatus*. Os seres são indivíduos quando possuem *conatus*, isto é, quando possuem uma força interna para perseverar na sua existência, aumentando sua potência sempre que possível. Os humanos, como os demais seres, são dotados de *conatus*, com a peculiaridade de que eles algumas vezes têm consciência de seu esforço pela perseveração na existência. Na verdade, os humanos não possuem, mas são *conatus*.

O *conatus*, como demonstra o livro III da *Ética*, é a essência atual do corpo e da mente. Sendo uma força interna para existir e conservar-se na existência, ele é uma força interna positiva ou afirmativa, intrinsecamente indestrutível, pois nenhum ser busca a autodestruição. Ele possui, assim, uma duração ilimitada até que causas exteriores mais fortes e mais poderosas o destruam. Definindo o corpo e a mente pelo *conatus*, Espinosa faz com que eles sejam essencialmente vida, de maneira que, na definição da essência humana, não entra a morte. Esta é o que vem do exterior, jamais do interior.

O apetite é o *conatus* referido simultaneamente à mente e ao corpo. Já o desejo é o apetite acompanhado de pensamento. "Não há, portanto, nenhuma diferença entre o apetite e o desejo, exceto que o desejo se refere em geral aos homens quando têm consciência de seu apetite, e por isso pode ser definido assim: *o desejo é o apetite com consciência de si mesmo*" (Negri, 1993, p. 185, grifos do original). Eis a razão de Espinosa afirmar que a essência do homem é desejo, pensamento do que, no corpo, se chama apetite.

Dizer que somos concomitantemente apetite corporal e desejo psíquico é dizer que as afecções do corpo são afetos da mente. O que diferencia as afecções dos afetos não é o seu pertencimento a um ou outro atributo, mas o fato de que os afetos resultam das afecções, ambos envolvendo ambos os atributos. As afecções são sempre do corpo e da mente ao mesmo tempo, assim como também o são os afetos que delas decorrem (Misrahi, 1998; Beyssade, 1999). A relação originária da mente com o corpo e destes com o mundo é a relação afetiva.

A lei natural da autoconservação não determina apenas a conservação da existência como perseverança no mesmo estado, mas a determina como perseverança no ser, e, por esse motivo, determina ainda a variação de intensidade do *conatus*. Comentando esse conceito espinosano, Chaui afirma que nosso ser é definido pela intensidade maior ou menor da força para existir. No caso do corpo, trata-se da força maior ou menor para afetar outros corpos e ser afetado por eles; no caso da mente, da força maior ou menor para pensar.

> *A variação da intensidade da potência para existir depende da qualidade de nossos apetites e desejos e, portanto, da maneira como nos relacionamos com as forças externas, sempre muito mais poderosas e numerosas do que a nossa. A força do desejo aumenta ou diminui conforme a natureza do desejado, e a intensidade do desejo aumenta ou diminui conforme ele seja ou não conseguido, havendo ou não satisfação. (Chaui, 1995, p. 60)*

O desejo realizado aumenta a nossa força de existir e pensar. Em tal caso ele se chama *alegria*, definida por Espinosa como o afeto que temos de que nossa capacidade de existir aumenta, chamando-se *amor* quando atribuímos esse aumento a uma causa externa (o objeto do desejo). O desejo frustrado diminui nossa força de existir e pensar. Nesse caso, ele é chamado de *tristeza*, definida por Espinosa como o afeto que temos de que a nossa capacidade para existir diminui, chamando-se *ódio* se considerarmos essa diminuição existencial como um efeito proveniente de uma causa externa.

Sabe-se que a tradição do século XVII falava da paixão da mente como ação do corpo sobre ela e da passividade corporal como ação da vontade e da razão sobre ele. A um corpo ativo corresponderia uma mente passiva. A uma mente ativa, um corpo passivo. Espinosa rompe radicalmente com essa concepção da vida passional. Sendo a mente ideia de seu corpo e ideia de si a partir da ideia de seu corpo, sendo ela desejo como expressão consciente do apetite, será passiva junto com seu corpo e ativa juntamente com ele. Pela primeira vez na história da filosofia, corpo e mente são ativos ou passivos juntos e por inteiro, em igualdade de condições e sem hierarquia entre eles. Nem o corpo comanda o espírito nem o espírito comanda o corpo, como queria a tradição. Do ponto de vista espinosano, a mente vale e pode o que vale e pode seu corpo. O corpo vale e pode o que vale e pode sua mente. Por essa razão, as potências do corpo têm exatamente a mesma dignidade que as da mente (Misrahi, 1998).

A virtude do corpo é poder afetar de inúmeras maneiras simultâneas outros corpos e poder ser por eles afetado de inúmeras maneiras também simultâneas. Pois o corpo é um indivíduo que se define tanto pelas suas relações internas de equilibração quanto pelas relações de composição com os demais corpos, sendo por eles alimentado, revitalizado e fazendo o mesmo para com eles.

Considerando o exposto até aqui, vale reafirmar mais uma vez duas consequências fundamentais que podem ser extraídas do pensamento de Espinosa, para em seguida passarmos a uma análise mais específica de suas contribuições a propósito do corpo humano e de seus afetos. Primeiramente, existe uma concomitância ou unidade necessária entre corpo e mente. A mente é a ideia clara ou confusa do que se passa em seu corpo. Todos os processos mentais têm um correlato físico. A segunda consequência é arruinar qualquer tentativa de busca por um determinismo causal entre corpo e mente. A procura por uma causalidade recíproca é inútil, pois ela pressupõe que a mente e o corpo sejam distintos, e que quando um age, o outro padece, enquanto na verdade eles agem e padecem em conformidade.

Nem o corpo pode determinar a mente a pensar, nem a mente pode determinar o corpo ao movimento. Não é a vontade que move o corpo; é o corpo que por seus esforços produz um movimento não coercitivo do qual a mente é a ideia. Nenhuma ideia produz uma afecção no corpo. Assim, no modelo espinosano, a tristeza ligada a um luto não é a causa de uma doença corporal. Ela é a expressão na mente do que se passa no corpo em uma experiência como essa. Mais uma vez, é importante ressaltar que isso ocorre na afetividade desse corpo, isto é, concomitantemente no corpo e na mente, tomada como sua ideia ou pensamento.

A teoria dos afetos, elaborada por Espinosa na terceira parte da *Ética*, coloca em jogo tanto a realidade corporal quanto a mental. Para o autor, um afeto não se reduz nem a uma paixão, nem a uma ação da mente. O afeto possui ao mesmo tempo uma realidade física e uma realidade psicológica. Ele implica, portanto, uma dimensão corporal, fundada sobre a associação das imagens no corpo, e uma dimensão mental, fundada sobre o encadeamento das ideias na mente. O afeto engloba ao mesmo tempo uma afecção do corpo e a ideia desta afecção, conforme revelado pela definição III da terceira parte da *Ética*, a qual define os afetos como aquelas "afecções do corpo pelas quais sua potência de agir é aumentada ou diminuída, estimulada ou refreada, e, ao mesmo tempo, as ideias dessas afecções" (Spinoza, 1677/2009, p. 98). O desejo, a alegria ou a tristeza, que são os afetos primários, não são, portanto, simples realidades psicológicas; eles possuem um correlato corporal e indicam um estado do corpo.

Nessas condições, compreender o desejo é apreender ao mesmo tempo os processos corporais que presidem esse estado e sua coloração psíquica, a maneira como ele é vivido e percebido como acréscimo de potência na alegria ou diminuição de perfeição na tristeza. Resta que, se os dois planos, corporal e mental, podem ser correlacionados e unificados em nome da identidade ontológica, eles não interferem um no outro, de modo que não é mais possível invocar a presença da mente para distinguir o corpo humano dos outros corpos. O modelo espinosista introduz, portanto, uma outra consequência fundamental: é necessário pensar na especificidade do corpo humano a partir do próprio corpo, e não da mente.

A especificidade do corpo humano como lugar de afetação

Se durante muito tempo a distinção entre os corpos humano e animal esteve fundada sobre um princípio incorporal, a saber, a presença da mente em um e sua ausência no outro, para Espinosa, ao contrário, o corpo possui uma estrutura própria que o faz ser reconhecido como aquele de um homem, independentemente da referência à mente. Querer explicar a diferença entre esses corpos recorrendo a uma diferença no plano da mente seria cometer um erro que consiste em confundir dois atributos distintos, o do pensamento e o da extensão. O corpo, efetivamente, é um modo finito da extensão e, a este título, sua essência e suas afecções se explicam pelas leis da natureza, enfocada sob o atributo da extensão.

Para Espinosa, a especificidade do corpo humano não é imputável a outras características que não aquelas que dependem de sua essência de modo extenso. Nesse caso, a mente não pode ser invocada. Certamente, ela é ideia do corpo, mas na medida em que é um modo do pensamento, não pode explicar nem produzir as determinações que advêm da extensão. A mente pode percebê-las, exprimi-las adequadamente, porque a ordem e a conexão das ideias é a mesma que a ordem e a conexão das causas, mas ela não é a sua causa. Com efeito, cada atributo se concebe por si mesmo e todos os modos que dele dependem só se explicam por ele, pois eles só envolvem a causa que os produz.

Daí resulta que o corpo humano não pode se diferenciar dos outros corpos a não ser sob a relação de extensão. Não somente uma visão materialista do corpo é possível, como também necessária. O corpo humano deve possuir uma estrutura própria que o faça ser reconhecido como o de um homem independentemente da referência à mente.

Espinosa rompe não apenas com toda uma tradição de pensamento espiritualista e dualista, mas opera uma reversão de perspectiva. Não é a mente que permite fazer uma distinção entre os corpos, é o corpo que permite diferenciar as mentes. Para determinar em quê uma mente se distingue de outra, é necessário considerar a natureza de seu objeto, a saber, o corpo. É isso que evidencia o escólio da proposição XIII do livro II da *Ética*: "para determinar em quê a mente humana difere das outras e em quê lhes é superior, é necessário que conheçamos . . . a natureza de seu objeto, isto é, a natureza do corpo humano" (Spinoza, 1677/2009, p. 61).

Para destacar as propriedades do corpo humano, Espinosa procede em três tempos: ele começa pela análise dos corpos mais simples, depois se encaminha para os corpos compostos e determina, enfim, a natureza do corpo humano. Os corpos mais simples não se definem como realidades últimas, mas como modos da extensão que não se distinguem entre eles a não ser sob a relação do movimento e do repouso, da velocidade e da lentidão. Eles são chamados assim porque possuem poucas aptidões e se definem por um mínimo de propriedades comuns e um mínimo de características distintivas. Eles se combinam, primeiramente, na medida em que são modos da extensão e envolvem o conceito desse atributo; em segundo lugar, porque estão tanto em movimento como em repouso; em terceiro lugar, porque se movem tanto mais lentamente como mais rapidamente. Eles só se diferenciam de um ponto de vista dinâmico e cinemático segundo sua proporção de movimento e de repouso, sua velocidade e lentidão. Segundo Jaquet (2001),

> *deste ponto de vista os corpos compostos não se distinguem dos mais simples em virtude de uma diferença radical de natureza, pois eles partilham suas propriedades que são objeto de noções comuns universais. Todos, do mais simples ao mais complexo, envolvem o conceito de extensão,*

> *todos estão em movimento ou em repouso. O limite que separa os corpos mais simples dos corpos compostos não é um fosso inultrapassável que consuma uma ruptura entre duas naturezas heterogêneas. Ela é uma simples linha divisória relativa entre dois tipos de corpos, aqueles que não podem se distinguir entre eles senão com relação ao movimento e ao repouso, à velocidade e à lentidão. É portanto a maior ou menor diversidade das capacidades para se distinguir que faz a complexidade ou simplicidade relativa de um corpo. (pp. 175-176)*

Consequentemente, qualquer corpo se define pelo conjunto de relações que mantém com os outros corpos. Ele não é pensado em absoluto como uma entidade separada, mas como um sistema de relações mais ou menos complexas com o mundo exterior.

Após ter enunciado as leis que regem os corpos mais simples, Espinosa passa num segundo tempo para os corpos compostos – dentre os quais ele situa o corpo humano – e examina a formação de indivíduos. O indivíduo é um ser físico constituído por uma união de corpos reunidos de modo a formar apenas um. Ele designa qualquer corpo composto cujas partes estejam ligadas entre si. Assim, os corpos mais simples não são indivíduos, ainda que entrem na sua constituição. O corpo humano, ao contrário, é um indivíduo em virtude de sua natureza complexa. Para Espinosa, a individualidade não repousa sobre a presença de uma mente que dá forma e unidade à matéria, mas implica uma união de corpos segundo uma lei de composição. Os corpos compostos são indivíduos distintos dos outros em virtude de sua unidade.

Nessas condições, trata-se de saber o que funda essa união e o que distingue um indivíduo de um simples agregado. Para isso, é importante examinar o modo de constituição dos indivíduos, os quais obedecem a duas leis de formação conforme sejam constituídos por corpos em repouso ou por corpos em movimento.

No primeiro caso, o indivíduo se constitui precisamente quando corpos de grandeza qualquer, pressionados por outros corpos, se apoiam e permanecem aplicados uns sobre os outros. Ele não é uma simples reunião de corpos que se combinam e se reúnem livremente, mas o produto de uma coerção exterior, de uma força de coerção que solda corpos anteriormente dispersos. Sua unidade não se sustenta, portanto, apenas na natureza intrínseca de seus componentes, mas numa determinação externa, a existência de outros corpos que exercem uma ação. O indivíduo se define por uma forma impressa por outros corpos que mantêm sua coesão por uma pressão exterior. Essa potência de coerção age na constituição dos corpos.

No segundo caso, como mostra Jaquet (2001),

> *não é mais a aplicação das partes, mas a comunicação da mesma proporção de movimento que constitui um indivíduo. Qualquer que seja a sua velocidade, os corpos compõem um indivíduo se a pressão dos corpos exteriores os faz comunicarem uns aos outros seu movimento segundo uma relação precisa. Nos dois casos o indivíduo implica um meio sem o qual ele não pode ser definido. Se a pressão dos ambientes cessa ou se modifica, o indivíduo se arrisca a desaparecer ou mudar de natureza. (p. 177)*

Mas será que isso significa que ele seja unicamente o resultado de uma determinação externa e não possua potência própria? Tal conclusão seria errônea, pois um indivíduo, como qualquer outra coisa, se esforça para perseverar no seu ser em virtude da sua essência. Ainda que Espinosa não mencione a teoria do *conatus* no seu esboço de física, isso não significa que ela não se aplique aos indivíduos compostos, visto que ela é universal: "cada coisa esforça-se, tanto quanto está em si, por perseverar em seu ser" (Spinoza, 1677/2009, p. 105). Cada coisa dispõe de uma potência precisa e determinada, opõe-se a tudo o que possa suprimir sua existência e se esforça o quanto pode para fazer tudo o que constitui sua essência. O indivíduo não é, portanto, o produto inerte da pressão dos corpos exteriores. Ele tende a perseverar no seu ser e a resistir àquilo que o destrói.

O corpo humano não se distingue dos outros corpos por uma diferença de natureza, mas por uma diferença de grau de complexidade. Não se trata nem de um indivíduo de primeiro gênero, composto de corpos mais simples, nem de um indivíduo de segundo gênero, composto de indivíduos de primeiro gênero. Ele advém de um gênero ainda superior, pois "o corpo humano compõe-se de muitos indivíduos (de natureza diversa), cada um dos quais é também altamente composto" (Spinoza, 1677/2009, p. 66). Espinosa insiste na complexidade ao mesmo tempo quantitativa e qualitativa do corpo humano, que une um grande número de corpos extremamente diversos e complexos.

Com isso, torna-se difícil recensear a totalidade de seus componentes. Por esta razão,

> *Espinosa não vai adiante no exame da estrutura do corpo e se limita a afirmar que dentre estes indivíduos dos quais o corpo humano é composto, alguns são fluidos, alguns são duros e outros moles. Esse postulado, aparentemente insignificante, funda a aptidão do corpo humano para o movimento e a mudança de figura, pois é em função da maior ou menor superfície de aplicação das partes que se define a maior ou menor facilidade para mudar de lugar e de figura. (Jaquet, 2001, pp. 181-182)*

Em virtude de sua extrema complexidade, o corpo humano poderá ser modificado de um grande número de maneiras pelos corpos exteriores, ainda que conservando sua forma. O corpo humano se caracteriza pela sua imensa capacidade de afetar e de ser afetado pelos corpos exteriores de modo diverso e variado em qualidade e quantidade. Ele está apto a modificar as coisas e a ser modificado por elas, de modo que se presta a inúmeras mudanças em sua natureza e da natureza exterior. Ainda que a mente humana seja a ideia do corpo humano, ele só pode saber sobre sua natureza na medida em que é afetado por outros corpos; "e a natureza e a existência destes outros corpos só podem ser conhecidas pela mente na medida em que eles 'afetam' seu corpo" (Hallet, 1957/1990, p. 35).

Espinosa, no entanto, não se preocupa muito em estabelecer precisamente a diferença entre os corpos humano e animal. Ele se limita a enunciar um princípio de distinção entre os corpos que repousa sobre a riqueza e a diversidade de suas afecções, sua aptidão para padecer e agir de várias maneiras ao mesmo tempo. Nesses termos, o corpo humano se distingue dos outros pela complexidade de suas afecções, pela sua capacidade de modificar o mundo e de ser modificado por ele. Sua especificidade é, portanto, função de sua potência. Essa é a razão pela qual Espinosa nos convida a determinar o que pode o corpo humano para discernir verdadeiramente a sua essência.

> *Para pensar verdadeiramente em termos de potência, seria preciso de início colocar a questão a propósito do corpo, seria preciso em primeiro lugar liberar o corpo da relação inversamente proporcional que torna impossível qualquer comparação de potências, e que, portanto, também torna impossível qualquer avaliação da potência da mente tomada em si mesma. (Deleuze, 1968, p. 236)*

Conforme mostrou Deleuze (1981/2002) em sua análise das proposições cinética e dinâmica elaboradas por Espinosa,

> *concretamente, se definirmos os corpos e os pensamentos como poderes de afetar e de ser afetado, muitas coisas mudam. Definiremos um animal, ou um homem, não por sua forma ou por seus órgãos e suas funções, e tampouco como sujeito: nós o definiremos pelos afetos de que ele é capaz. (p. 129)*

Com suas proposições, Espinosa abre a possibilidade de uma pesquisa sobre a potência do corpo fundada unicamente sobre o exame das leis da natureza considerada como corporal. Assim, ele convida o homem a ser um explorador de si mesmo e a compreender a potência de seu corpo exercendo-a.

Essa investigação não exclui certamente uma pesquisa correlativa da potência da mente, pois, como vimos, trata-se de uma única e mesma coisa abordada segundo dois atributos diferentes. O mais importante é que, ao articular internamente mente e corpo, força pensante e força imaginante, virtude e aptidão para pensar e agir, e ao tornar inseparáveis o pensamento e o afeto, a liberdade e a felicidade, Espinosa nos oferece uma via ampla – embora árdua e difícil – para compreendermos as relações entre o psíquico e o físico, o intelectual e o afetivo, a autonomia e a alegria de viver. Pois, como afirma Chaui (1995), "a filosofia espinosana é o mais belo convite a perder o medo de viver em ato" (p. 75).

Referências

Beyssade, J. M. (1999). Nostri Corporis Affectus: can an affect in Spinoza be "of the body"? In Y. Yovel (Org.), *Desire and affect: Spinoza as psychologist*. Little Room Press.

Chaui, M. (1979). Espinosa: vida e obra. In *Os pensadores: Espinosa*. Abril Cultural.

Chaui, M. (1995). *Espinosa: uma filosofia da liberdade*. Moderna.

Delbos, V. (2002). *O espinosismo*. Discurso Editorial. (Trabalho original publicado em 1916)

Deleuze, G. (1968). *Spinoza et le problème de l'expression*. Éditions de Minuit.

Deleuze, G. (1993). Prefácio. In A. Negri, *A anomalia selvagem: poder e potência em Spinoza*. Editora 34.

Deleuze, G. (2002). *Espinosa: filosofia prática*. Escuta. (Trabalho original publicado em 1981)

Hallet, H. F. (1990). *Benedict de Spinoza: the elements of his philosophy*. Thoemmes. (Trabalho original publicado em 1957)

Jaquet, C. (2001). *Le corps*. PUF.

Jaquet, C. (2004). *L'unité du corps et de l'esprit: affect, actions et passions chez Spinoza*. PUF.

Misrahi, R. (1998). *Le corps et l'esprit dans la philosophie de Spinoza*. Synthélabo.

Negri, A. (1993). *A anomalia selvagem: poder e potência em Spinoza*. Editora 34.

Spinoza, B. (2009). *Ética*. Autêntica. (Trabalho original publicado em 1677)

Yovel, Y. (Org.). (1999). *Desire and affect: Spinoza as psychologist*. Little Room Press.

8. O corpo e o devir-monstro: algumas reflexões a partir da filosofia da diferença[1]

De acordo com Merleau-Ponty (1948/1997), o século XX foi responsável por um apagamento da linha divisória entre corpo e espírito, encarando a vida humana como espiritual e corpórea de ponta a ponta, sempre apoiada sobre o corpo. Se para muitos pensadores do século XIX o corpo era um feixe de mecanismos ou um pedaço de matéria, o século passado teria restaurado e aprofundado a questão da carne, ou seja, o corpo animado.

Para Jean-Jacques Courtine, o século XX também foi aquele que inventou teoricamente esse corpo. Essa invenção teria surgido, em primeiro lugar, com a psicanálise, desde que Freud, ao observar os corpos das histéricas de Charcot, teria decifrado a histeria de conversão e compreendido o que iria constituir um enunciado fundamental de muitas investigações posteriores: "o inconsciente fala através do corpo" (Courtine, 2006/2008, p. 7). Com isso, o corpo acabou sendo ligado ao inconsciente e ao sujeito, mas também inserido nas formas sociais da cultura.

1 Originalmente publicado na *Revista Psicologia em Estudo*, 15, 2010.

No entanto, desde Freud, restaria ainda um obstáculo a transpor: a obsessão linguística do estruturalismo, a qual, desde o pós-guerra até os anos 1960, tentaria efetivamente silenciar o corpo e seus devires. No entanto, já ao final daquela mesma década, as coisas começariam a mudar. O corpo passou a desempenhar papéis importantes nos movimentos individualistas e igualitaristas que protestavam contra o peso das hierarquias culturais, políticas e sociais herdadas do passado. Nessas condições, o discurso e as estruturas estavam estreitamente ligados ao poder, ao passo que o corpo estava do lado das categorias oprimidas e marginalizadas: as minorias de raça, de classe ou de gênero pensavam ter apenas o próprio corpo para opor ao discurso do poder, bem como para se contrapor à linguagem como instrumento que buscava impor o silêncio aos corpos.

Mas, se em linhas muito gerais, podemos considerar que esse foi o retrato da resistência do corpo às forças reativas que buscaram enterrá-lo nos últimos tempos, no decorrer de toda a história da humanidade até os dias atuais, uma figura, também sempre marginalizada, fez com que a questão do corpo viesse com frequência à tona, despertando ao mesmo tempo horror e admiração. Trata-se da figura do monstro, que aqui buscaremos analisar a partir de questões como o corpo monstruoso, a monstruosidade como fenômeno, o devir-monstro e seus reflexos no âmbito de uma política de subjetivação. Em todas essas vertentes, o que poderemos notar é que o monstro sempre desestabiliza a representação e a identidade em suas diversas formas de apresentação.

Segundo José Gil (2006), o monstro mostra mais do que tudo o que é visto, pois mostra o irreal verdadeiro. O transbordamento que ele veicula ultrapassa o conteúdo representado, e está para além de sua origem e de sua causa. O monstro é, ao mesmo tempo, absolutamente transparente e totalmente opaco. Quando o encaramos, nosso olhar fica paralisado e absorto em um fascínio sem fim. Ao exibir a sua deformidade, a sua anormalidade – que normalmente se esconde –, o monstro oferece ao olhar a sua aberração para que todos a vejam.

Seu corpo difere do corpo normal na medida em que revela o oculto, algo de disforme, de visceral, de "interior", uma espécie de obscenidade orgânica. Tal obscenidade ele não apenas exibe como também desdobra, virando a pele do avesso, desfraldando-a, sem se preocupar com o olhar do outro, para fasciná-lo. Mas, na realidade, o olhar nada vê, dado que fica suspenso nessa revelação-ocultamento que é a própria imagem do corpo monstruoso.

Para Gil, o que fascina é que o interior do monstro se corporifique e que não seja realmente um corpo porque não é dotado de alma. Mostrando o avesso de sua pele, é sua alma abortada que o monstro exibe: seu corpo é o reverso de um corpo com alma. "Ao revelar o que deve permanecer oculto, o corpo monstruoso subverte a mais sagrada das relações entre a alma e o corpo: a alma revelada deixa de ser uma alma, torna-se, no sentido próprio, o reverso do corpo, um outro corpo, mas amorfo e horrível, um não-corpo" (Gil, 2006, p. 79).

Nessas condições, estamos na presença de um corpo não codificado, de um corpo que prolifera num processo de absorção dos signos que transforma o próprio corpo em signo delirante, parasitando todos os outros signos da linguagem. Trata-se, portanto, da irrupção no espaço social de um corpo individual a-significante que, devorando os signos, amedronta e provoca angústia no nosso ser cultural.

Ainda de acordo com Gil (1997), o monstro "mostra a natureza – o corpo – tentando significar por ela própria, sem a ajuda de (e contra) a cultura: significa, ao mesmo tempo, demasiadas coisas e nada" (p. 49). Seguindo essa mesma linha de argumentação, podemos afirmar que o monstro é como um corpo significante caótico que, ao contrário de nos representar apenas de um modo deformado, está aí "para indicar não só os nossos limites, mas as possibilidades em potência dos nossos corpos, do Corpo" (Pinto da Silva, 2007, p. 6).

Abordando o tema da monstruosidade no âmbito da vida, Georges Canguilhem (1965/1992) recorria a Gabriel Tarde para afirmar que o tipo normal era apenas o grau zero da monstruosidade. Do seu ponto de vista, a vida não transgrediria as suas leis nem os seus planos e, portanto, seus acidentes não constituiriam exceções, nem haveria nada de propriamente monstruoso nas monstruosidades.

Aproximando-se do seu mestre à época de *As palavras e as coisas*, Michel Foucault (1966/1981) também considerava que os monstros não seriam de uma natureza distinta da das próprias espécies e constituiriam apenas o ruído de fundo ou o murmúrio ininterrupto do mundo natural. Dessa forma, a partir do poder contínuo que a natureza detém, o monstro faria aparecer a diferença colocando em questão, no âmbito do saber científico, o primado da identidade e da representação.

Se no período dedicado à arqueologia do saber as referências foucaultianas aos monstros se restringiam a esses aspectos da história natural – o que, aliás, é notado por Gil (2006) quando menciona a ausência de referências ao anão na análise do *As meninas* de Velásquez feita por Foucault –, na construção de sua teoria genealógica do poder, o tema da monstruosidade ocupará um lugar importante. Em seu curso sobre "os anormais" nos anos 1974-1975, ele discute a ampla dimensão alcançada pelos monstros na genealogia do conceito de anormalidade desde o século XVIII.

Dentre as principais figuras no domínio das teorias médico-jurídicas sobre as anomalias daquele período, destacava-se a do monstro humano. Foucault nos mostra como, no quadro de referência legal do saber jurídico, o que definia o monstro humano, tanto na sua existência como na sua forma, era não apenas a violação das leis da sociedade, mas também a violação das leis da própria natureza.

Nesse contexto, a existência do monstro enquanto tal já era suficiente para ser considerada uma infração às leis. Apesar de ser considerado um fenômeno extremamente raro no domínio biológico-jurídico, no limite, o monstro teria sido transformado num ponto central para a avaliação de diferentes aspectos de subversão das leis. Ainda de acordo com Foucault (1974-1975/1999), "até a metade do século XVIII, havia um estatuto criminal da monstruosidade, no que ela era transgressão de todo um sistema de leis, quer sejam leis naturais, quer sejam leis jurídicas. Portanto, era a monstruosidade que, em si própria, era criminosa" (p. 69). O monstro, efetivamente, contradizia a lei constituindo uma infração levada ao seu ponto máximo.

No entanto, se o monstro foi capturado pelo saber-poder médico-jurídico no âmbito das anomalias, isso certamente ocorreu porque o anômalo também comportava nele uma potência subversiva relacionada à multiplicidade e ao devir. Conforme observam Deleuze e Guattari (1980/1997), "a palavra 'anômalo', adjetivo que caiu em desuso, tinha uma origem muito diferente de 'anormal'" (p. 25). Indo muito além desse adjetivo latino sem substantivo, o qual qualifica aquilo que não tem ou contradiz a regra, a "a-nomalia", substantivo grego que perdeu o seu adjetivo, designa o que é desigual, rugoso, áspero, ou seja, uma ponta de desterritorialização. Enquanto o anormal só poderia se definir em função de características específicas ou genéricas, o anômalo é algo como um indivíduo excepcional, uma posição ou um conjunto de posições em relação a uma multiplicidade. A partir desse ponto de vista, "cada multiplicidade é definida por uma borda funcionando como Anômalo; mas há uma enfiada de bordas (*fibra*), de acordo com a qual a multiplicidade muda" (Deleuze & Guattari, 1980/1997, p. 33). E essa série de bordas enfileiradas constitui uma linha de fuga ou de desterritorialização.

Nesses termos, o anômalo, o *outsider* ou, naquilo que nos interessa aqui, o monstro – teratológico, isto é, real, ou ficcional – tem muitas funções: ele não apenas tangencia cada multiplicidade, cuja estabilidade passageira ou local ele determina com a dimensão máxima provisória, como também constitui a condição da aliança necessária ao devir, levando cada vez mais longe na linha de fuga as passagens de multiplicidades ou transformações de devir.

A desterritorialização presente nessa dimensão do devir implica a instauração de um agenciamento, uma circulação de afetos impessoais, uma corrente alternativa, a qual, atuando como uma máquina de guerra que anula diferentes tentativas de reterritorialização, tumultua os projetos significantes e os sentimentos subjetivos. Trata-se, portanto, da instauração de uma individuação impessoal, a partir da qual o monstro, no seu devir, coloca em questão o conceito de sujeito e a primazia do simbólico no campo da produção de subjetividades.

Além disso, o devir também problematiza toda ideia de evolução por dependência e filiação. Para Deleuze e Guattari (1980/1997), "o devir é sempre de uma ordem outra que a da filiação. Ele é da ordem da aliança. Se a evolução comporta verdadeiros devires, é no vasto domínio das *simbioses* que coloca em jogo seres de escalas e reinos inteiramente diferentes, sem qualquer filiação possível" (p. 19). É nesse sentido que os autores podem considerar que existe sempre uma aliança antinatureza em qualquer bloco de devir. Opondo a epidemia à filiação e o contágio à hereditariedade, eles nos fazem ver que o devir tem a ver com híbridos, eles próprios estéreis, nascidos de uma união que não se reproduzirá, mas que sempre recomeçam e a cada vez ganham terreno.

Diante dessas hipóteses, já poderíamos dizer que o que está em jogo no devir-monstro do corpo é a sua dimensão de absoluta singularidade. Como afirma Perret-Gentil (2004), de certa forma e de acordo com uma certa proporção, "tudo aquilo que é mostrado ou que se mostra afirmando a sua singularidade contra e através do semelhante é monstruoso" (p. 80). Se o monstro constitui algo que é mostrado, ele é aquilo que faz ver a sua singularidade numa tal evidência que pouco deixa a dizer, numa evidência que se mostra por si mesma sem precisar se justificar. O seu mostrar, enquanto tal, já é suficiente para que se possa ver e saber o que ele é. Trata-se, portanto, de um momento em que a expressão não é mais propriamente equívoca, mas unívoca. Enquanto individuação absoluta, o monstro constitui o impossível de toda generalidade.

Interrogando-se de forma mais detalhada sobre o que poderia ser a multiplicidade no domínio das espécies monstruosas, Jean-Clet Martin considerava que a figura do monstro seria constituinte da multiplicidade e da unidade como um todo, a qual produz uma diferença ínfima e, no entanto, altamente transformadora. Com efeito, diz o autor, o monstro nos afeta por sua maneira heteróclita de convocar uma diferença genérica suscetível de afirmar uma confusão entre as espécies, como se o gênero irradiasse sua universalidade por meio de todas as singularidades da matéria, renovando com o seu fluxo qualquer especificidade típica. "O monstro é a mostração de uma vizinhança aberrante, de uma diferença que passa pelo gênero engolindo a das espécies" (Martin citado em Perret-Gentil, 2004, p. 77). Ser híbrido, o monstro designa a singularidade de um gênero materializado, individualizado, embora não específico, atualizado no aqui e agora. Ele seria o gênero enquanto tal, realizado em carne e osso. Portanto, ainda de acordo com Martin, o que o monstro expõe por todos os lados é a realidade do gênero, o realismo do universal e sua individualização no sensível: a ideia como formosa deformidade.

Essa relação complexa entre monstro e gênero – não mais no domínio de uma história natural crítica, mas no contexto das discussões sobre o corpo e a sexualidade no mundo contemporâneo – também foi objeto de algumas discussões do pós-feminismo estadunidense, o qual busca realizar uma política de subversão radical do conceito de gênero no âmbito do sexo. Em seu "Manifesto ciborgue", Donna Haraway afirma que os monstros sempre definiram os limites da comunidade na imaginação ocidental. Os centauros e as amazonas da Grécia antiga estabeleceram os limites da pólis centrada no humano masculino grego ao vislumbrarem a possibilidade de casamento e as confusões de fronteira entre o guerreiro, de um lado, e a animalidade e a mulher, de outro. Hermafroditas e gêmeos univitelinos constituíram o confuso material humano dos primórdios da França moderna, o qual fundamentava o discurso no natural e no sobrenatural, no médico e no legal, nas maravilhas excepcionais e nas doenças, todos eles elementos cruciais no estabelecimento da identidade moderna. As ciências voltadas para o estudo da evolução e do comportamento de macacos e símios marcaram as múltiplas fronteiras das identidades industriais do final do século XX. Já "os monstros-ciborgue da ficção científica feminista definem possibilidades e limites políticos bastante diferentes daqueles propostos pela ficção mundana do Homem e da Mulher" (Haraway, 1991, p. 180).

De acordo com Haraway, essas seriam algumas das consequências de se levar a sério a imagem dos ciborgues como algo mais do que apenas nossos inimigos. Nossos corpos, atesta a autora, são nossos "eus"; os corpos são, na verdade, mapas de poder e identidade, e os ciborgues não constituem uma exceção a isso. Só que o corpo do ciborgue não busca uma identidade unitária e, portanto, não produz infindáveis dualismos antagônicos. Para o ciborgue, um é pouco e dois, apenas uma possibilidade. Com ele, o intenso prazer na habilidade da máquina deixa de ser um pecado e passa a constituir um importante aspecto do processo de corporificação. Assim, a máquina deixa de ser idolatrada e começa a fazer parte de nossos processos corporais. Se podemos ser responsáveis pelas máquinas, também podemos nos responsabilizar pelas fronteiras e passamos a constituir, nós mesmos, essas fronteiras.

Nesse sentido, os ciborgues podem expressar seriamente o aspecto às vezes parcial ou fluido do sexo e da corporificação sexual. A encarnação ciborguiana não obedece a um calendário edípico no qual as terríveis clivagens de gênero seriam curadas por meio de uma utopia simbiótica oral ou de um apocalipse pós-edipiano. "Os mais terríveis e promissores monstros dos mundos ciborguianos estão corporificados em narrativas não-edípicas, obedecendo a uma lógica de repressão diferente, a qual, em nome de nossa sobrevivência, precisamos compreender" (Haraway, 1991, p. 150). Nesse sentido, o ciborgue é uma criatura do mundo pós-gênero que não tem qualquer compromisso com as sexualidades edipianas em geral, todas elas fundadas em representações dicotômicas.

Aproximando os monstros das mães e das máquinas, Rosi Braidotti (1994) também traz contribuições significativas para a apreensão do papel subversivo das figuras monstruosas no que diz respeito ao debate sobre as relações entre sexo e gênero em uma política pós-feminista. Segundo a autora, os monstros sempre ocuparam um lugar importante na história e na filosofia das ciências biológicas, indicando a relação delas com a diferença e com os corpos diferentes. No contexto biológico, eles não apenas representavam as malformações do organismo humano, como também assinalavam o lugar intermediário das misturas e da ambivalência.

Esse aspecto já estaria implícito na raiz grega antiga da palavra monstro, *teras*, a qual significava tanto horrível como maravilhoso, objeto de abjeção e adoração. Desde o século XIX, seguindo o sistema de classificação da monstruosidade elaborado por Geoffroy Saint-Hilaire, as malformações corporais haviam sido definidas em termos de excesso, falta ou deslocamento de órgãos. Mesmo que antes de chegar a esse tipo de classificação científica a filosofia natural já lutasse para dar conta desses objetos de abjeção, Braidotti afirma que "a constituição da teratologia como ciência oferece um exemplo paradigmático das maneiras como a racionalidade científica lidava com diferenças do tipo corporal" (Braidotti, 1994, p. 78).

Assim, de acordo com a autora, fica evidente que o discurso sobre os monstros incide sobre uma questão de suma importância para a teoria feminista: o estatuto da diferença no escopo do pensamento racional. Com sua lógica de oposições binárias, tal pensamento sempre tratou a diferença como aquilo que é alguma outra coisa que não a norma. Considerando que o corpo feminino em diferentes momentos foi aproximado do monstro em virtude de sua falta ou incompletude em relação ao corpo do homem, e que o corpo e o desejo das mães foram tomados como causa ou origem de diferentes anomalias ou anormalidades, Braidotti nos mostra que isso se deveu antes de tudo ao fato de que, durante muito tempo, não se conseguiu pensar diferentemente a diferença. Nesses termos, a aproximação entre os corpos dos monstros, das mulheres e das mães nos serve como instrumento de denúncia do pensamento falocêntrico que sempre procurou tratar o feminino e a feminilidade como objeto de abjeção.

Além disso, marcando a sua diferença singular, como um degenerado que se contrapõe ao tipo genérico, o monstro também nos obriga a recusar a ideia de mulher genérica. Conforme mostrou Eliane Robert Moraes (2005), "diante das interrogações que as criaturas teratológicas lançam, na afirmação de sua diferença, não seria possível postularmos um ideal universal feminino, que negaria igualmente a singularidade de cada ser" (p. 24). Se mulheres e monstros puderem ser considerados figuras emblemáticas da incompletude, acima de tudo, vale lembrar que ambos nos mostram que somos, cada um de nós, um desvio em relação ao suposto homem genérico e universal e que, portanto, nessa qualidade, cabe a cada um e a todos a aventura sensível de uma existência.

Mantendo-nos no âmbito desses desdobramentos políticos da corporeidade do devir-monstro, não poderíamos deixar de mencionar aqui as importantes contribuições de Antonio Negri (2003) a propósito do corpo e da monstruosidade no contexto de uma política imanente da multidão. De acordo com o filósofo italiano, "o corpo mais singular é também . . . o mais comum" (p. 202). Como potência de determinação que vive na singularidade materialista, o corpo se alimenta de uma ruptura que gera desmedida. E é na ruptura da temporalidade que o autor situa a chave da produção do ser. Nessas condições, o corpo reage à ruptura produzindo um ser novo. Inserido no domínio da materialidade do eterno, o corpo o conduz à ruptura e revivifica a eternidade, experimentando-se como práxis do tempo. Portanto, antes de tudo, a reflexão corpórea seria "uma imersão ontológica que ativa o eterno mediante a abertura, deste eterno, sobre a borda do ser, sobre o ponto do porvir" (p. 82).

Com isso, pode-se dizer que, ao refletir, o corpo não apenas se vê imerso em um campo material, mas também se abre à inovação. O corpo reflete o eterno pondo-o em contato com o devir, porque, apesar de essa relação ser desmedida, ela também é produção. No campo do comum, pensa Negri, é a singularidade que constitui a potência de desmedida. É ela que estabelece uma relação entre o "fora da medida" próprio da resistência à exclusão e o "além da medida" relativo à potência que constitui um novo comum. Abrindo-se para a desmedida biopolítica, o corpo é afetado por ela e essa afetação já é, ela própria, potência. Para o autor, se o corpo é capacidade de exprimir afetos, tal como queria Espinosa, ao se mostrar afetado pelas relações produtivas, ele tem a sua potência aumentada.

Ainda de acordo com o filósofo italiano, a passagem da época do homem-homem para a do homem-máquina, do moderno para o pós-moderno, propiciou que o corpo se transformasse na potência que constitui a base da máquina, ao mesmo tempo que também se desenvolveu por meio dela. Na época do homem-máquina, o trabalho vivo é potência de geração metamórfica, geração teleológica materialista e não finalista. Nenhum transcendental, bem como nenhuma conexão dialética precede ou informa o efeito dessa geração. Nessa teleologia, "a causa é sempre externa porque se debruça sobre a borda do tempo, onde o novo surge, e – em um certo aspecto – o produto da geração inovadora é sempre um 'monstro'" (Negri, 2003, p. 207).

Se "o monstro pode ser reconhecido como potência de metamorfose" (Negri, 2002, p. 137), toda metamorfose implica passagens. A metamorfose é sempre singular porque se constitui na criação de um novo ser, para além da borda do tempo, onde a marca da singularidade se coloca. Quando o singular ultrapassa a borda do tempo, a passagem se transforma em multidão porque "constrói novo ser comum, que, por isso mesmo, vale para a multidão de singularidades" (Negri, 2003, p. 203).

As metamorfoses também dizem respeito aos corpos enquanto conjunto de mutações sensoriais, perceptivas e mentais produzidas pela experimentação no mundo da vida dentro de novos ambientes maquínicos e da produção desterritorializada. Nesse sentido, Negri considera que a metamorfose é geração biopolítica. A artificialidade ou naturalidade dos processos biopolíticos, expostos sobre a borda do ser, constitui uma nova natureza ou um novo artefato. Por isso, complementa o autor, diz-se no pós-moderno que o sujeito se torna ciborgue ou artefato tecnológico. Na verdade, por meio de todas as metamorfoses anteriores, ao longo do desenvolvimento das diferentes tecnologias, "o corpo já se tornou, de alguma maneira e em algum aspecto, um ciborgue; mas a transformação atual, na era do homem-máquina, é realmente a transformação do ciborgue, em sentido próprio" (Negri, 2003, p. 222).

Nos tempos atuais, época em que o horizonte social definitivamente se constituiu como o campo por excelência da biopolítica, Negri e Hardt (2005) acham que devemos sempre nos lembrar dos monstros e de suas primeiras histórias modernas, posto que o efeito-monstro desde então só se multiplicou. "Hoje, Frankenstein é da família" (p. 255), dizem os autores. Sem dúvida, no fim do século XX, os monstros proliferam: vemo-los por todos os lados, no cinema, nos quadrinhos, em gadgets e brinquedos, livros e exposições de pintura, no teatro e na dança. Invadindo o planeta, eles definitivamente se tornaram familiares. A própria teratologia se tornou fantástica.

Já não nos contentamos mais com as classificações de Geoffroy Saint-Hilaire, que finalmente pareciam pacificar um universo confuso, racionalmente escandaloso, incapaz, desde há séculos, de estabelecer as "leis da aberração". Nesse contexto, o discurso dos seres vivos deve se tornar uma teoria de sua construção e das possibilidades que os aguardam no porvir. Imersos nessa realidade instável, diante da crescente artificialidade do mundo e da institucionalização do social, é necessário que estejamos cada vez mais preparados para que os monstros surjam a qualquer momento, como, aliás, não param de surgir.

Se Deleuze já havia reconhecido o monstro no interior da humanidade, afirmando que o homem é o animal que está mudando sua própria espécie, Negri e Hardt (2005) levaram a sério essa formulação. Com o avanço dos monstros e com o tratamento científico dado a eles, a humanidade transforma a si mesma, bem como modifica sua história e a própria natureza. Ainda de acordo com os autores,

> *o problema não consiste mais em decidir se essas técnicas humanas de transformação devem ser aceitas, mas em aprender o que fazer com elas e saber se funcionarão em nosso benefício ou em nosso detrimento. Na realidade, precisamos aprender a amar certos monstros e a combater outros. (p. 256)*

Assim, precisamos utilizar as expressões monstruosas da multidão para desafiar e subverter as metamorfoses da vida artificial transformadas em mercadoria, o poder capitalista que vende as mutações da natureza e a nova eugenia que sustenta esse poder. Pois, se como afirmam Negri e Hardt, "o conceito de multidão obriga-nos a entrar num novo mundo no qual só podemos entender a nós mesmos como monstros" (p. 253), é justamente nesse mundo dos monstros que a humanidade tem que se apropriar do seu futuro.

Referências

Braidotti, R. (1994). Mothers, monsters and machines. In R. Braidotti, *Nomadic subjects: embodiment and sexual difference in contemporary feminist theory*. Columbia University Press.

Canguilhem, G. (1992). La monstruosité et le monstrueux. In G. Canguilhem, *La connaissance de la vie*. Vrin. (Trabalho original publicado em 1965)

Courtine, J.-J. (2008). O corpo anormal: história e antropologia culturais da deformidade. In A. Corbin, J.-J. Courtine, G. Vigarello, *História do corpo* (Vol. 3, As mutações do olhar: o século XX). Vozes. (Trabalho original publicado em 2006)

Deleuze, G., & Guattari, F. (1997). *Mil platôs: capitalismo e esquizofrenia* (Vol. 4). Editora 34. (Trabalho original publicado em 1980)

Foucault, M. (1981). *As palavras e as coisas: uma arqueologia das ciências humanas*. Martins Fontes. (Trabalho original publicado em 1966)

Foucault, M. (1999). *Les anormaux: cours au Collège de France, 1974-1975*. Gallimard/Le Seuil. (Trabalho original publicado em 1974-1975)

Gil, J. (1997). *Metamorfoses do corpo*. Relógio D'Água.

Gil, J. (2006). *Monstros*. Relógio D'Água.

Haraway, D. (1991). A cyborg manifesto: science, technology, and socialist-feminism in the late twentieth century. In D. Haraway, *Simians, cyborgs, and women: the reinvention of nature*. Free Association Books.

Massumi, B. (1992). *A user's guide to capitalism and schizophrenia: deviations from Deleuze and Guattari*. MIT Press.

Merleau-Ponty, M. (1997). *L'union de l'âme et du corps chez Malebranche, Biran et Bergson*. Vrin. (Trabalho original publicado em 1948)

Moraes, E. R. (2005). Anatomia do monstro. In M. L. Bueno, & A. L. Castro (Orgs.), *Corpo: território da cultura*. Annablume.

Negri, A. (2002). *Du retour: abécédaire biopolitique*. Calmann-Lévy.

Negri, A. (2003). *Kairòs, Alma Venus, Multitudo: nove lições ensinadas a mim mesmo*. DP&A.

Negri, A., & Hardt, M. (2005). *Multidão: guerra e democracia na era do Império*. Record.

Perret-Gentil, F. (2004). L'escamoteur. In J.-C. Beaune, *La vie et la mort des monstres*. Champ Vallon.

Pinto da Silva, F. M. M. A. (2007). *Da literatura, do corpo e do corpo na literatura: Derrida, Deleuze e monstros do Renascimento* (Dissertação de mestrado), Universidade de Évora.

9. Sobre a importância do corpo para a continuidade do ser[1]

O corpo faz parte do nosso cotidiano. Do nascimento à morte, ele inegavelmente acompanha a nossa existência, e é impossível duvidar de que chegamos ao mundo com um corpo. No máximo, como queria Descartes, podemos querer duvidar de sua existência. Mesmo assim, para que possamos adotar este tipo de postura, é necessário considerar que ele esteja ali, conosco, para que só então a razão possa tomá-lo como objeto do conhecimento, como pretendia o filósofo francês.

Nesses termos, pode-se dizer que frequentemente, ao seu modo, o corpo se impõe como uma realidade concreta em sua espessura massiva, como uma forma viva que se move e se manifesta de um modo mais ou menos sensível. Nossas práticas e nossas técnicas implicam gestos, posturas e movimentos nas interações que estabelecemos com outros corpos, objetos e pessoas. Daí, talvez, a necessidade de apreendê-lo de forma minuciosa, a partir dos mais diversos saberes próprios ao humano. Dentre estes, pode-se considerar que a psicanálise ocupou um lugar de destaque, ao procurar abordar clinicamente as relações entre os universos somático e psíquico.

---

1 Originalmente publicado na *Revista Mal-Estar e Subjetividade*, *VIII*(1), 2008.

No contexto psicanalítico, Donald Winnicott, por certo, foi um dos autores que mais se preocupou em sublinhar a importância da corporeidade para uma existência saudável. Da forma como ele o compreendia, o corpo seria essencial para a psique na medida em que ela era vista fundamentalmente como uma organização proveniente da elaboração imaginativa do funcionamento corporal.

Do ponto de vista do indivíduo em desenvolvimento, no entanto, Winnicott não considerava que o *self* e o corpo seriam inerentemente superpostos, embora, para que houvesse saúde, fosse necessário que essa superposição se tornasse um fato. Gradualmente, a psique chegaria a um acordo com o corpo, de tal forma que na saúde existisse eventualmente um estado no qual as fronteiras corporais seriam também as fronteiras da psique. Partindo de sua vasta experiência clínica, ele não se cansava de nos alertar para o fato de que nem todos chegam tão longe, e de que muitos perdem aquilo que haviam alcançado.

Considerando, portanto, a relevância da visão winnicottiana a propósito do corpo no que se refere à sua importância para o estabelecimento de uma existência individual consistente em sua potência de afetar e ser afetada pelo ambiente, este capítulo se propõe a percorrer a obra do psicanalista inglês, desde a década de 1930 até o início dos anos 1970. Com isso, pretendemos realçar as relações entre a noção de corpo e alguns mecanismos fundamentais para a construção de uma saúde vital para o indivíduo, como a personalização, a integração, o *holding* e o *handling*. No âmbito dessas relações, destacam-se também a concepção de psique-soma, um dos aspectos básicos para o início do desenvolvimento emocional, bem como as diversas perturbações psicossomáticas.

No intuito de alcançar o nosso objetivo, adotamos como metodologia um percurso cronológico pelas obras do autor, por duas razões. Primeiramente, por acharmos que essa seria a forma mais adequada para delimitar, rigorosamente, como a sua concepção de corpo foi sendo construída passo a passo. Em segundo lugar, porque essa também nos pareceu ser a melhor maneira de mostrar como – apesar da aparente repetição dos termos empregados para elaborar o seu ponto de vista – Winnicott foi acrescentando detalhes aparentemente insignificantes à sua teoria sobre a corporeidade, os quais, no entanto, mostraram-se bastante relevantes no que concerne a uma articulação possível com a noção de continuidade do ser no contexto de uma vida digna de ser vivida. Iniciemos, portanto, a nossa trajetória partindo de seus trabalhos sobre o tema publicados nos anos 1930 e 1940.

Os primeiros escritos winnicottianos sobre o corpo

Em artigo datado de 1931 e intitulado "Psiquiatria infantil: o corpo enquanto afetado por fatores psicológicos", Winnicott (1931/2005a) procura classificar as mudanças e os sintomas corporais vinculados aos estados emocionais normais e anormais. Para simplificar sua exposição, ele propõe a seguinte divisão do progresso da psicanálise: o entendimento da vida instintual pessoal e dos relacionamentos interpessoais; a compreensão dos estados de ânimo e da origem das ideias de perseguição, tanto internamente (hipocondria) quanto externamente; e o entendimento das tarefas emocionais primitivas, como o desenvolvimento de um relacionamento com a realidade externa, a integração da personalidade e o sentido do corpo.

Segundo ele, podemos perceber imediatamente que o corpo da criança é afetado de diferentes maneiras conforme o tipo de tarefa com a qual esteja envolvida. Uma criança que está deprimida pensa que existem coisas ruins acontecendo dentro dela ou que ela está vazia; sua fantasia a respeito de seu corpo é indiretamente afetada por isso. Outra que já consegue perceber que ela e seu corpo são um só fica muito preocupada com tudo o que aumenta sua sensação do corpo, e pode inclusive valorizar um problema de pele por causa disso.

O autor afirma que sua primeira preocupação no estudo da criança quanto a esses aspectos é compreender e descrever a psicologia das emoções. Do seu ponto de vista, muitas pesquisas ainda precisariam ser feitas para que pudéssemos entender melhor o que acontece com o corpo quando uma criança (em várias idades) fica agitada em relação à alimentação, à evacuação ou à micção, fica agressivamente excitada, sente medo de alguma coisa específica, permanece moderadamente ansiosa por um longo período etc.

Em cada caso, o que interessa é avaliar a experiência instintual real, o efeito da excitação continuada sem clímax, e também o efeito de uma inibição específica de um processo instintual sobre o corpo. Além disso, seria necessário estudar determinados tipos de excitação, como os que afetam o processo de excreção da criança quando ele é apenas parcialmente completado por medo de um progenitor que se aproxima, ou de uma ideia que a criança teve enquanto realizava o ato. Para esclarecer melhor o problema, Winnicott (1931/2005a) recorre ao seguinte exemplo:

> *três crianças correm para a escola. Uma delas corre porque está ansiosa para chegar lá. Ao chegar, ela quer começar logo, ou pelo menos ver a professora e cumprimentá-la, e ser cumprimentada por ela. A segunda corre porque está atrasada. Sua mãe atrasou-se para lhe dar o café da manhã, porque o bebê teve um acidente. Seu objetivo é chegar lá a tempo. A terceira corre porque se sente perseguida. Sua vida é dominada por perseguidores imaginários. Seu objetivo é chegar na escola e encontrar certa proteção em relação aos inimigos. Talvez ela queira dormir . . . ou se não houver descanso para ela, precisará transformar as outras crianças ou as professoras em perseguidores reais, para obter alívio em relação ao desconhecido.*

> *A fisiologia dessas crianças ao chegar na escola apresentaria três variedades. A primeira, provavelmente, não teria sintomas corporais; a segunda, provavelmente, estaria cansada e se recuperaria numa meia hora, ou poderia desmaiar, ficar enjoada e depois se recuperar. A terceira, o menino perseguido, que de toda maneira não seria vigoroso, e não comeria bem, provavelmente se queixaria de dores internas, desconfortos ou de qualquer outra coisa. (p. 163)*

Para o autor, esse seria apenas um dos inúmeros exemplos possíveis para ilustrar como uma atividade pode ter vários resultados, conforme o estado emocional da criança naquele momento.

Já nos anos 1940, em "Introdução primária à realidade externa: os estágios iniciais", Winnicott (1948/2005b) menciona alguns casos de pessoas que se preocupam com representações relacionadas ao ato de bater, por vezes misturadas com a masturbação, e remete a mais um exemplo.

> *Uma mulher que se preocupa com estas coisas específicas, finalmente, procura a psicanálise, é uma pessoa doente que quer fazer alguma coisa a respeito disso. Trabalhamos pacientemente com ela, durante muito tempo. No curso do tratamento descobrimos que essas fantasias estão no lugar em que a paciente vivenciou alguma coisa na sua infância inicial que não pôde ser integrada à sua personalidade: a parte agressiva de seu relacionamento com a mãe, com os seios e com o corpo da mãe bem no início. Essas fantasias de excitação muito agressivas surgem e destroem o tranquilo relacionamento com o corpo da mãe. (p. 45)*

Essa paciente, ele acrescenta, ao reviver tais coisas no ambiente especializado da análise, descobriu que, quando bebê, não conseguira superar o ataque direto a uma coisa tão bela que ela sentia ser parte dela, isto é, o seu próprio corpo, com o qual mantinha um contato bastante frágil, pois, quando frustrada, não conseguia sentir todo o ódio e a destrutividade em relação às coisas frustrantes. Winnicott afirma, então, que, nesse caso, duas coisas foram separadas: uma delas dizia respeito ao que era amoroso e consentido, a outra relacionava-se ao tomar aquilo que era dado. Assim, seria necessário não apenas receber de forma mais passiva o que lhe era oferecido com amor, mas também agir de forma mais agressiva, isto é, por meio de atividade motora direta, no sentido de obter algo do ambiente. Finalmente, considerando que a separação entre esses dois elementos fosse mantida, ela se transformaria em uma excitação com o bater, como quando o bebê que está livre e encontra o corpo da mãe, sentindo uma tensão instintiva, é repentinamente dominado por um desejo esmagador de avançar nele de forma impiedosa.

Essa situação complicada seria inerente ao desenvolvimento de todas as crianças, as quais teriam que chegar a um acordo com ela com o auxílio da mãe e de suas experiências amorosas para com o bebê. Isso porque a vida de uma pessoa poderia ser perturbada por muitos anos em função de dificuldades que se iniciam nessa época precoce. Partindo dessas observações, Winnicott procura mostrar que aquilo que começa no período inicial da infância nunca está propriamente terminado. Em todas as crianças, isso continua acontecendo todo o tempo, consolidando posições que sempre podem ser perdidas e recuperadas. Assim, para ele, se é possível afirmar alguma coisa sobre o desenvolvimento inicial, é porque estamos falando sobre algo que continua por um longo tempo.

Na sequência do argumento, o autor tece algumas considerações que podem parecer surpreendentes, mas que mostram de forma peremptória a importância que ele atribui ao corpo nos domínios teórico e clínico.

> *Se mostrarmos por que é importante que um bebê goste de seu banho, estamos mostrando também por que é importante que as crianças tomem banho de mar e por que é importante que as deixemos tomar banho e que as deixemos nadar e mergulhar e usar sabonetes, etc., mais tarde. Isso não é algo novo, mas algo que se associa à importância do banho, no início. E se temos a ideia de que ser visto nu é importante para o bebê, também percebemos que é importante para a criança maior ser vista nua. Muitas vezes as pessoas dependem do médico para serem vistas. Eu certa vez fiquei horrorizado ao ouvir um psicólogo dizer que fizera psicologia porque "Eu não consigo tolerar os corpos das crianças". Uma das dificuldades da orientação infantil para mim, como pediatra, é que eu gosto de ver os corpos das crianças e perderia isso como psiquiatra: teria de encaminhar a criança para ser examinada por um amigo. Mas eu também não gostaria de apenas examinar seus corpos e não ter nada a fazer com seus sentimentos e idéias* [sic]. *Consequentemente, convém-me ter a criança lá, e poder examiná-la totalmente. Esta é uma vantagem. Para algumas crianças é realmente importante que uma pessoa veja o corpo e a psicologia como uma coisa só. (pp. 46-47)*

Simplificando um pouco a complexa questão do desenvolvimento primitivo, o psicanalista inglês destaca três de seus aspectos fundamentais: a entrada em contato com a realidade externa, o sentimento de que se vive no próprio corpo e a integração da personalidade.

Dada a possibilidade de que essas coisas se sobreponham, ele ressalta ainda que uma criança pode sentir que mora em seu corpo porque tem experiências em que todo o corpo está envolvido – como chutar, correr, comer, vir a conhecer-se como o lugar em que ela mora –, e também por causa do manejo que provém do exterior.

Considerando todos esses aspectos, não deveríamos tomar como certo que as pessoas vivam em seu corpo muito facilmente, posto que, por exemplo, caso estejam excessivamente cansadas, elas podem facilmente se descobrir num lugar um pouco diferente e ter a sensação de que o corpo no qual vivem não lhes pertence. Para ilustrar melhor essa hipótese, vejamos como o autor exemplifica tal situação:

> *como eu disse certa vez sobre Lawrence da Arábia, depois de cinco dias num camelo ele disse que estava umas cinco jardas acima da orelha do camelo. É assim que você se ausenta do seu corpo e não sabe onde começa e onde termina. Há a complicação de que temos muitas diferenças dentro de nós. Tomem o exemplo de um homem que perdeu uma perna. Tudo está bem quando ele não está cansado, mas quando ele está cansado, as memórias da outra perna voltam. Da mesma maneira, nós todos somos muito diferentes. Temos todo tipo de diferença dentro de nós, e se alguém está revivendo muito uma experiência infantil, o corpo se sente pesado e a pessoa não sabe o que fazer com ele. (p. 47)*

Essa passagem, a nosso ver, deixa clara a importância do estabelecimento de uma relação consistente entre o contato com a realidade e o sentimento de que vivemos num corpo que nos pertence para a integração da personalidade.

O corpo no contexto do psique-soma: personalização, integração e psicossomática

Em "A mente e sua relação com o psique-soma", um de seus artigos seminais sobre a questão do corpo – "parcialmente inspirado em um comentário de Ernest Jones, o qual afirma não acreditar 'que a mente humana realmente exista como uma entidade'" (Abram, 1997, p. 237) –, Winnicott (1949/1978b) tenta pensar no indivíduo em desenvolvimento e, considerando a importância dos aspectos corporais, afirma que não se deve distinguir entre a psique e o soma, exceto quando olhamos em uma direção em detrimento da outra. Nessas condições, pode-se notar o corpo ou a psique em desenvolvimento. "Suponho que a palavra psique aqui signifique a *elaboração psíquica de partes, sentimentos e funções somáticas*, isto é, da vivência física" (p. 411, grifos do original).

Gradualmente, psique e soma se envolvem em um processo de inter-relação, o qual constitui uma fase inicial do desenvolvimento do indivíduo. Em um estádio posterior, o corpo vivo, com seus limites – responsáveis pela formação de um interior e de um exterior –, é sentido pelo indivíduo como elemento constitutivo do que o autor chama de núcleo do *self* imaginativo. Aliás, em seu artigo "Desenvolvimento emocional primitivo" (1945/1978a), Winnicott já afirmava que tão importante quanto a integração é o desenvolvimento do sentimento de que se está dentro do próprio corpo, ou seja, a localização do *self* no próprio corpo. Gradualmente, os mecanismos instintivos, em conjunto com as repetidas e tranquilas experiências de cuidado corporal, constroem o que se pode chamar de personalização satisfatória.

A saúde, no início do desenvolvimento individual, leva a uma continuidade de ser – expressão que, na obra winnicottiana, como ficará evidente no decorrer do nosso trabalho, designa uma experiência fundamental no âmbito da existência. O psique-soma inicial só pode prosseguir ao longo de uma determinada linha de desenvolvimento na medida em que sua continuidade não seja quebrada por qualquer tipo de fator; daí a necessidade quase que absoluta de um meio ambiente perfeito, desde os primeiros momentos do desenvolvimento.

Considerando que esse ambiente perfeito é aquele que se adapta de maneira ativa às necessidades do psique-soma recém-formado (isto é, o bebê), Winnicott (1949/1978b) define como mau o ambiente que, não conseguindo se adaptar, torna-se uma invasão e exige que o psique-soma reaja. É basicamente essa reação que perturba a continuidade do ser. A mente teria dentre as suas raízes um funcionamento variável do psique-soma, que trata da ameaça à continuidade de existência posterior a qualquer fracasso da adaptação ambiental ativa.

> *Certos tipos de fracasso materno, especialmente um comportamento irregular, produzem uma hiperatividade do funcionamento mental. Aqui, no crescimento excessivo da função mental como reação a uma maternagem inconstante, vemos que é possível o desenvolvimento de uma oposição entre a mente e o psique-soma, pois em reação a este estado anormal do meio ambiente, o pensamento do indivíduo começa a controlar e organizar os cuidados a serem dispensados ao psique-soma, ao passo que na saúde esta é uma função do meio ambiente. Quando há saúde, a mente não usurpa a função do ambiente, tornando possível, porém, a compreensão e, eventualmente, a utilização de seu fracasso relativo. (pp. 413-414)*

O funcionamento mental, transformado numa coisa em si, seria o resultado mais comum das falhas no cuidado materno em estádios iniciais da infância. Ele praticamente substituiria a mãe boa e a tornaria desnecessária. Clinicamente, Winnicott considera que isso pode ser acompanhado de uma dependência da mãe real, bem como de um crescimento pessoal falso baseado na submissão. Nesses termos, pode-se notar que o ser reativo conjuga-se com o ser submisso.

Do seu ponto de vista, esse estado de coisas é extremamente desconfortável, fundamentalmente porque, nesse caso, a psique do indivíduo se deixa "atrair" por essa mente, afastando-se do relacionamento íntimo que originalmente mantinha com o soma. O resultado então é uma mente-psique patológica. "Uma elaboração psíquica do funcionamento fisiológico é bastante diferente do trabalho intelectual que facilmente se torna artificialmente uma coisa em si e falsamente um lugar onde a psique pode se alojar" (p. 420).

Apesar de a elaboração imaginativa de partes e funções corporais não ser localizada, pode haver localizações bastante lógicas, vinculadas ao modo como o corpo funciona. É o que ocorre, por exemplo, quando o corpo incorpora e desprende substâncias, como os alimentos ingeridos e os produtos excrementícios. Nesse caso, um mundo interno de experiência imaginativa pessoal entra no esquema das coisas, e a realidade compartilhada tende a ser considerada como externa à personalidade. No esquema corporal, de acordo com o entendimento winnicottiano, não parece haver lugar para alguma coisa como a mente. Aqui, não se trata apenas de formular uma crítica ao esquema corporal como diagrama; o que interessa verdadeiramente é mostrar a falsidade do conceito de mente como um fenômeno localizado.

> *Assim como não havia, para Winnicott, algo que pudesse ser chamado de bebê, mas apenas um par nutridor, da mesma forma, na melhor das hipóteses, não há algo que possa ser chamado de mente, apenas um par psique-soma. E parte da função da mente cindida patológica que Winnicott descreve é responsabilizar-se por um ambiente que fracassou. (Phillips, 2006, pp. 141-142)*

Vale lembrar ainda que a atividade mental pode se tornar uma ameaça ao psique-soma, impedindo a formação da psique, compreendida como uma elaboração imaginativa da experiência somática.

Ao final do artigo, Winnicott enumera os principais pontos desenvolvidos no texto, reafirmando que o verdadeiro *self* e a continuidade de existência, em casos saudáveis, baseiam-se no crescimento do psique-soma, e que a atividade mental não é senão um caso especial do seu funcionamento. Na sua concepção, o crescimento do psique-soma é universal e suas complexidades são inerentes. Já o desenvolvimento mental depende em parte de circunstâncias variáveis, dentre as quais se destacam a qualidade dos fatores ambientais iniciais, o imprevisível fenômeno do nascimento e os cuidados dispensados ao bebê imediatamente após o nascimento.

Por último, o autor afirma que seria lógico opor a psique e o soma e, portanto, opor o desenvolvimento emocional e o desenvolvimento corporal de um indivíduo. Contudo, não é lógico opor o mental e o físico, dado que ambos não são feitos do mesmo material. Os fenômenos mentais seriam complicações de importância variável na continuidade da existência do psique-soma, naquilo que se adiciona ao *self* do indivíduo. De acordo com Safra (2005), "não se deve pensar no *self* como organização mental, ou como uma representação de si mesmo, mas como o indivíduo organiza-se no tempo, no espaço, no gesto, a partir de sua corporeidade. O *self* se dá no corpo, é corpo" (p. 144).

Em meados dos anos 1950, ao analisar a "Preocupação materna primária" (1956/1978c), Winnicott volta a destacar a importância dos cuidados ambientais nos primórdios da existência, argumentando que somente quando a mãe possui uma sensibilidade desse tipo (preocupação materna primária) é que ela pode sentir como se estivesse no lugar do bebê e, desse modo, responder às necessidades dele. Estas, de início, são necessidades corporais que aos poucos vão se tornando necessidades do ego a partir da elaboração imaginativa da experiência física. Com isso, o autor estaria propondo "não um conflito entre diferentes tipos de pulsão, mas uma metamorfose de um tipo de 'necessidade' para outro" (Phillips, 2006, p. 176). O ego, desse ponto de vista, implicaria uma soma de experiências.

Segundo Winnicott (1956/1978c),

> *O self individual começa como uma soma de experiência de repouso, motilidade espontânea e sensação, retorno da atividade ao repouso, e o gradual estabelecimento de uma capacidade de aguardar a recuperação dos aniquilamentos; aniquilamentos que resultam das reações às invasões ambientais. (p. 498)*

Por esse motivo, é necessário que as primeiras experiências individuais desse período ocorram nesse meio ambiente especializado, constituído sobretudo pela preocupação materna primária. Resumidamente, pode-se dizer que essa expressão é empregada por Winnicott para descrever

> *a condição psicológica especial da mãe nas semanas anteriores ou posteriores ao nascimento do bebê. Este quadro surge através do comprometimento corporal, e também por meio da elaboração imaginativa (amplamente inconsciente) do comprometimento corporal empregando toda a experiência acumulada no passado que se construiu no eu. (Davis & Wallbridge, 1982, pp. 108-109)*

Dois anos mais tarde, discutindo o conceito de personalização num artigo intitulado "O primeiro ano de vida", Winnicott (1958/2001a) afirmou que a criança de um ano já pode viver firmemente estabelecida no seu corpo, contanto que a psique e o soma já tenham aprendido a conviver. Esse estado de coisas, no qual psique e soma estão intimamente relacionados, desenvolve-se a partir da série de estados iniciais nos quais a psique imatura, ainda que baseada no funcionamento corporal, não se encontra estreitamente ligada à vida corporal.

Mais uma vez, a existência de um grau razoável de adaptação às necessidades do bebê é aquilo que melhor possibilita o rápido estabelecimento de uma relação forte entre psique e soma. Caso ocorram falhas nessa adaptação, surge uma tendência da psique a desenvolver uma existência fracamente relacionada à experiência corporal, o que faz com que as frustrações físicas não sejam sentidas em toda a sua intensidade. Assim, pode-se considerar que, mesmo gozando de boa saúde, a criança de um ano nem sempre esteja firmemente enraizada em seu corpo.

A psique de uma criança pode normalmente perder contato com o corpo, e pode haver fases em que não é fácil para a criança retornar de súbito para o corpo: no caso, por exemplo, de acordar de um sono profundo. As mães sabem disso e, antes de pegar no colo uma criança adormecida, acordam-na gradualmente, de modo a não provocar o tremendo berreiro de pânico que pode advir de uma mudança de posição corporal num momento em que a psique encontra-se ausente. Do ponto de vista clínico, essa ausência da psique pode vir acompanhada de fases de palidez, suor, diminuição da temperatura e vômitos.

Elaborando a sua "Teoria do relacionamento paterno-infantil"[2] (1960/1983b), o autor nos mostra como durante a fase de *holding* o ego passa de um estado não integrado a uma integração estruturada, de modo que o bebê se torna capaz de experimentar uma ansiedade

---

2 "Relacionamento paterno-infantil" é o resultado da tradução para o português da expressão inglesa "*parent-infant relationship*". A nosso ver, essa tradução é problemática e a expressão ficaria melhor traduzida como "relacionamento parental-infantil". Dado que estamos utilizando edições brasileiras da obra de Winnicott, neste caso, do livro *O ambiente e os processos de maturação*, manteremos o termo "paterno-infantil", deixando aqui essa sugestão para uma tradução mais rigorosa.

associada à desintegração. Nessas condições, a palavra desintegração começa a ganhar um sentido que não possuía antes de a integração do ego se tornar um fato. Nesse estágio, caso o amadurecimento ocorra sem maiores problemas, o lactente retém a capacidade de reexperimentar estados não integrados. Contudo, isso só é possível mediante uma continuidade consistente do cuidado materno ou a reunião no lactente de recordações desse cuidado, as quais começam a ser gradualmente percebidas como tais. "O resultado do progresso normal do desenvolvimento do lactente durante esta fase é que ele chega ao que se poderia chamar 'estado unitário'. O lactente se torna uma pessoa, com individualidade própria" (Winnicott, 1960/1983b, p. 45).

Associada a isso está a chegada do bebê a uma existência psicossomática, a qual começa a adquirir um padrão pessoal, tal como Winnicott havia estabelecido no seu artigo sobre a inserção da psique no soma, comentado anteriormente. Aqui, ele reafirma que a base para essa inserção é a ligação das experiências funcionais motoras e sensoriais com o novo estado do lactente, que agora é uma pessoa.

Como uma espécie de desenvolvimento adicional surge o que poderia ser chamado de membrana limitante, até certo ponto equacionada com a superfície da pele e que se posiciona entre o "eu" e o "não eu". Assim, além de passar a viver entre um espaço interior e outro exterior, o lactente constrói um esquema corporal. Com isso, as funções de entrada e saída também passam a fazer sentido, e torna-se gradualmente significativo pressupor uma realidade psíquica interna ou pessoal. Estas certamente são as razões pelas quais o psicanalista inglês insiste em sublinhar que, talvez, o principal no âmbito do cuidado seja o *holding* físico. Na verdade, ele é a base de todas as complexidades adicionais do *holding* e da provisão ambiental em geral.

Vale lembrar ainda que:

> *uma parte do* holding *é chamada por Winnicott de manuseio ou manipulação [*handling*] – a maneira pela qual a mãe manuseia, manipula o seu bebê nos detalhes cotidianos do cuidado materno. Aqui estão incluídas a alegria e o prazer que ela tem com o seu bebê, os quais são uma expressão do seu amor.*
>
> *O manuseio suficientemente bom resulta no fato de que a psique do bebê passa a habitar o soma; é a isso que Winnicott se refere como personalização. Isto significa que o bebê passa a sentir, como conseqüência* [sic] *de um manuseio amoroso, que o seu corpo é ele próprio ou/e que o seu sentimento de* self *está centrado dentro do seu corpo. (Abram, 1997, p. 187)*

Mais adiante retomaremos essa discussão a propósito das relações entre *handling*, *holding* e personalização. Por ora, dando continuidade ao nosso percurso, observamos que ainda no início dos anos 1960, o artigo "Distorção do ego em termos de verdadeiro e falso *self*" (1960/1983a) mostra que, quando um falso *self* se organiza em um indivíduo que tem grande potencial intelectual, existe uma forte tendência para que a mente se torne um lugar privilegiado para esse tipo de *self*. Em tais casos, ocorreria uma dissociação entre a atividade intelectual e a existência psicossomática, diferentemente do indivíduo sadio, no qual se presume que a mente não seja usada para escapar daquela modalidade de existência.

Ao investigar a etiologia do falso *self*, Winnicott novamente examina o estágio das primeiras relações objetais e nota que aí, na maior parte do tempo, o lactente nunca está completamente integrado, podendo, portanto, estar não integrado. A coesão dos vários elementos sensório-motores

> *resulta do fato de que a mãe o envolve, às vezes fisicamente, e de modo contínuo simbolicamente. Periodicamente um gesto do lactente expressa um impulso espontâneo; a fonte do gesto é o* self *verdadeiro, e esse gesto indica a existência de um* self *verdadeiro em potencial. Precisamos examinar o modo como a mãe responde a esta onipotência infantil revelada em um gesto (ou associação sensório-motora). Ligo aqui a ideia de um* self *verdadeiro com a do gesto espontâneo. A fusão de elementos motores e eróticos está no processo de se tornar um fato neste período de desenvolvimento do indivíduo. (Winnicott, 1960/1983a, pp. 132-133)*

Um *self* verdadeiro só se torna uma realidade viva na medida em que é o resultado do êxito repetido da mãe em responder ao gesto espontâneo ou alucinação sensorial do bebê.

Ele provém da vitalidade dos tecidos corporais e da atuação das funções do corpo, incluindo a ação do coração e a respiração, está intimamente ligado à ideia de processo primário, é essencialmente não reativo e aparece assim que há qualquer organização mental propriamente individual, ou seja, algo como o somatório do viver sensório-motor.

Conforme mostrou Safra (2005), "há, inicialmente, uma organização de *self*, decorrente dos registros estético-sensoriais, que se estabelece no encontro do corpo do bebê com o corpo materno ... Estes inúmeros registros são presença de vida e de ser. São fenômenos em que a presença da mãe é o *self* da criança" (p. 78).

Em outro trabalho publicado dois anos mais tarde, "A integração do ego no desenvolvimento da criança", Winnicott (1962/1983c) considera que não se deve pensar no bebê apenas como uma pessoa que sente fome e cujos impulsos instintivos podem ser satisfeitos ou frustrados. Ele precisa ser encarado como um ser imaturo que está constantemente à beira de uma ansiedade inimaginável. Essa ansiedade pode ser evitada graças à função vitalmente importante da mãe nesse estágio, isto é, graças à sua capacidade de se pôr no lugar do bebê e saber do que ele precisa em termos do cuidado geral de seu corpo e de sua pessoa. O amor, nesse estágio, só pode ser demonstrado em termos de cuidados corporais, tal como no período de gestação, antes do nascimento a termo. Dentre as poucas variedades dessa ansiedade, o autor destaca as experiências de cair para sempre e a de não ter conexão alguma com o corpo.

Voltando mais uma vez à discussão sobre o desenvolvimento egoico, Winnicott afirma que a principal tendência no processo maturativo está contida nos vários significados da palavra integração. Ele mostra ainda como a integração no tempo se acrescenta ao que poderia ser denominado integração no espaço e retoma as relações entre *holding*, *handling* e personalização.

> *O ego se baseia em um ego corporal, mas só quando tudo vai bem é que a pessoa do bebê começa a ser relacionada com o corpo e suas funções, com a pele como membrana limitante. Usei a palavra* personalização *para descrever esse processo, já que o termo despersonalização parece no fundo significar a perda de uma união firme entre o ego e o corpo, inclusive impulsos e satisfações do id. (1962/1983c, p. 58, grifos do original)*

Partindo dessas considerações, é possível relacionar os fenômenos do crescimento do ego com determinados aspectos do cuidado da criança. Assim, a integração estaria relacionada com o cuidado e a personalização com o manuseio. Considerando-se que a criança tenha começado a existir e a adquirir experiências que podem ser consideradas pessoais, deve-se também pressupor a presença de certos rudimentos de uma elaboração imaginativa do funcionamento corporal. O manuseio, portanto, descreve a provisão pelo meio que corresponde mais ou menos ao estabelecimento de uma associação psicossomática. Sem um manejo ativo e adaptativo suficientemente bom, a tarefa interna pode vir a ser difícil. Na verdade, o desenvolvimento de uma inter-relação psicossomática adequada pode até se tornar impossível.

Segundo Abram (1997), com essa visão das coisas,

> *Winnicott se refere à completa identidade da mãe com o seu bebê, a qual é precisamente aquela que proporciona o ambiente perfeito. Isso significa que ela está apta para sustentar, manusear e cuidar da criança com preocupação, proteção e todos os componentes do amor, e se esse processo se passa de forma suficientemente boa nos estágios primários, proporciona-se ao bebê o sentimento de ser e* self *alojado em seu próprio corpo. (p. 238)*

Como vimos antes, em circunstâncias favoráveis, a pele se torna o limite entre o eu e o não eu, a psique começa a viver no soma e uma vida psicossomática se inicia. No caso de algumas doenças psicossomáticas – tema que, como logo perceberemos, Winnicott só desenvolverá mais tarde –, há, na sintomatologia, uma insistência na interação da psique com o soma. Isso pode ser mantido como defesa contra a ameaça de perda da união psicossomática ou contra alguma forma de despersonalização.

Em "Provisão para a criança na saúde e na crise" (1962/1983d), o autor afirma mais uma vez que certas tendências no crescimento da personalidade podem ser verificadas desde o início do desenvolvimento, nunca chegando a se completar. Dentre elas, destacam-se a integração – incluindo integração no tempo; a "inserção" – termo pouco frequente no vocabulário winnicottiano, mas que não é senão outra forma de descrever a conquista de um relacionamento íntimo e à vontade entre a psique e o corpo; e as relações com objetos. Em todos esses casos – quer se trate de uma criança saudável, de um lactente, ou de uma criança neuroatípica –, a provisão facilita a tendência inata de habitar o corpo apreciando suas funções, bem como a tendência de aceitar a limitação que a pele acarreta, separando o eu do não eu.

No ano seguinte, o trabalho "Os doentes mentais na prática clínica" volta a abordar as relações entre o ambiente facilitador, a integração, a personalização e as relações objetais, recorrendo de passagem à teoria freudiana para sustentar o argumento:

> *Freud afirmou que o ego está essencialmente erigido sobre a base do funcionamento do corpo; o ego é essencialmente um ego corporal (isto é, não é uma questão de intelecto). No contexto atual estamos examinando a conquista de cada indivíduo da união da psique com o soma. A doença psicossomática é muitas vezes pouco mais que o reforço deste elo psicossomático em face da ameaça de rompimento do mesmo; esse rompimento resulta em vários quadros clínicos que recebem o nome de "despersonalização". Aí, de novo, o inverso do desenvolvimento que se observa no lactente dependente é um estado que reconhecemos como doença mental, especificamente, despersonalização, ou a doença psicossomática o ocultando. (Winnicott, 1963/1983e, pp. 201-202)*

Em "O relacionamento inicial entre uma mãe e seu bebê", o autor mostra como o manuseio não apenas facilita a formação de uma parceria psicossomática na criança, mas também contribui para a formação de um sentimento do "real", o qual se opõe ao "irreal". Um manuseio deficiente "trabalha contra o desenvolvimento do tônus muscular e da chamada 'coordenação', e também contra a capacidade de a criança gozar a experiência do funcionamento corporal, e de ser" (Winnicott, 1964/2001b, p. 27).

O artigo "Transtorno psicossomático" (1966/1994a), pode ser considerado o trabalho no qual Winnicott aborda a doença psicossomática de forma mais rigorosa. Aí, ele considera que esse tipo de enfermidade é o negativo de um positivo. Esse último refere-se à tendência no sentido da integração em vários de seus significados, inclusive aquele relacionado à personalização, como mencionado anteriormente.

O positivo é a tendência herdada no sentido de construir, para além da unidade entre psique e soma, uma identidade experiencial do espírito, ou psique, e da totalidade do funcionamento físico. Uma tendência que conduz a criança no sentido de um corpo que funciona, no qual, e a partir do qual, se desenvolve uma personalidade que também funciona e que se completa com defesas contra ansiedades de todos os graus e espécies. Na saúde, o *self* mantém essa aparente identidade com o corpo e seu funcionamento. A esse estágio no processo integrador o autor dá o nome de estágio do "eu sou", e afirma que é justamente o significado de "eu" e "eu sou" que é alterado pela dissociação psicossomática.

A cisão entre psique e soma é um fenômeno regressivo que recorre a resíduos arcaicos para o estabelecimento de uma organização defensiva. Contrastando com ela, a tendência no sentido da integração psicossomática faz parte do movimento para a frente no processo de desenvolvimento. A cisão, aqui, pode ser tomada como um representante da repressão, termo apropriado no caso de organizações mais sofisticadas. A integração psicossomática, que também pode ser entendida como a conquista de uma morada da psique no soma, deve ser seguida pela fruição de uma unidade psicossomática na experiência de estar vivo no mundo.

> *No processo de integração, o bebê (no desenvolvimento sadio) ganha um ponto de apoio na posição "eu sou" do desenvolvimento emocional e, então, não apenas a fruição do funcionamento do corpo reforça o desenvolvimento do ego, mas este último também reforça o funcionamento do corpo. O fracasso do desenvolvimento nestes aspectos resulta na incerteza da morada, ou conduz à despersonalização, na medida em que a morada tornou-se um aspecto que pode ser perdido. O termo morada é utilizado aqui para descrever a residência da psique no soma pessoal, ou vice-versa. (Winnicott, 1966/1994a, p. 89)*

De acordo com Winnicott, a enfermidade psicossomática implica uma cisão na personalidade do indivíduo, a qual enfraquece o vínculo entre psique e soma, ou uma cisão organizada na mente, que se defende contra uma perseguição generalizada por parte do mundo repudiado, como pode ocorrer em casos de paranoia. No entanto, o autor faz questão de ressaltar que sempre permanece uma tendência individual a não perder inteiramente a vinculação psicossomática: este é o valor positivo do envolvimento somático.

Essa valorização do potencial de permanência desse tipo de vínculo decorreria do fato de que a defesa não se organiza somente em termos de uma cisão que protege contra o aniquilamento. Ela também funcionaria como uma proteção do psique-soma quanto a uma fuga para uma existência intelectualizada ou espiritual, ou para façanhas sexuais compulsivas que ignorariam as demandas de uma psique construída e mantida com base no funcionamento somático. A enfermidade psicossomática possuiria, portanto, esse aspecto esperançoso: o paciente ainda se encontraria em contato com a possibilidade de unidade psicossomática, personalização e dependência, apesar da cisão e de variadas dissociações.

A dimensão corpórea do self *e a natureza humana: permanecendo no próprio ser*

"Sobre as bases para o *self* no corpo" (1970/1994b) pode ser considerado o segundo artigo seminal de Winnicott no que se refere às relações entre corpo e continuidade do ser. Nele, considerando o inter-relacionamento da criança em crescimento com seu corpo, o psicanalista inglês retoma o tema da personalização e volta a considerá-la como um tipo positivo de despersonalização. Esta, conforme já vimos, envolve a perda de contato da criança ou do paciente com o corpo, mas também implica a existência de algum outro aspecto da personalidade.

Winnicott (1970/1994b) reafirma que, com o termo personalização, pretendeu chamar a atenção para o fato de que a morada dessa outra parte da personalidade no corpo e o vínculo firme entre ela e a psique representam, em termos de desenvolvimento, uma conquista de saúde, ou seja, uma realização não doentia estabelecida gradualmente. Com ela, a criança deve poder usar relacionamentos nos quais há uma confiança máxima para às vezes desintegrar-se, despersonalizar-se, e até mesmo, por um momento, abandonar a premência quase fundamental de existir e se sentir existindo.

No amadurecimento sadio, as duas coisas andam juntas: o sentimento de segurança em uma relação – o qual mantém a oportunidade de uma anulação repousante dos processos integrativos, facilitando a tendência geral à integração e ao estabelecimento de uma morada no corpo herdada pela criança – e o funcionamento corporal. "O desenvolvimento para frente se acha muitíssimo associado com a morada, tal como com outros aspectos da integração, mas ele é, sob todos os sentidos, assustador para o indivíduo interessado se não for deixado aberto o caminho de volta à dependência total" (pp. 203-204).

É verdadeiramente no início que a criança precisa ser aceita como tal e beneficiar-se de uma aceitação desse tipo. No entanto, a base para o que Winnicott chama de personalização, ou ausência de uma tendência especial para a despersonalização, começa antes mesmo do nascimento, e é certamente muitíssimo significativa. A criança tem que ser sustentada por pessoas cujo envolvimento emocional precisa ser levado em conta, incluindo-se aí, evidentemente, suas reações fisiológicas. O começo da personalização ou habitação da psique no soma depende da capacidade que a figura materna tem de juntar o seu desenvolvimento emocional, que originalmente é físico ou fisiológico, ao daquele ser que é cuidado por ela.

Considerando esses aspectos, a integração no ser humano em desenvolvimento assume uma ampla variedade de formas, dentre as quais sobressai o desenvolvimento de um arranjo operacional satisfatório entre a psique e o soma. Winnicott chama a atenção para o fato de que tudo isso começa antes da época em que é necessário adicionar os conceitos de intelecto e verbalização. Assim, fica evidente, mais uma vez, que a base do *self* se forma sobre o corpo vivo com suas formas e funções.

> *Mesmo um bebê deformado pode crescer e transformar-se em um bebê sadio, com um* self *que não é deformado e um senso do* self *que se baseia na experiência de viver como uma pessoa aceita. Distorções do ego podem provir de distorções na atitude daqueles que cuidam da criança. Uma mãe com um bebê está constantemente apresentando e reapresentando o corpo e a psique do bebê um à outra, e pode-se facilmente ver que essa tarefa fácil, mas importante, torna-se difícil, se o bebê tem uma anormalidade que faz a mãe sentir-se envergonhada, culpada, assustada, excitada ou desesperançada. Em tais circunstâncias, ela pode dar o melhor de si, e não mais que isso.*
>
> *O corolário disso é que o psicoterapeuta não precisa dizer: "esta criança não pode ser ajudada por causa da*

> *anormalidade física". O* self, *o senso do* self *e a organização do ego da criança podem, todos eles, estar intactos, por se basearem num corpo que era normal para a criança no período formativo. (p. 210)*

O *self*, ou a pessoa que é um "eu", possui uma totalidade baseada no funcionamento maturacional. Ao mesmo tempo, o *self* é constituído de partes que se aglutinam do interior para o exterior no curso do processo de maturação, desde que seja ajudado maximamente no começo pelo ambiente humano que sustenta, maneja e facilita de maneira viva. Ainda que possa naturalmente se localizar no corpo, em certas circunstâncias, o *self* pode dissociar-se dele e vice-versa. Podendo ser reconhecido essencialmente nos olhos e na expressão facial da mãe, ou mesmo no espelho que o seu rosto pode vir a representar, o *self* acaba estabelecendo uma relação significativa entre a criança e a soma daquelas identificações que se organizam sob a forma de uma realidade psíquica interna viva, após suficiente incorporação e introjeção das experiências mentais.

Em geral, o suporte adequado é parte da técnica natural da mãe. Ela é capaz de proporcioná-lo ao bebê, de maneira que ele não precisa saber que é composto por uma coleção de partes. Todas essas partes são reunidas pela mãe que o acolhe, transformando-o em uma unidade. "Esta unidade, tão necessária para a integração do ego, é a base para a coordenação corporal e a harmonia, e para o prazer na atividade corporal onde o indivíduo é constantemente capaz de descobrir o eu" (Davis & Wallbridge, 1982, pp. 117-118).

Muitas das hipóteses sobre o corpo mencionadas até aqui serão retomadas por Winnicott em *Natureza humana*, obra que destacou de forma decisiva a dimensão vital da continuidade do ser (1988/1990). Publicado apenas após o seu falecimento, essa obra parece ter sido pacientemente trabalhada e retrabalhada pelo autor durante um longo período de sua vida. No ano de 1936, ele havia sido convidado por

Susan Isaacs a ministrar um curso sobre crescimento e desenvolvimento humano para professores de primeiro grau na universidade de Londres. Em 1954, quando começou o livro, ele também vinha dando aulas para assistentes sociais na mesma universidade. Essas oportunidades de ensino prosseguiram até 1971, ano de sua morte.

De acordo com Clare Winnicott (1988/1990), o propósito original do livro teria sido o de fornecer as anotações que os estudantes não conseguissem fazer, e colocá-las à disposição de qualquer estudioso da natureza humana. "Em sua primeira versão, o livro foi iniciado e concluído no verão de 1954, num período de tempo comparativamente curto. Desde então até o momento de sua morte, Winnicott não cessou de revê-lo e revisá-lo" (p. 15).

Segundo seus editores, "Winnicott preparou duas sinopses de seu livro sobre a *Natureza Humana*. A primeira é datada de agosto de 1954, época em que . . . a maior parte do livro foi escrita. A segunda foi realizada por volta de 1967" (Bollas, Davis & Shepherd, 1988/1990, p. 17). Dada a importância histórica desse trabalho e dos vários argumentos a propósito das relações entre corpo e ser ali desenvolvidos pelo autor, vale a pena nos determos um pouco mais sobre ele.

Logo no início do livro, Winnicott (1988/1990) diz que a saúde do corpo implica o funcionamento físico adequado à idade da criança, bem como a ausência de doenças. Nesses termos, ela deve ser entendida como um funcionamento corporal não perturbado por conflitos emocionais ou pelo surgimento de alguma emoção dolorosa. O autor volta a afirmar que a psique começa como uma elaboração imaginativa das funções somáticas, e acrescenta que ela tem como tarefa fundamental a interligação das experiências passadas com as potencialidades, a consciência do presente e as expectativas para o futuro. Só assim o *self* pode passar a existir.

Nessas condições, a natureza humana não seria uma questão de corpo e mente, mas de psique e soma inter-relacionados, os quais, em seu ponto culminante, apresentam um ornamento: a mente. Distúrbios do psicossoma seriam alterações do corpo ou do funcionamento corporal associadas a estados da psique.

> *As primeiras complicações a serem estudadas são aquelas mudanças fisiológicas que dizem respeito à atividade e ao repouso, e depois as mudanças referentes a excitações locais ou gerais. No estudo da excitação geral, os tecidos não podem ser estudados fora do contexto da psique total. Uma vez aceita a psique como um todo, então a fisiologia pode concentrar-se nas mudanças específicas relativas ao desejo e à ira, e também ao amor afetuoso, ao medo, ao luto e outros afetos que representam facetas de sofisticadas fantasias, fantasias específicas ao indivíduo. (pp. 44-45)*

Nota-se que, como atento estudioso do psicossoma, Winnicott também mostra certa preocupação com as fantasias conscientes e inconscientes. No entanto, a nosso ver, o que torna mais interessante o seu ponto de vista é que essas fantasias constituem o que ele chama de "histologia da psique", termo que mais uma vez denota a imanência do psíquico ao somático. À anatomia e à fisiologia da ação deveria ser acrescentado o significado da ação para o indivíduo. Nessas condições, a fisiologia funde-se suavemente à psicossomática, que inclui a fisiologia das mudanças somáticas associada às pressões e tensões da psique. A parte psíquica da pessoa se ocupa com os relacionamentos, tanto dentro do corpo quanto com ele, e com as relações mantidas com o mundo externo.

Emergindo da elaboração imaginativa das mais diversas funções corporais, tal como a teoria winnicottiana não cessa de salientar, bem como do acúmulo de memórias, a psique liga o passado, o presente e o futuro, dando um sentido ao sentimento do eu. Com isso, ela justifica a percepção de que, dentro de um determinado corpo, exista um indivíduo. Certamente, por esse motivo, sempre que se estuda uma excitação instintiva, é preciso ter em conta a função corporal mais intensamente envolvida. A excitação pode ser local ou geral. De acordo com Winnicott, a excitação generalizada tanto pode contribuir para que o bebê se sinta um ser total quanto pode advir do estágio de integração alcançado no decorrer do amadurecimento. Além disso, também é possível estabelecer uma relação bastante interessante entre as excitações instintivas e o brincar.

> *Os problemas dos períodos de excitação são claramente determinados pelos instintos, e... muito daquilo que ocorre entre uma excitação e outra se refere ou à preparação para a satisfação do instinto, ou à tentativa de mantê-lo vivo de modo indireto através do brincar ou da dramatização de uma fantasia. No brincar, o corpo obtém satisfação ao participar da dramatização, e no fantasiar ele a obtém de forma secundária, pelo fato de no fantasiar ocorrerem excitações somáticas localizadas, assim como há fantasia junto com o funcionamento corporal. (p. 72)*

A elaboração imaginativa da corporeidade organiza-se em fantasias qualitativamente determinadas pela localização no corpo, as quais, no entanto, são específicas a cada indivíduo em razão da hereditariedade e da sua experiência. Se a psique se forma a partir do material fornecido por aquele tipo de elaboração, ela está fundamentalmente unida ao corpo por meio da relação que estabelece com suas diversas partes, e graças a novos relacionamentos produzidos pela fantasia e pela mente, consciente ou inconscientemente. O mundo interno é um mundo pessoal na medida em que é mantido na fantasia, no interior das fronteiras do ego e do corpo limitado pela pele.

Essa é mais uma das razões pelas quais o sentimento de integridade do *self* remete ao corpo e à psique conjuntamente. A saúde do corpo, na medida em que é percebida ou notada, pode ser traduzida em termos de fantasia e, ao mesmo tempo, os fenômenos da fantasia também podem ser sentidos corporalmente. A título de exemplo, Winnicott se refere a possibilidade de o vômito expressar um sentimento de culpa e poder ser sentido como uma ameaça de traição ao *self* secreto, a qual seria vivida como um desastre.

Excluindo-se a doença, a saúde corporal é ativamente reasseguradora para o bebê que está às voltas com dúvidas sobre a psique, e a saúde psíquica promove um saudável funcionamento corporal, garantindo a capacidade de ingerir, digerir e eliminar. Por esse motivo, a figura materna, que foi a responsável pelo ambiente no sentido físico do termo antes do nascimento, deve continuar a prover o cuidado físico após o nascimento. No princípio da vida, ele é a única expressão de amor que o bebê pode reconhecer. De acordo com Safra (2005),

> *o encontro do corpo do bebê com o corpo da mãe devotada dá a ele condições de ter um repertório imaginativo que o capacitará a elaborar imaginativamente as funções corporais. Portanto, as diferentes funções corporais atualizam a qualidade dos encontros que o bebê teve com sua mãe. Trata-se de um repertório que é fruto da presença humanizadora do outro. A criança ganha unidade corporal por meio da e na presença do outro, surgindo paulatinamente um corpo psíquico: um corpo cujas funções foram elaboradas imaginativamente. Ocorre uma integração das diferentes experiências sensoriais. (p. 79)*

Não são poucos os que consideram óbvia a localização da psique no corpo, esquecendo que se trata de algo a ser alcançado. Quanto a isso, a psicanálise winnicottiana não cessa de nos advertir de que se trata de uma aquisição, e que ela de modo algum encontra-se ao alcance de todos. Mesmo aqueles que parecem viver em seu corpo podem desenvolver a ideia de que existem um pouco além da própria pele.

Universalmente, a pele é de importância óbvia no processo de localização da psique exatamente no e dentro do corpo. Por esse motivo, o seu manuseio no cuidado com o bebê é um fator extremamente importante no estímulo a uma vida saudável dentro do corpo, da mesma forma como as diversas maneiras de segurar a criança auxiliam no processo de integração. Se, por um lado, o recurso a processos intelectuais pode criar obstáculos para a coexistência entre psique e soma, por outro, a experiência das funções e sensações da pele, bem como do erotismo muscular, fortalecem essa coexistência.

Poderíamos dizer que boa parte dos seres humanos, em momentos de frustração instintiva, podem ser tomados por um sentimento de desesperança ou futilidade. Com isso, a fixação da psique no corpo enfraquece, e torna-se necessário tolerar um período de não relação entre psique e soma. Esse fenômeno pode se exacerbar em todos os graus possíveis de doença. A ideia de um fantasma, de um espírito desencarnado, derivaria daquela não vinculação essencial entre o psíquico e o somático.

> *Aqui há uma aplicação direta da teoria não só ao estudo e tratamento clínico das doenças de pele, como também aos conhecimentos sobre grande parte dos problemas psicossomáticos. Os distúrbios psicossomáticos são determinados por muitos fatores, mas aquele geralmente omitido é talvez o mais importante. É muito comum assistirmos a uma discussão sobre a psicologia de um distúrbio psicossomático sem que se faça nenhuma menção ao valor positivo que existe para o paciente na vinculação entre algum aspecto da psique e alguma parte do corpo. Existem ansiedades psicóticas subjacentes às perturbações psicossomáticas, ainda que, em muitos casos, em níveis mais superficiais,*

> *possam ser percebidos claramente fatores hipocondríacos ou neuróticos. (Winnicott, 1988/1990, p. 144)*

Conforme já foi possível notar até aqui, muito daquilo que Winnicott pensa a respeito da integração também pode ser aplicado à localização da psique no corpo. As experiências tranquilas e excitadas dão cada qual a sua própria contribuição. O processo de localização da psique no corpo, como também tivemos a oportunidade de ver, se produz a partir de duas direções, a pessoal e a ambiental: isso implica a experiência pessoal de impulsos e sensações da pele, o erotismo muscular e os instintos, envolvendo a excitação do indivíduo como um todo, mas também tudo aquilo que se refere aos cuidados do corpo e à satisfação das exigências instintivas que possibilitam a gratificação. Quando a experiência instintiva é deflagrada em vão, o vínculo entre a psique e o corpo pode se afrouxar ou mesmo se perder. No entanto, esse relacionamento pode vir a se restabelecer com o tempo, desde que haja uma boa fase de manejo tranquilo do bebê.

No desenvolvimento normal, portanto, a integração e a coexistência entre psique e soma dependem tanto de fatores pessoais referentes à vivência das experiências funcionais quanto do cuidado fornecido pelo ambiente. A ênfase recai algumas vezes sobre o primeiro elemento, e em outras sobre o último. Pode-se presumir ainda que, mesmo antes do parto, o bebê já seja capaz de reter memórias corporais, pois existem certas evidências de que, a partir de uma data anterior ao nascimento, nada daquilo que um ser humano vivencia é perdido.

Partindo desse ponto de vista, Winnicott pode então postular de maneira mais definitiva um estado de ser contínuo que é um fato no bebê normal, antes do nascimento e logo depois. A continuidade do ser, segundo o autor, significa, antes de tudo, saúde. Para explicitar melhor seu argumento, ele recorre a um exemplo:

> *Se tomarmos como analogia uma bolha, podemos dizer que quando a pressão externa está adaptada à pressão interna, a bolha pode* seguir existindo. *Se estivéssemos falando de um bebê humano, diríamos "sendo". Se, por outro lado, a pressão no exterior da bolha for maior ou menor que aquela em seu interior, a bolha passará a* reagir à intrusão. *Ela se modifica como reação a uma mudança no ambiente, e não a partir de um impulso próprio. Em termos do animal humano, isso significa uma interrupção no ser, substituída pela reação à intrusão. Cessada a intrusão, a reação também desaparece, e pode haver, então, um retorno ao ser. Parece-me que essa é uma descrição capaz não apenas de nos levar até a vida intra-uterina sem um grande esforço de imaginação, mas também de ser levada para a frente, podendo ser aplicada de modo útil como simplificação extrema dos processos muitíssimo mais complexos da vida posterior, em qualquer idade. (Winnicott, 1988/1990, p. 148, grifos do original)*

Caso a adaptação ativa seja quase perfeita, o movimento do próprio indivíduo descobre o ambiente. Em casos menos felizes, o padrão de relacionamento se baseia no movimento do ambiente, o que deve ser entendido como uma intrusão. Por não ter relação alguma com o processo vital do próprio indivíduo, essa intrusão é imprevisível, e exige reação. Se esse mecanismo reativo tiver que ser ativado repetidas vezes, ele pode se transformar num padrão de relacionamento, o que ocasiona um resultado bastante diferente. Enquanto no primeiro caso o acúmulo de experiências parece fazer parte da vida, de uma vida digna de ser vivida e, portanto, real, no segundo, a reação à intrusão reduz o sentimento de um viver verdadeiro, que só pode ser recuperado pelo retorno ao isolamento, na quietude.

Por meio dessa representação esquemática aparentemente simples, Winnicott supõe que é possível mostrar que a influência ambiental pode começar numa etapa muitíssimo precoce, determinando se a pessoa, ao buscar uma confirmação de que a vida vale à pena, irá à procura de experiências no mundo ou se retrairá, fugindo dele. A rigidez ou a falta de adaptação da figura materna (devidas à angústia ou a um estado depressivo) podem, portanto, tornar-se evidentes para o bebê antes mesmo do seu nascimento.

Argumentando a partir desse postulado do ser, da sua continuidade, da interrupção dessa continuidade pelas reações à intrusão e do posterior retorno ao ser, o psicanalista inglês arrisca uma afirmação adicional: a partir de um determinado momento anterior ao nascimento, o bebê passa a se habituar às interrupções da continuidade, tornando-se capaz de admiti-las desde que não sejam excessivamente intensas ou prolongadas. Em termos somáticos, isso significa que o bebê não apenas passou por experiências de mudança de pressão, temperatura e outros fatores ambientais simples, mas também foi capaz de reconhecê-las e começar a organizar um modo de lidar com elas. Desse ponto de vista, o ambiente é tão importante quando há uma simples continuidade do ser quanto no momento em que provoca uma intrusão, e a continuidade é interrompida de forma reativa. Para o bebê, entretanto, não há qualquer motivo para tomar conhecimento de um ambiente bom o suficiente, pois, em tal caso, ele pode simplesmente existir e continuar existindo.

Como mostramos ao longo deste capítulo, no início há o soma. Logo em seguida, na saúde, a psique vai gradualmente ancorando-se a ele. Cedo ou tarde aparece um terceiro fenômeno, chamado intelecto ou mente. Por essa razão, a melhor abordagem para o estudo da mente na natureza humana é aquela que parte da base mais simples oferecida pelo psico-soma, havendo um ambiente suficientemente bom. Esse foi o esquema mínimo formulado pela teoria winnicottiana para situar o corpo como base para a continuidade do ser, no contexto de uma vida digna de ser vivida.

Dada a importância fundamental atribuída por ele ao corpo, diríamos que, para além de qualquer utilização instrumental da corporeidade, Winnicott, na tradição de Espinosa e Nietzsche, talvez tenha sido o psicanalista que mais contribuiu para reverter as pretensões dos desprezadores do corpo no meio psicanalítico. Por essa razão, conclui-se este capítulo lembrando uma breve passagem do Zaratustra de Nietzsche, grande crítico de todo pensamento que despreza a vida: "Quero dizer a minha palavra aos desprezadores do corpo. Não devem, a meu ver, mudar o que aprenderam ou ensinaram, mas, apenas, dizer adeus ao corpo – e destarte, emudecer" (Nietzsche, 1885/1983, p. 51).

Referências

Abram, J. (1997). *The language of Winnicott: a dictionary and guide to understanding his work*. Jason Aronson.

Bollas, C., Davis, M., & Shepherd, R. (1990). Nota dos editores. In D. W. Winnicott, *Natureza humana*. Imago. (Trabalho original publicado em 1988)

Davis, M., & Wallbridge, D. (1982). *Limite e espaço: uma introdução à obra de D. W. Winnicott*. Imago.

Nietzsche, F. (1983). *Assim falava Zaratustra: um livro para todos e para ninguém*. Civilização Brasileira. (Trabalho original publicado em 1885)

Phillips, A. (2006). *Winnicott*. Ideias e Letras.

Safra, G. (2005). *A face estética do self*. Ideias e Letras.

Winnicott, C. (1990). Prefácio. In D. W. Winnicott, *Natureza humana*. Imago. (Trabalho original publicado em 1988)

Winnicott, D. W. (1978a). Desenvolvimento emocional primitivo. In D. W. Winnicott, *Da pediatria à psicanálise*. Francisco Alves. (Trabalho original publicado em 1945)

Winnicott, D. W. (1978b). A mente e sua relação com o psique-soma. In D. W. Winnicott, *Da pediatria à psicanálise*. Francisco Alves. (Trabalho original publicado em 1949)

Winnicott, D. W. (1978c). Preocupação materna primária. In D. W. Winnicott, *Da pediatria à psicanálise*. Francisco Alves. (Trabalho original publicado em 1956)

Winnicott, D. W. (1983a). Distorção do ego em termos de verdadeiro e falso *self*. In D. W. Winnicott, *O ambiente e os processos de maturação*. Artmed. (Trabalho original publicado em 1960)

Winnicott, D. W. (1983b). Teoria do relacionamento paterno-infantil. In D. W. Winnicott, *O ambiente e os processos de maturação*. Artmed. (Trabalho original publicado em 1960)

Winnicott, D. W. (1983c). A integração do ego no desenvolvimento da criança. In D. W. Winnicott, *O ambiente e os processos de maturação*. Artmed. (Trabalho original publicado em 1962)

Winnicott, D. W. (1983d). Provisão para a criança na saúde e na crise. In D. W. Winnicott, *O ambiente e os processos de maturação*. Artmed. (Trabalho original publicado em 1962)

Winnicott, D. W. (1983e). Os doentes mentais na prática clínica. In D. W. Winnicott, *O ambiente e os processos de maturação*. Artmed. (Trabalho original publicado em 1963)

Winnicott, D. W. (1990). *Natureza humana*. Imago. (Trabalho original publicado em 1988)

Winnicott, D. W. (1994a). Transtorno psicossomático. In D. W. Winnicott, *Explorações psicanalíticas*. Artmed. (Trabalho original publicado em 1966)

Winnicott, D. W. (1994b). Sobre as bases para o *self* no corpo. In D. W. Winnicott, *Explorações psicanalíticas*. Artmed. (Trabalho original publicado em 1970)

Winnicott, D. W. (2001a). O primeiro ano de vida. In D. W. Winnicott, *A família e o desenvolvimento individual*. Martins Fontes. (Trabalho original publicado em 1958)

Winnicott, D. W. (2001b). O relacionamento inicial entre uma mãe e seu bebê. In D. W. Winnicott, *A família e o desenvolvimento individual*. Martins Fontes. (Trabalho original publicado em 1964)

Winnicott, D. W. (2005a). Psiquiatria infantil: o corpo enquanto afetado por fatores psicológicos. In D. W. Winnicott, *Pensando sobre crianças*. Artmed. (Trabalho original publicado em 1931)

Winnicott, D. W. (2005b). Introdução primária à realidade externa: os estágios iniciais. In D. W. Winnicott, *Pensando sobre crianças*. Artmed. (Trabalho original publicado em 1948)

10. Algumas considerações nietzschianas sobre corpo e saúde[1]

O corpo e a saúde sempre foram temas instigantes para todos aqueles que se interessaram em compreender o homem e sua posição no mundo. Desde os anos 1960, pelo menos, tornou-se comum falar da importância e do valor que adquiriu na nossa sociedade o culto ao corpo, associado a uma noção de saúde prescritiva bastante questionável. E isso a tal ponto que alguns chegam mesmo a dizer que estaríamos vivendo em uma cultura somática. No entanto, algumas questões fundamentais se colocam caso queiramos compreender como teríamos chegado a esse estado de coisas: será que são esses os corpos e essa a saúde que realmente importam se queremos construir um mundo mais afirmativo no que se refere à diferença e à singularidade? E, afinal, quais seriam os modelos de corpo e saúde que teriam se tornado dominantes até os dias atuais?

Do nosso ponto de vista, trata-se, no caso, de duas concepções fundadas prioritariamente em uma perspectiva normativa sobre os corpos e as saúdes possíveis, a qual se constituiu na esteira de uma determinada tradição que precisaria ser questionada de forma bastante incisiva. É nesse sentido que a obra de Nietzsche pode nos servir

---

1 Originalmente publicado em *Revista Interface (Botucatu)*, 14, 2010.

como um instrumento fundamental de luta contra esse modelo homogeneizante e serializado, posto que ele certamente foi o pensador que mais se dedicou a combater os valores tradicionais que se encontram na base da atual valoração de um determinado tipo de corpo e do conceito vigente de saúde.

No decorrer deste capítulo, portanto, pretendemos buscar na sua obra alguns indícios que nos permitem formular uma visão crítica dessas noções de corpo e saúde, procurando mostrar como o pensamento nietzschiano pode contribuir para o estabelecimento de uma nova perspectiva, que não apenas coloca em questão o ponto de vista da tradição, mas também nos abre novas alternativas para pensar o corpo e a saúde no que esses fenômenos contribuem para uma outra visão, mais afirmativa, sobre o homem e o mundo. No intuito de alcançarmos esse objetivo, partimos da crítica formulada por Nietzsche à metafísica e ao platonismo para, em seguida, discutirmos o seu entendimento a propósito das relações entre corpo e consciência. A partir daí, tendo como referência o conceito de vontade de potência, procuramos entender como o corpo poderia ser concebido como uma metáfora à qual Nietzsche recorre em sua interpretação crítica da subjetividade e da cultura.

Para Nietzsche (1886/1971), quando se considera a história da filosofia de um ponto de vista suficientemente crítico, pode-se constatar que "o pior, o mais inveterado, o mais perigoso de todos os erros foi um erro de dogmáticos: a invenção platônica do espírito puro e do Bem em si" (p. 18). Se é desse pesadelo dogmático que o pensamento crítico pode nos despertar, nossa tarefa, consiste em permanecer despertos e, justamente por isso, colocar a verdade mais uma vez sobre os próprios pés, pois o sortilégio de Platão consistiu em colocá-la de cabeça para baixo.

Embalada pela crença na invenção platônica do espírito puro e do Bem em si, a herança filosófica de Platão reputou o subjetivo-perspectivístico como o contrário da verdade, isto é, como erro, engano, ilusão. Segundo Giacoia Junior (2003), "Se essa invenção em si é uma ousada inversão de valores, e uma vez que conseguimos despertar do pesadelo platônico, então nossa tarefa mais autêntica e radical consiste em subverter a inversão platônica" (p. 24). E esse é também um dos principais sentidos do programa filosófico nietzschiano da transvaloração de todos os valores.

Com o platonismo, temos uma concepção de filosofia como exercício ascético, vale dizer, em termos extremos, como preparação para a morte, pela qual a alma se redimiria da prisão do corpo e retornaria à divindade de sua origem. Nietzsche identifica esse traço ascético com uma espécie de pecado original da metafísica, a partir do qual a filosofia se institui como negação e desvalorização do sensível, do corpo, da materialidade, do movimento, do transitório, do devir e da multiplicidade. No projeto metafísico, o que em nós é corpo é precisamente aquilo que deve ser afastado para que possamos ter acesso ao reino puro das essências.

Se a tradição platônico-cristã se erigiu sobre a base da crença no primado da alma – e se essa tradição ruiu –, então por que não tomar como fio condutor o complexo campo de fenômenos constituído pelo corpo? "O corpo pode servir de paradigma para a constituição de uma hipótese sobre a subjetividade, muito mais rica e plausível do que aquela formulada pela metafísica e pelo platonismo" (Giacoia Junior, 2001, p. 59).

A consciência e o corpo

De acordo com Gilles Deleuze (1976), Nietzsche sabe que chegou a hora de chamar a consciência à modéstia necessária e tomá-la pelo que ela é: um sintoma de uma transformação mais profunda e da atividade de forças de uma ordem que não é espiritual. Em toda a evolução do espírito, talvez não se trate de outra coisa que não corpo: é a história se tornando sensível a que um corpo superior esteja sendo formado.

Centenas de milhares de experiências são feitas para modificar a alimentação, a forma de morar e de viver no corpo: nele, dizia o filósofo alemão, a consciência e as apreciações de valores, todos os tipos de prazer e desprazer são indícios dessas modificações e dessas experiências.

Para Nietzsche, o que define um corpo são as relações entre forças dominantes e forças dominadas. Toda relação de forças constitui um corpo: químico, biológico, social, político. Duas forças quaisquer, sendo desiguais, constituem um corpo desde que entrem em relação; por isso, no sentido nietzschiano, o corpo é sempre fruto do acaso e surge como aquilo que é mais surpreendente, muito mais surpreendente, na verdade, do que o espírito ou a consciência. Em seus fragmentos póstumos (Nietzsche, 1885-1887/1979), o autor afirma que o corpo humano é um pensamento mais surpreendente do que a alma, e que não nos cansamos de nos maravilhar com a ideia de que o corpo humano tornou-se possível.

Do ponto de vista deleuziano,

> *o corpo é um fenômeno múltiplo e composto por uma pluralidade de forças irredutíveis; sua unidade é a de um fenômeno múltiplo, unidade de dominação, em termos nietzschianos. Em um corpo, são consideradas ativas as forças dominantes ou superiores, e reativas aquelas inferiores ou dominadas. (Deleuze, 1976, p. 33)*

Segundo Pierre Klossowsky (2000), o corpo quer se fazer compreender por meio de uma linguagem de signos, falaciosamente decifrados pela consciência: esta constitui esse código de signos que inverte, falsifica e filtra aquilo que se expressa por meio do corpo. Nesses termos, a própria consciência é apenas o código cifrado das mensagens transmitidas pelos impulsos: a decifração é em si a inversão da mensagem que o indivíduo se atribui.

Nesse sentido, Nietzsche não defende uma "higiene" do corpo estabelecida pela razão, mas os estados corporais como dados autênticos que a consciência não pode deixar de escamotear por ser um deles. Para Klossowsky,

> *tal concepção vai muito além de um ponto de vista meramente fisiológico a propósito da vida. Resultado do acaso, o corpo é apenas o lugar do encontro de um conjunto de impulsos individualizados para esse intervalo formado pela vida humana, os quais aspiram a perder a individualidade. (pp. 46-47)*

Remetendo o consciente, o espírito, como signo, à profundidade do fundamento, Nietzsche quer dizer mais uma vez que tudo o que está em evidência é apenas signo: a profundidade do mundo é que tudo é signo – o corpo sendo *a* instância principal onde o caos do mundo é inicialmente reduzido por cada pulsão para ser novamente pluralizado. O corpo, como unidade-pluralidade, é o lugar da interpretação que constitui o caos do mundo em unidades plurais, em signos.

A consciência confunde a unificação-simplificação do signo consciente com a unificação do caos pelo corpo, promovendo um curto-circuito no corpo como jogo de unidade-pluralização das pulsões. Nesse sentido, superestimar o consciente seria considerar o signo como uma coisa em si. Considerando essa questão, Nietzsche recoloca a consciência diante da pluralidade invisível do corpo à qual está submetida: "a consciência é um órgão como o estômago" (1884-1885/1982b, p. 251). "O intelecto é apenas o instrumento cego de uma outra pulsão" (1881/1980, p. 89).

Como dizia Zaratustra, criticando aqueles que desprezam o corpo, "essa pequena razão que tu chamas de 'espírito', meu irmão, é apenas um instrumento de teu corpo, um instrumento bem pequenino, um joguete da tua grande razão" (Nietzsche, 1883/1969, p. 51). A consciência, como joguete, é um objeto polissêmico. Inversamente, desprezar o corpo é rebaixar o mundo, fazer dele uma série de objetos, em vez de um campo de interpretações.

Assim, a consciência é apenas o lugar no qual o plural se diz como particularidade, uma espécie de reflexo em espelho ou linguagem cifrada que designa algo de fundamentalmente outro. Em vez de entendermos o estado consciente como um instrumento, um mero detalhe da vida como um todo, nós o tomamos como critério ou como estado de valor supremo diante da vida: resumindo, trata-se de uma perspectiva errônea que toma a parte pelo todo. Em última instância, a consciência não passa de abreviação de uma pluralidade: a do corpo como texto.

Nessas condições, perguntar-se sobre o que é o corpo é também perguntar-se sobre o que é a interpretação. E a descrição do corpo interpretante se apoia sobre metáforas que se interpenetram: metáfora gastroenterológica, metáfora política, metáfora filológica. Em um de seus fragmentos póstumos, Nietzsche (1885-1887/1979, p. 197) nos mostra que, visivelmente, o intelecto não passa de um instrumento nas mãos dos afetos, os quais constituem uma pluralidade. Guiados pelo fio condutor do corpo, aprendemos que nossa vida só é possível graças ao jogo de inúmeras inteligências de valor bastante desigual, isto é, graças a uma perpétua troca de obediência e comando sob as formas mais diversas.

O fenômeno do "corpo", do ponto de vista intelectual, seria "tão superior à nossa consciência, ao nosso espírito, às nossas maneiras conscientes de pensar, de sentir e de querer, quanto a álgebra é superior à tábua de multiplicação" (Nietzsche, 1885-1887/1979, p. 198). Para dar conta dessa relação não aritmética, Nietzsche se serve dos esquemas metafóricos, constituindo uma rede de metáforas. Tais metáforas são úteis para pensar a unidade do plural e a pluralidade singular do corpo interpretante.

O corpo e a interpretação

De acordo com Éric Blondel, Nietzsche teria retirado todos os recursos da linguagem para dizer o que ela recobre: o corpo, a realidade. Segundo o comentador francês,

> *para dizer algo sobre o corpo, Nietzsche vai relativizar a linguagem e a filologia. Mas, em vez de deslocar o acento para a fisiologia, como se poderia esperar, ele procura representar o mundo das pulsões e instintos criando uma nova linguagem. (Blondel, 1986, p. 279)*

A genealogia, buscando pensar filosoficamente a cultura, relaciona os ideais com o corpo como sua origem escondida. Nietzsche se propõe então a enunciar o que se deve entender por corpo e esclarecer a noção de origem.

Recorrendo ao corpo, o filósofo procura recusar tanto o idealismo espiritualista quanto o mecanicismo ou biologismo. No primeiro, o corpo é subutilizado, e no segundo ele, é conceituado de forma puramente objetivista. A isso o autor opõe, por um lado, a primazia do corpo e, por outro, uma concepção não empirista. Não é possível remeter os ideais ao corpo simplesmente reabsorvendo os primeiros no segundo, tampouco recair no dualismo.

O monismo nietzschiano repousa, portanto, sobre a união-separação do ideal e do corpo: tal união-separação será explicitada segundo o eixo da interpretação. As imagens utilizadas por Nietzsche no âmbito da fisiologia não são exatamente imagens sensíveis: elas levam, ao contrário, à noção filológica de interpretação. Mas será que essa contestação do dualismo mente-corpo trata-se apenas de reduzir o homem e a cultura ao corpo, o espírito e a consciência ao organismo?

O parágrafo 14 de *O Anticristo* (Nietzsche, 1895/1974b) indica uma possível solução, iniciando-se por uma recusa do espírito: "nos tornamos em todos os pontos mais modestos. Não buscamos mais a origem do homem no 'espírito', na 'natureza divina', nós os substituímos pelo nível dos animais" (pp. 24-25). Como animal, o homem é corpo, e ainda que não haja simetria fisiológica, o homem não é o animal mais perfeito. Nesses termos, Nietzsche opõe sua concepção tanto à visão antropológica do Gênesis quanto aos subentendidos ideológicos finalistas da teoria evolucionista de Darwin. Para ele, a animalidade do homem, como segurança proporcionada pelo instinto, é diminuída pela precariedade do pensamento consciente.

Essa dimensão precária não serve apenas para contestar uma visão orgulhosa do homem ou ainda um antropocentrismo: com relação ao monismo da redução à animalidade, ela introduz no homem uma distância da qual testemunha esses fenômenos que costumamos chamar – erradamente, segundo Nietzsche – de "espírito", "consciência", "vontade livre", e que são simplesmente "sintomas de uma certa imperfeição do organismo" (p. 25). Além disso, o autor descreve esses fenômenos como uma multiplicidade: espírito e corpo são apenas um, mas essa unidade é plural. "[A 'vontade' é] uma resultante, uma espécie de reação individual, que dá necessariamente lugar a uma multidão de solicitações em parte contraditórias, em parte concordantes" (p. 25).

Mas então, se a consciência ou o espírito são modos do corpo, em que sentido se poderia dizer que o homem é "inteiramente corpo e nada além disso" (Nietzsche, 1883/1969, p. 51)? Com a noção de interpretação, parece que se reintroduz sub-repticiamente a consciência no corpo. Para que serve a referência ao corpo, se assim ele é quase espiritualizado? Afinal, o que é o corpo como interpretação fundamental?

De acordo com Blondel (1986),

> *o corpo são os instintos ou pulsões que, interpretando a realidade, a constituem. O curto-circuito real-espírito é substituído pelo desvio através do corpo que se interpõe entre o mundo e o espírito consciente. A partir daí surgem dois corolários: a constituição categorial é substituída pela interpretação corporal-pulsional; e o espírito-intelecto consciente se torna instrumento de um corpo interpretante inconsciente. (pp. 282-283)*

Portanto, não parece haver apenas uma simples reversão do dualismo anterior, o que há é uma interposição ou desvio, em conjunto com uma mudança de ordem.

O mundo como natureza bruta é caos; "o belo caos da existência" (Nietzsche, 1882/1982a, p. 189). Antes do corpo, não há ordem, relação ou texto; o mundo é o auge da multiplicidade. Ele só é texto para ou pelas pulsões que reduzem essa multiplicidade absoluta. Mas essa redução não é como aquela promovida pelo intelecto, a qual introduz uma unidade: se o corpo interpreta, ele o faz em termos de afetos, e, se os afetos interpretam, eles só instituem uma certa simplicidade para pluralizá-la.

Os afetos constituem pontos de vista instáveis de um jogo no qual eles só existem no plural. O desvio nietzschiano pelo corpo é um desvio pelo plural das pulsões. Dado que os afetos interpretam, poderíamos dizer que não existem propriamente fatos, mas apenas interpretações. Nietzsche opõe o intelecto às pulsões como o simples à pluralidade.

Nessas condições, o corpo parece ser um elo intermediário entre o plural absoluto do caos do mundo e a simplificação absoluta do intelecto. Se a cultura e a humanidade começam com ele como interpretação, é precisamente no que ele é um lugar de articulação e não propriamente fundamento, no que ele é um modelo dessa unidade-pluralidade ou um esquema da vontade de potência. Se o corpo é primeiro, ele o é como modelo de algo que é misto. Se a multiplicidade é primeira, o corpo, como jogo de afetos, será primeiro (como multiplicidade) em relação ao intelecto concebido como unificador-simplificador, enquanto será segundo em relação ao caos do mundo. Portanto, poderíamos dizer que Nietzsche não pretende reduzir o intelecto ao corpo, mas, apresentando o corpo como "pluralidade de intelectos", evidenciar o caráter radical dessa pluralidade.

A realidade do corpo é mais movimento e relação de forças do que substância ou coisa: isso é o que indicará a ideia da vontade de potência como determinação ontológica. A distância entre corpo--pensamento e pensamento consciente é mais uma distância entre múltiplo e simples do que entre consciente e inconsciente. Na verdade, o corpo é para Nietzsche (1887/2000) "um mundo subterrâneo de órgãos ao nosso serviço" (p. 120).

Esse mundo subterrâneo das pulsões inconscientes é menos uma causa ou uma natureza do que um invisível, reconhecido enquanto tal porque indecifrável por um pensamento da interpretação muito menos preocupado com o fundamento verdadeiro do que com a leitura, buscando um equilíbrio entre o fixo e o instável. Segundo Blondel (1986), Nietzsche não tem apenas a intenção de

> *retomar a imagem da caverna platônica para mostrar que a relação ontológica de eminência, bem como a relação epistemológica de causalidade devem ser invertidas. O corpo subterrâneo não vem substituir o sol como causa e realidade verdadeira das aparências (sombras), como se, para Nietzsche, a sombra devesse ser, ao contrário de Platão, a razão última da luz enganadora (do consciente). (p. 286)*

Com frequência, ele define essa obscuridade do corpo muito mais como um enigma filológico do plural do que como fundamento escondido, como oposição do visível (legível) simples à obscuridade do múltiplo. Na verdade, o filósofo chega mesmo a condenar explicitamente a ideia de que os afetos possam ser tomados como um fundamento ou causa. Em *Aurora*, ele considera que "por mais longe que alguém possa levar o conhecimento de si, nada, no entanto, pode ser mais incompleto do que a imagem do conjunto de pulsões que constituem o seu ser" (Nietzsche, 1881/1980, p. 99).

Se o conhecimento pretendido pelo espírito é impossível, resta-lhe esquematizar, impondo ao caos alguma regularidade e algumas formas para satisfazer nossas necessidades práticas. É por isso que, como vimos antes, do ponto de vista nietzschiano, o intelecto não seria senão um instrumento nas mãos dos afetos; e esses são uma pluralidade por trás da qual não há qualquer necessidade de postular uma unidade (Nietzsche, 1885-1887/1979). O intelecto deve se contentar em simplificar e igualar.

Processo multiforme, o corpo é, portanto, obscuro para o espírito consciente, o qual não domina sua contínua pluralidade. Essa é a razão pela qual Nietzsche compara o conjunto do corpo não consciente aos processos interiores do trato digestivo. Se ele é obscuro, não o é como um embasamento oculto à luz e à visão, mas no sentido de que sua pluralidade é inapreensível.

A metáfora "gastroenterológica" do filósofo médico

O pensamento de Nietzsche parece proceder por transferências. O movimento de algumas de suas metáforas ilustra por sua forma aquilo que seu conteúdo imaginário se propõe a explicitar, qual seja, a relação unidade-pluralidade. Algumas metáforas a propósito do corpo tendem a desembocar sobre um corpo como metáfora, unidade-pluralidade interpretativa, de modo que o corpo, utilizado metaforicamente para pensar a interpretação, parece que acaba por ser ele próprio interpretado como interpretação.

A metáfora gástrica, por exemplo, repousa sobre a ideia de assimilação, de dependência funcional. O estômago reduz o múltiplo ao singular, assimilando-o. Mas essa assimilação supõe uma relação de forças que se opõem, resistem ou cedem, numa luta que desemboca sobre um estado de potência de vontades. Nessas condições, a metáfora gástrica poderia ser transportada para o âmbito de uma metáfora política: o corpo seria uma coletividade mais ou menos regrada, na qual uma determinada instância reina ou toma o poder, e, portanto, exclui, descarta ou escolhe, simplifica, iguala ou traduz, isto é, interpreta.

Em termos mais precisos, a filosofia nietzschiana não parece se propor a descrever fisiologicamente o corpo: o espírito é reduzido a um aspecto indevidamente privilegiado do organismo, enquanto, inversamente, o organismo se vê atribuir um funcionamento espiritual que se estende à totalidade. Há então um espírito no sentido amplo, qual seja, o corpo. Para descrever esse corpo-espírito, o autor recorre a imagens da fisiologia gastroenterológica, sem valor fisiológico descritivo, mas que, por uma espécie de circuito fechado, serve de metáfora à interpretação.

Se, ontologicamente, Nietzsche mantém o corpo como realidade primeira, por outro lado, do ponto de vista epistemológico, dada a sua recusa do "em si", o corpo parece funcionar antes de tudo como uma metáfora da interpretação, ou seja, um modo humano de interpretar. Nesse contexto, segundo Blondel (1986), "seus textos aparentemente biologizantes, longe de reduzirem o ideal ao corpo, são apenas tentativas de remeter a cultura (concebida como um corpo) à interpretação fundamental, o corpo fisiológico sendo um caso particular da interpretação dentre outros" (pp. 297-298).

Considerando-se essa hipótese do comentador, a cultura entendida como um corpo e o corpo como sistema interpretativo seriam fenômenos da interpretação, ou do ser como interpretação, isto é, modos do interpretar. Do ponto de vista nietzschiano, a interpretação é um princípio quase ontológico do qual a vida, o corpo, a nutrição, a reprodução são "fenômenos derivados", casos particulares ou simples consequências da apropriação insaciável da vontade de potência (Nietzsche, 1887-1888/1976). Em última instância, a vontade de potência poderia ser tomada como uma interpretação à qual tudo é remetido.

No âmbito da metáfora gastroenterológica, o sistema digestivo como metáfora da interpretação procede, antes de tudo, assimilando: ele absorve aquilo que é estranho e se esforça para reduzi-lo à sua singularidade, à sua identidade múltipla, diversa e plural. No caso da nutrição saudável, trata-se de vencer um ser que resiste e de se apropriar dele, incorporando-o. Trabalho secreto, subterrâneo, obscuro e também repugnante. Entretanto, considera Nietzsche, ver as entranhas seria ver uma realidade verdadeira, realidade interior ao mesmo tempo ameaçadora e repugnante, misto de pudor e horror: como se a pluralidade caótica real inspirasse medo, tanto à consciência quanto à moral.

É para opor uma verdade abominável ao charme superficial do ideal que Nietzsche, como filósofo médico, fala das entranhas. Elas constituem a realidade de um corpo que incorpora e assimila a pluralidade e têm como objetivo reduzir o excesso. O estômago deve, como a cultura e a interpretação, recusar coisas, dado o risco de disfunções. Como fica claro a partir de uma passagem de *A genealogia da moral* (Nietzsche, 1887/2000), a capacidade de absorção pode ser um critério de força: o homem forte, possuidor de uma boa saúde instintiva, digere seus atos exatamente como digere suas refeições, mesmo quando se trata de alimentos mais pesados.

Os problemas de absorção-assimilação podem assumir diversas formas, as quais o autor evoca com riqueza de detalhes em *Para além do bem e do mal*: o espírito quer "remeter a multiplicidade à simplicidade", a partir de "uma tendência pronunciada a assimilar o novo ao antigo, a simplificar o complexo, a ignorar ou descartar o que é absolutamente contraditório"; ele "procura incorporar em si novas experiências", segundo "o grau de sua força de assimilação, de sua 'capacidade digestiva'" (Nietzsche, 1886/1971, pp. 148-149).

Aplicando esse esquema à cultura e à interpretação, Nietzsche atribui a ele a finalidade de pôr fim a alguma coisa: absorver para aumentar a si próprio sem nada perder, mas sem se perder. O autor denuncia o excesso "alimentar" e a "voracidade", aos quais ele opõe a escolha e a lentidão das operações fisiológicas, as quais, no campo isomorfo da filologia da interpretação, dizem respeito ao discernimento, à sutileza e ao ritmo lento. Nota-se, portanto, que a finalidade não é o dispêndio, mas uma certa forma de economia. Nesse sentido, estar doente não é somente digerir mal, mas engolir tudo e eliminar mal: a cultura mórbida, dispéptica, é aquela que interpreta mal, assim como uma interpretação fraca engole e deixa passar tudo de um texto sem ruminá-lo.

Se os problemas digestivos podem provir dos excessos, eles muitas vezes se devem à "preguiça das entranhas" (Nietzsche, 1908/1974c, p. 115), resultado de uma má dietética. O conselho da ruminação visa remediar essa falha, mas a melhor maneira de prevenir esses aborrecimentos é preparar o corpo para movimentos que encorajem a atividade intestinal, esse fora do espírito-estômago. Donde vem a importância do tema da caminhada: ela ajuda a digerir e simboliza a exterioridade e a oposição a uma cultura livresca. Nesses termos, "adotar livremente um movimento"; "conhecer o tamanho do seu estômago"; considerar que "uma refeição copiosa é mais fácil de digerir do que uma refeição leve demais": eis alguns preceitos do que Nietzsche chama de *sua moral*.

A saúde e a grande saúde

Considerando-se os aspectos discutidos até aqui – e indo um pouco além da metáfora gastroenterológica, bem como das outras dimensões metafóricas da corporeidade já mencionadas –, também se torna possível revelar por trás de uma dada cultura um certo estado do corpo, traduzindo a qualidade do trabalho cumprido pelos instintos e pelos afetos. A elaboração da noção de saúde, que se substitui ao critério de verdade, representa a articulação capital da teoria da interpretação, pois, na falta de tal critério, a genealogia desapareceria no relativismo, e a tarefa do filósofo médico se reduziria a constatar os laços filológicos necessários entre corpo e componentes culturais.

Colocar a saúde como critério não implica simplesmente substituir uma norma por outra, mas comporta um deslocamento radical do questionamento filosófico: pois, contrariamente à verdade, ela não é pensada por Nietzsche como um conceito unívoco e normativo; ela escapa ao dualismo metafísico e encontra, para além disso, sua legitimidade numa certa relação com a experiência.

O idealismo é recusado num primeiro nível pelo fato de que o critério elaborado pelo autor confirma o primado do corpo como fonte de qualquer interpretação. Não há saúde "normal", e se a saúde não é a normalidade, é porque, a princípio, ela é fundamentalmente múltipla. Como fica claro em uma passagem de *A gaia ciência*, "não há saúde em si . . . existem inumeráveis saúdes do corpo . . . [Portanto,] nossos médicos deverão abandonar a noção de uma saúde normal" (Nietzsche, 1882/1982a, p. 146).

A saúde ou, para retomar o termo de Nietzsche, o "sucesso fisiológico", é definido de maneira completamente diferente daquela proveniente de uma ordem estatística. Muito longe de ser a norma, o sucesso constitui uma exceção: "encontramos na espécie humana, como em todas as outras espécies animais, um excedente de indivíduos fracassados, doentes, degenerados, enfermos, seres voltados ao sofrimento; também entre os homens os sucessos constituem sempre a exceção" (Nietzsche, 1886/1971, p. 77).

Pode-se notar que a saúde não representa em nenhum caso uma versão nova da verdade ou do absoluto: o critério proposto por Nietzsche se conjuga com as linhas fundamentais de sua experiência de pensamento confirmando a recusa do "em si". Ainda mais importante é o fato de que a recusa do idealismo é radicalizada pela rejeição de qualquer forma de dualismo metafísico: se a saúde não pode ser compreendida como uma norma, a doença também não pode ser pensada como anormalidade ou negação absoluta da saúde. Nesse caso, afirma Patrick Wotling (1995),

> *a consequência é a solidariedade fundamental entre saúde e doença, a hipótese da vontade de potência implicando a homogeneidade integral da realidade e, portanto, a rejeição de qualquer diferença de natureza entre esses dois termos. O trabalho do filósofo médico exige então uma profunda atenção às variações de grau, de dosagem relativa, que distinguem diferentes processos corporais. (pp. 122-123)*

Se as diferenças são apenas de grau, não encontraremos em Nietzsche qualquer nostalgia de uma saúde como pureza original, aspiração típica do niilismo e da fraqueza. A ideia de um organismo rigorosamente puro em relação a todo fenômeno patológico repousa apenas na crença em uma diferença de natureza entre saúde e doença, forma derivada do preconceito fundamental dos metafísicos, o dualismo.

Nietzsche justifica enfim o estatuto de critério que ele atribui à saúde por seu enraizamento na experiência, ponto sobre o qual esse novo critério, anti-idealista, se opõe à noção de verdade, que pretende mascarar sua origem corporal. A validade do experimento nietzschiano se atém com efeito à dupla experiência que ele reivindica, a da saúde, mas também a da doença: dupla natureza do corpo que está na origem da interpretação das interpretações que, como vimos, representa o texto de Nietzsche.

Toda a eficácia de sua teoria do valor dos valores se atém ao fato de que a saúde representa um critério estritamente interno. Se ele pode fazer com que a hostilidade à vida ou, ao contrário, o "sim" a ela representem critérios de avaliação, sem menção explícita ao critério da saúde, é porque o conceito de saúde não tem outra significação a não ser traduzir o acordo entre uma interpretação particular e as exigências fundamentais da vida, e porque, por outro lado, a vida é pensada como vontade de potência. O exame clínico dos valores e das culturas que deles resultam, tal como realizado pelo filósofo médico, consiste antes de tudo em determinar o estado do corpo que os coloca como suas condições de existência e em se interrogar sobre o acordo ou desacordo entre essas condições e as exigências da vontade de potência.

> *A saúde, enquanto acordo com as exigências da vontade de potência, não pode, portanto, designar outra coisa que não a aptidão do corpo para enfrentar a luta pelo domínio da realidade . . . longe de ser uma norma imposta do exterior sobre o corpo, a saúde traduz a capacidade que ele tem de interpretar eficazmente a realidade, ou seja, a capacidade que tem a vontade de potência de assimilar o real, chegando assim à intensificação do sentimento de potência. (Wotling, 1995, pp. 125-126)*

Nesses termos, a saúde não é um estado neutro: ela designa, ao contrário, a capacidade do corpo de superar a doença.

Como vimos, saúde e doença não são valores contraditórios, mas processos solidários. Contrariamente à verdade, a saúde não é uma interpretação particular, mas o dinamismo próprio à vontade de potência. É por isso que Nietzsche prefere ao termo doença designações mais apropriadas para exprimir essa dinâmica, como os conceitos de decadência ou de declínio. Em suas *Considerações intempestivas*, ele afirma que "as doenças já são, em geral, sequelas da decadência e não suas causas" (Nietzsche, 1889/1974a, p. 77). Verdadeira perversão no funcionamento dos instintos, a decadência é o processo que tende a buscar aquilo que agrava as disfunções do corpo.

Ao descrevê-la em termos de fisiologia, pela imagem da doença, Nietzsche define paradoxalmente os sintomas dessa doença por meio de determinações psicológicas, em particular pela presença de juízos negativistas. "Sob o nome de doença devemos entender: uma aproximação prematura da velhice, da torpeza e dos juízos pessimistas: todas essas coisas caminham juntas" (Nietzsche, 1881/1980, p. 224). De maneira simétrica, ele caracteriza a saúde e o estado do corpo conforme as exigências da vida por suas determinações psicológicas opostas: na perspectiva da psicologia da vontade de potência, a alegria, que seria preciso aproximar do sentimento de prazer, é a tradução da expansão do sentimento de potência e, portanto, da saúde.

Como não há saúde em si, o que existem são as inumeráveis saúdes dos diferentes corpos em suas singularidades. Para que isso tenha sentido, faz-se necessário abandonar o conceito de saúde normal e, mais do que isso, a ideia de regime ou curso normal da doença. Se a saúde não é o contrário da doença, dada a rejeição nietzschiana do dualismo, ela deve ser redefinida como processo dinâmico de ultrapassagem, e não entendida como um estado. Para Ariane Bilheran (2005),

> *a experiência da doença é indispensável e, de qualquer modo, inevitável. Qualquer projeto de erradicação da doença seria desprovido de sentido; tudo se atém ao comportamento face à doença, ao tratamento que um determinado tipo de sistema pulsional em seu conjunto dará a ela. (p. 43)*

Para além dessa relação de composição com a doença, é impossível normatizar a saúde, inscrevendo-a em uma definição essencialista; só existem saúdes individuais (e plurais, no próprio seio da evolução de cada um), elaboradas no terreno de doenças individuais, das quais só se avalia a gravidade com relação aos afetos sadios ou mórbidos (que louvam a vida ou, ao contrário, depreciam-na). A verdadeira saúde se define e se honra enquanto tal em seu combate com a doença, um combate de conquistas e sacrifícios. "*A grande saúde* – uma saúde que não nos contentamos em ter, mas que ainda conquistamos e devemos conquistar continuamente, porque a sacrificamos e devemos sacrificá-la incessantemente!" (Nietzsche, 1882/1982a, p. 292, grifos do original).

A saúde não consiste, em última instância, no combate interior contra um elemento mórbido, eliminando uma parte vital de si que residiria no adversário interno, mas em fundar uma coexistência pacífica entre afetos, em uma esfera transfigurada. A saúde é dionisíaca: não se trata de matar as zonas de sombra, mas de incluí-las em um movimento de alegria que as supera, assim como Dionísio é o paradigma de um trágico superado na alegria, mas não eliminado. Essa grande saúde engloba todos os niilismos para transfigurá-los.

A saúde que se desvela no afrontamento com, e depois na vitória sobre, a doença é aquilo que Nietzsche chama de "grande saúde", ou melhor, a verdadeira saúde. Reforçar a si próprio é a essência da saúde; destruir-se é a essência da doença. Essa saúde se define pelo movimento; como a vida, ela é sempre movimento.

A grande saúde é um paradigma do pensamento nietzschiano, no que a sua estrutura permite pensar a da vontade de potência. Essa vontade

> *é a consequência e a realização da lógica originariamente médica do dinamismo ao nível da natureza. A saúde dinâmica define um movimento da vida que suscita doenças que não apenas não a prejudicam de maneira*

> *duradoura – pois a vida pode e deve superar aquilo que se opõe a ela –, mas também aparecem como necessárias a esse dinamismo. (Bilheran, 2005, p. 52)*

A vida não é apenas vontade de viver e se conservar: viver significa querer a potência. A vontade de potência é exigência de sempre se superar, como a saúde é exigência de se colocar em causa, expondo-se à doença, a fim de se fortificar por meio de uma contínua vitória sobre ela. Do mesmo modo, o declínio é para a vontade de potência o que a doença temporária (a doença como meio) é para a saúde dinâmica.

Se a saúde se define essencialmente pela faculdade de superar a doença e, em particular, a doença grave no caso da "grande saúde", estar bem de saúde consiste em acolher a doença – e não a rejeitar ou negar – para melhor afrontá-la em seguida. Como a vida não escapa ao patológico, não existe outra saúde que não a temporária e conquistada sobre a doença. A saúde se define em suma pela cura da doença, a saber, uma saúde que inclui em si a doença, superando-a.

Ela é um dinamismo mais que um estado, um movimento de autointensificação, contrariamente à concepção médica comum segundo a qual ou estamos saudáveis, ou estamos doentes. Além disso, as noções de saúde e doença, tal como ocorre com o corpo, não são estritamente assimiladas a fatos orgânicos, mas designam acontecimentos notáveis para aquele que quiser saber um pouco mais sobre o estado de seu próprio pensamento e geralmente sobre a gênese de qualquer pensamento.

A grande saúde envolve forças concentradas ao extremo, e contraditórias em último grau. Elas são contidas por uma firme vontade de impor lei e conhecimento. O sintoma dessa grande saúde é a capacidade de se servir da doença, a aptidão para fazer dela uma admirável arma para o conhecimento. Trata-se de saber curar acima de todos os males que se inflija, como indica o prefácio de 1886 de *Humano, demasiado humano*:

> *esta saúde transbordante que se regozija de recorrer à própria doença, meio e armadilha do conhecimento . . . esta superabundância que é justamente o índice da grande saúde e que ao espírito livre dá o privilégio arriscado de viver à prova e de se oferecer à aventura. (Nietzsche, 1878/1968, p. 11)*

A grande saúde, portanto, não é nada além de ter suficiente abundância em si para se permitir cair doente a fim de reunir em si todos os tipos de conhecimentos. A busca genealógica calcula os valores por meio da doença. Mas, seria ela possível se, no fundo, aquele que busca não percebesse nele uma força soberana o suficiente para tudo suportar, tolerar, em nome de sua paixão por conhecer?

De acordo com Pierre Montebello (2001),

> *é sob a legislação dessa força que a paixão de conhecer se transforma em paixão do corpo, que o corpo se torna o terreno de experimentação para o conhecimento: sob a tutela de tal força, o filósofo médico não hesita em oferecer o corpo que sofre por amor ao conhecimento, ele quer até crucificá-lo pelo futuro do homem, sempre como indício de superabundância de sua vontade, na certeza de sua cura. (pp. 109-110)*

Nota-se que aqui, para além de sua pura dimensão metafórica destacada por Blondel e discutida anteriormente, o corpo torna-se uma espécie de plano de imanência, um espaço de experimentação para as forças, a partir do qual é possível delimitar estados saudáveis ou doentios.

A grande saúde também é a capacidade de viver o conjunto dos valores. Ela não é a saúde daquele que nunca fica doente, mas a daquele que teve todas as doenças, ou melhor, que aspira ter todas as doenças. A possibilidade de retraçar em si a gênese de todos os tipos de pensamento a partir da experiência corporal, na medida em que as formas de pensamento são a expressão do combate das forças no corpo, requer essa grande saúde. "Aquele cuja alma aspira viver toda a amplitude dos valores e das aspirações que prevaleceram até agora, este tem a necessidade em primeiríssimo lugar de uma coisa: a grande saúde" (Nietzsche, 1882/1982a, pp. 291-292).

Considerações finais

Conforme podemos deduzir das reflexões sobre corpo e saúde analisadas neste capítulo, Nietzsche propõe uma atitude trágico-dionisíaca diante do sofrimento, opondo-a à reação decadente-niilista que prega uma dicotomia radical prazer-sofrimento, formulando uma concepção idealista de felicidade como ausência de qualquer sofrimento. Se o estatuto desse sofrimento deve ser repensado em conformidade com a atividade da vontade de potência, ele não pode ser visto como uma anomalia suscetível de ser eliminada, dado que é parte de nossa existência. Rejeitá-lo totalmente seria rejeitar a própria vida, da qual ele é uma dimensão essencial.

Ainda que considere a dor como um elemento fundamental da vida, Nietzsche se recusa a fazer dela o signo de uma lesão corporal. Nesse sentido, a ausência ou a presença de dor não podem de modo algum ser consideradas sinônimo de saúde. Mas o sofrimento também não pode ser tomado como essência última da vida ou princípio de realidade, pois isso seria condenar a própria vida como instância determinante da existência. Ele é apenas mais um índice de variação do sentimento de potência, do seu crescimento ou declínio. A força não deve condenar nem ser insensível ao sofrimento em seu caráter problemático, mas deve poder enfrentá-lo. A cultura como negação da vida implica justamente a incapacidade de enfrentar o sofrimento como expressão particular da vontade de potência.

O niilismo do fraco é um estado declinante da vontade de potência que não suporta praticamente nenhum desprazer. Buscando assimilar a realidade na sua totalidade trágica, o criador dionisíaco procura dominar o sofrimento e fazer dele um estimulante da vontade de criar ou uma condição de ultrapassagem de si mesmo. Nesse sentido, dizer sim à vida é recusar a decadência, o ressentimento e a má consciência – os quais transformam o sofrimento em objeção ou motivo único para o viver –, aceitando os estímulos provenientes das forças antagônicas.

O sim à vida não é, de modo algum, uma aceitação resignada da dor, mas uma luta contra ela. E é essa luta que representa a forma suprema da afirmação. Afirmação que devemos contrapor nos dias de hoje ao culto ao corpo como pretensão puramente narcísica, e à saúde normativa como assepsia com pretensões de hegemonia absoluta. Pois esse corpo e essa saúde – que nada têm a ver com as propostas nietzschianas – são, em última instância, apenas novas modalidades de recusa da singularidade que é própria à vida.

Referências

Bilheran, A. (2005). *La maladie, critère des valeurs chez Nietzsche: premices d'une psychanalyse des affects*. L'Harmattan.

Blondel, E. (1986). *Nietzsche le corps et la culture*. PUF.

Deleuze, G. (1976). *Nietzsche e a filosofia*. Rio.

Giacoia Junior, O. (2001). *Nietzsche como psicólogo*. Unisinos.

Giacoia Junior, O. (2003). Corpo: ponte para o mundo. In T. M. G. Fonseca, & P. G. Kirst (Orgs.), *Cartografias e devires: a construção do presente* (pp. 23-42). Editora da UFRGS.

Klossowsky, P. (2000). *Nietzsche e o círculo vicioso*. Pazulin.

Montebello, P. (2001). *Vie et maladie chez Nietzsche*. Ellipses.

Nietzsche, F. (1968). *Humain, trop humain*. Gallimard. (Trabalho original publicado em 1878)

Nietzsche, F. (1969). *Ainsi parlait Zarathoustra*. Aubier-Flammarion. (Trabalho original publicado em 1883)

Nietzsche, F. (1971). *Par-delà bien et mal*. Gallimard. (Trabalho original publicado em 1886)

Nietzsche, F. (1974a). *Crépuscule des idoles*. Gallimard. (Trabalho original publicado em 1889)

Nietzsche, F. (1974b). *L'Antéchrist*. Gallimard. (Trabalho original publicado em 1895)

Nietzsche, F. (1974c). *Ecce homo*. Gallimard. (Trabalho original publicado em 1908)

Nietzsche, F. (1976). *Fragments posthumes (automne 1887 – mars 1888)*. Gallimard. (Trabalho original publicado em 1887-1888)

Nietzsche, F. (1979). *Fragments posthumes (automne 1885 – automne 1887)*. Gallimard. (Trabalho original publicado em 1885-1887)

Nietzsche, F. (1980). *Aurore*. Gallimard. (Trabalho original publicado em 1881)

Nietzsche, F. (1982a). *Le gai savoir*. Gallimard. (Trabalho original publicado em 1882)

Nietzsche, F. (1982b). *Fragments posthumes (automne 1884 – automne 1885)*. Gallimard. (Trabalho original publicado em 1884-1885)

Nietzsche, F. (2000). *La généalogie de la morale*. Le Livre de Poche. (Trabalho original publicado em 1887)

Wotling, P. (1995). *Nietzsche et le problème de la civilisation*. PUF.

11. O lugar da experiência afetiva na gênese dos processos de subjetivação[1]

Não é de hoje que a temática do afeto vem despertando o interesse de diferentes teóricos que voltaram seus estudos para os âmbitos da vida e da existência humana. Desde a aurora da modernidade, com Espinosa e sua ênfase na potência do afeto, e mais tarde com os primeiros teóricos da psicanálise, a afetividade tem sido um importante objeto de investigação para o pensamento moderno.

No entanto, é fácil perceber que, a partir dos anos 1970, a reflexão sobre o afeto penetrou mais profundamente na cultura, transbordando amplamente os círculos restritos dos debates filosóficos e psicanalíticos. Etólogos, psicólogos de todas as tendências e biólogos voltaram-se, cada um em seu domínio, para o estudo de suas formas e seus processos, buscando dar maior precisão teórica a suas funções. Nos EUA, por exemplo, António Damásio, para citar apenas um dos trabalhos referenciais mais midiáticos dos últimos anos, com sua denúncia do *Erro de Descartes*, recolocou a questão do afeto no centro da biologia humana, renovando assim a abordagem, durante muito tempo apenas referencial, de Darwin e seu *Tratado das emoções*.

1 Originalmente publicado na *Revista Psicologia USP*, 22, 2011.

Vários "observadores" e clínicos da primeira infância, por sua vez, também se dedicaram ao estudo do lugar e da importância da vida afetiva partilhada na organização primária da subjetividade, bem como na regulação primeira da relação que une e diferencia o bebê humano e seus primeiros objetos. Dado o lugar destacado ocupado pelo afeto nesse contexto, vejamos, a título de introdução para o presente capítulo, como poderíamos tentar definir o que seria, em termos gerais, o afeto.

Aquilo que denominamos com essa palavra pode se referir tanto ao que nos é dado vivenciar conscientemente em certas circunstâncias, ou seja, um estado subjetivo que "sentimos", como àquilo que não se sente de modo direto, mas que se entrevê ou infere no comportamento alheio e, menos facilmente, no nosso. Com a finalidade de evitar a ambiguidade contida nessa dupla referência, seria possível usar no primeiro caso o termo sentimento, mesmo que prevaleça no senso comum um certo uso do termo "sentimento inconsciente", e dar ao "afeto" um significado mais geral.

Isso poderia ser extraído da própria etimologia da palavra: afeto, particípio passado de *afficere*, parece indicar claramente o caráter passivo da experiência subjetiva em questão, ou então o fato de que esta foge ao controle de nossas intenções e nossos desejos. Outros termos aparentados também possuem esse significado etimológico: emoção (*emotum*), paixão (*patior*), indicando como experiências semelhantes "atuam em nós", indo além da vontade e da consciência.

Os fenômenos afetivos foram diversamente definidos e subdivididos. A mais conhecida e discutida distinção é aquela entre sentimentos e emoções, ainda que outros fenômenos tenham sido diversamente elencados e diferenciados. Mais rápida e claramente que na cognição, evidenciou-se o caráter processual do afeto, mas tal processualidade logo se mostrou muito mais fugidia e complexa e, sobretudo, mais evidentemente subtraída à consciência do sujeito. O termo paixão, muito mais antigo, indica claramente um conceito de algo experimentado – padecido – pelo sujeito, e obscuro à sua consciência.

Segundo Imbasciati (1998), a denominação que usamos para indicar os vários estados afetivos tem uma clara referência consciencialista: termos como cólera, aborrecimento, desgosto, tristeza remetem-nos imediatamente àquilo que o sujeito está em condições de sentir e de contar sobre si mesmo.

> *Todavia, desde o início esteve claro para a psicologia o quanto os afetos escapavam à consciência que os individualizava e o quanto se devia supor, buscando um modo de investigar toda a processualidade anterior ao epifenômeno consciente. Não existem somente os afetos experimentados e referidos, mas também, e em quantidade maior, aqueles inferidos. (p. 123)*

Um caminho na direção de um maior esclarecimento a propósito dos afetos foi indagar os estados biológicos a eles associados, muitas vezes de modo evidente: daí a individualização das "emoções" e do seu estudo psicofisiológico. Mas a via biológica não resolvia, senão em parte e em uma só direção, o problema de uma investigação puramente psicológica sobre os afetos na sua acepção mais ampla, que fosse além do epifenômeno consciente e verbalizado. Nisso várias escolas se subdividiram e se ramificaram em suas diferentes metodologias e teorizações (Plutchik & Kellerman, 1985).

Diante dessas dificuldades, o estudo de crianças pôs em relevo a limitação e a necessidade da diferenciação entre afeto e cognição; as crianças tornam completamente evidentes os afetos, e certamente não por meio da introspecção: elas mostram que os afetos são a sua forma de cognição, do mundo e de si mesmas, e mais ainda quanto menor for a criança. Os estudos etológicos, assim como os psicanalíticos, chegam à mesma conclusão, tanto em relação às crianças quanto aos animais: o afeto é uma forma primitiva de cognição.[2]

Considerando a atualidade e a importância dessas questões, gostaríamos de discutir neste capítulo as teses formuladas por Daniel Stern, etólogo e psicanalista que se dedicou nas décadas de 1980 e 1990 a observações minuciosas dos processos primários de subjetivação das crianças, prestando uma atenção especial ao tema da experiência afetiva. Partindo de uma breve localização do lugar dos afetos em sua teoria, passaremos a uma apresentação da forma temporal dos sentimentos no contexto das relações interpessoais para, em seguida, discutir dois dos principais conceitos formulados por ele, quais sejam, os de afeto de vitalidade e sintonia afetiva. Durante esse percurso também serão rapidamente abordados outros temas relevantes, como as noções de interação afetiva, empatia e comunicação emocional.

Afeto e afetividade na obra de Daniel Stern

De acordo com Félix Guattari (1992), na via de uma compreensão polifônica e heterogenética da subjetividade, Stern explorou notavelmente as formações subjetivas pré-verbais da criança. Ele mostra que, nesse caso, não se trataria estritamente de "fases", no sentido freudiano clássico, mas de níveis de subjetivação que se manterão paralelos ao longo da vida. Nesses termos, ele renuncia ao caráter superestimado da psicogênese dos complexos freudianos que foram apresentados como "universais" estruturais da subjetividade. Por outro lado, valoriza o caráter trans-subjetivo desde o início das experiências precoces da criança, que não dissocia o sentimento de si do sentimento do outro. "Uma dialética entre os 'afetos partilháveis' e os 'afetos não-partilháveis' estrutura, assim, as fases emergentes da subjetividade. Subjetividade

2 Com relação a esse assunto: em etologia, ver Manning (1979); na psicanálise, ver Green (1982).

em estado nascente que não cessaremos de encontrar no sonho, no delírio, na exaltação criadora, no sentimento amoroso" (p. 16).

Segundo Charles Spezzano (1993), Stern foi além de todos os observadores de bebês anteriores, ao sustentar que os pesquisadores da infância não apenas observam os bebês, mas "conversam" com eles. Desse ponto de vista, os bebês supostamente estão contando aos experimentadores sobre os seus próprios processos mentais. Argumentando que os bebês constroem memórias prototípicas e representações mentais a partir de múltiplas experiências visuais experimentalmente manipuladas, ele afirma que seria justo admitir que eles fizessem o mesmo com "experiências afetivamente vividas".

Já para Fonagy et al. (2004), Stern adota uma posição "intersubjetivista forte", a qual afirma (a) que os bebês humanos nascem com mecanismos inatos para identificar e atribuir estados mentais à mente do outro, como intenções ou sentimentos, durante interações sociais precoces e contingentes; (b) que desde o início da vida existe um conjunto relativamente rico de estados mentais diferenciados do *self*, como emoções, intenções, motivos e objetivos, que são introspectivamente acessíveis ao bebê; e (c) que tais estados mentais subjetivos do *self* podem ser reconhecidos como similares aos estados mentais correspondentes do outro e, enquanto tais, são experienciados como "compartilhados" com ele.

Processo interpessoal e formas temporais de sentimento

Em termos ainda gerais, diríamos que Stern parte do pressuposto de que a vida sem afeto seria tão difícil de imaginar como a vida sem cognição. Considerando o fato de que todos os incidentes se desdobram no tempo, ele afirma que o comportamento humano está quase sempre mudando, e mesmo as experiências interiores de excitação e de afeto sofrem alterações momentâneas de intensidade e de direção.

O sorriso de uma mãe, por exemplo, é um caso a considerar. Será que o bebê sente e percebe aquele sorriso como uma imagem fixa, uma fotografia, ou como uma sequência de movimentos de curta duração, padronizada no tempo e no espaço, como as imagens de um filme? Do ponto de vista dele, a experiência dos sons, e talvez dos sentimentos interiores, só é possível no decurso do tempo, indicando que uma "fatia" instantânea de som ou de afeto não comporta nenhum significado coerente ou forma reconhecível. Assim, pode-se suspeitar que o mesmo aconteça na percepção de sorrisos e de outros comportamentos humanos visualizados.

Ao discorrer sobre *A primeira relação mãe-bebê*, o autor sugere que

> *pelo menos no campo interativo do comportamento humano, existe uma unidade básica de processamento da experiência interativa. Esta unidade de processamento não é necessariamente a menor unidade perceptiva de qualquer modalidade, mas, pelo contrário, é a menor unidade em que é possível acontecer um incidente temporalmente dinâmico, com princípio, meio e fim. Tal unidade de processamento é como o mais breve incidente, ou vinheta, que pode conter um elemento da experiência sensorial, motora e afetiva e, assim, ter valor sinalizador como acontecimento interpessoal. (Stern, 1977, p. 111)*

Essas unidades de processamento interpessoal podem ser unidades da experiência sensório-motora-afetiva, inicialmente internalizadas como representações separadas e que, depois de integradas, formam a representação mais ampla de outra pessoa.

Conforme dissemos antes, Stern faz questão de ressaltar a importância de lembrarmos que, quando experienciamos afetos, assim como quando experienciamos uma música, estamos "no tempo", no fluxo do tempo. Trata-se de uma experiência temporal na qual as mudanças, desdobrando-se no presente, criam a experiência. Infelizmente, muitas vezes, quando falamos de afetos esquecemo-nos de que eles só são experienciados no tempo. E é exatamente por isso que não se pode cortar uma pequena fatia temporal – como uma fotografia faz – de uma frase musical, nem de um sentimento, sem destruir o todo.

No entanto, muitas vezes agimos como se a experiência não tivesse nenhuma extensão temporal, ou consideramos que o aspecto temporal está adequadamente coberto pela sequência dos acontecimentos; mas os acontecimentos, em si mesmos, não são considerados em termos temporais. Talvez por essas razões negligenciemos em grande medida a ideia de que os contornos temporais proporcionam a espinha dorsal que permite que as experiências afetivas sejam representadas.

Mais especificamente, sempre que um motivo é encenado (iniciando-se interna ou externamente, como beber quando se tem sede ou receber e adaptar-se a más notícias), necessariamente ocorrem mudanças no que se refere ao prazer, à excitação, ao nível de motivação ou à consecução de um objetivo, as quais acompanham a encenação. Em seu trabalho sobre *A constelação da maternidade*, o autor nos mostra que

> *estas mudanças desdobram-se no tempo e cada uma descreve um contorno temporal. Os contornos temporais agem em comum acordo e parecem ser subjetivamente experienciados como um único sentimento complexo que é uma combinação (uma "propriedade emergente") dos contornos temporais individuais de hedonia, excitação e motivação. Esta é a* forma temporal de sentimento, *a que chamarei de* forma de sentimento, *para abreviar. A*

> *forma de sentimento também incluirá a qualidade específica do sentimento que recebe temporariamente um contorno. E isso dependerá de quais afetos e motivações estão envolvidos.* (Stern, 1995, p. 84, grifos do original)

Nesses termos, a forma temporal proporciona o enquadre estrutural no qual o sentimento assume sua forma e pode ser representado. A forma temporal de sentimento é uma curva ou unidade de experiência afetiva que pode estar inserida em formas de sentimento mais amplas (isto é, mais longas ou complexas). Ela pode então ser vista como um formato representacional plausível para esquematizar a experiência afetiva.

De acordo com Bernard Golse (2003), as formas de sentimento descritas por Stern no quadro das interações precoces constituem verdadeiras linhas emocionais e temporais. Elas permitem um reconhecimento e um investimento do objeto pela via de seus contornos rítmicos e interativos (estilo interativo e características de sintonia afetiva, discutida mais adiante neste capítulo), antes mesmo que o bebê possa reconhecê-lo pelas suas especificidades formais e estatísticas.

O bebê e o cuidador contribuem em conjunto para a regularização do estado de atenção, excitação e afeto do bebê. Do ponto de vista do bebê, estas poderosas sensações e alterações internas provavelmente não são experienciadas como pertencendo exclusivamente à estimulação por parte do cuidador (experiência sensorial), nem como uma experiência que pertença exclusivamente aos próprios atos do bebê (a experiência motora). Segundo Stern (1997), "é mais provável que sejam para ele uma experiência composta e indiferenciada, incluindo o que o cuidador faz, o que o bebê faz, e como tudo isso é sentido interiormente" (p. 116).

O mundo dos afetos de vitalidade

Investigando *O mundo interpessoal do bebê*, Stern (1992) nos chama a atenção para o fato de que há uma qualidade da experiência que pode surgir diretamente dos encontros com pessoas, uma qualidade que envolve o que ele chama de afetos de vitalidade. Esse novo termo, acrescentado para abordar certas formas da experiência humana, se faz necessário porque muitas qualidades de sensação experienciadas não se ajustam ao léxico ou à taxionomia de afetos existentes. Essas qualidades indefiníveis são mais bem capturadas por termos dinâmicos, cinéticos, como "surgindo", "desaparecendo", "passando rapidamente", "crescendo", "decrescendo", "explodindo", "prolongado" etc.

Essas qualidades da experiência são, com toda certeza, sensíveis para os bebês e de grande importância cotidiana. Segundo o autor,

> *São essas sensações que serão eliciadas por mudanças nos estados motivacionais, apetites e tensões. A filósofa Suzanne Langer insistiu que em qualquer forma de experiência próxima à psicologia deve ser dada grande atenção às muitas "formas de sensação" inextrincavelmente envolvidas com todos os processos vitais, tais como respirar, ter fome, eliminar, adormecer ou acordar, ou sentir o ir e vir das emoções e pensamentos. (pp. 47-48)*

O bebê experiencia essas qualidades interiormente, bem como no comportamento de outras pessoas. Diferentes sentimentos de vitalidade podem se expressar em inúmeros atos parentais que não se qualificam como atos afetivos "regulares". Dentre eles destacam-se a maneira como a mãe ergue o bebê, troca as fraldas, arruma seu próprio cabelo ou o cabelo do bebê, busca a mamadeira, desabotoa a blusa. Nessas condições, podemos supor que o bebê esteja imerso nesses "sentimentos de vitalidade".

Tendo em conta que os afetos de vitalidade são experiências subjetivas, Stern nos chama atenção mais uma vez para o fato de que eles consistem em uma dinâmica temporal de mudança nos sentimentos, comportando modificações analógicas em tempo real de afetos, pensamentos, percepções ou sensações a cada fração de segundo. Como exemplo, poderíamos citar um sentimento de aceleração e a explosão de raiva subsequente. Tais experiências em geral ocorrem em paralelo com os contornos temporais de estimulação.

Enquanto os afetos de vitalidade são experiências subjetivas, "Os contornos temporais de estimulações, ao contrário, são acontecimentos objetificáveis. Há um isomorfismo incompleto entre os contornos temporais e os afetos de vitalidade. Afetos de vitalidade são sinônimo de formas temporais de sentimento, formas de sentimento ou formas temporais" (Stern, 2004, pp. 246-247). Eles são chamados, experimentalmente, de afetos de vitalidade, nos diz o autor, para distingui-los dos "afetos categóricos" tradicionais ou darwinianos de raiva, alegria, tristeza, desgosto, vergonha, medo e surpresa, ainda que ocorram tanto na presença quanto na ausência desses afetos categóricos.

A expressividade dos afetos de vitalidade, diz Stern, pode ser comparada a um show de marionetes. As marionetes possuem pouca ou nenhuma capacidade de expressar categorias de afeto por meio de sinais faciais, e seu repertório de sinais de afeto gestuais ou posturais convencionais usualmente é pobre. É pela maneira como elas se movem em geral que inferimos os diferentes afetos de vitalidade a partir dos contornos de ativação traçados por elas. Na maior parte das vezes, os caracteres das diferentes marionetes são largamente definidos em termos de afetos de vitalidade particulares: uma pode estar letárgica, com membros pendentes e cabeça pendurada, uma outra enérgica e ainda uma outra animada.

No entanto, a dança abstrata e a música parecem ser os exemplos, por excelência, da expressividade dos afetos de vitalidade. A dança revela ao expectador-ouvinte múltiplos afetos de vitalidade e suas variações, sem recorrer à trama ou aos sinais de afeto categórico dos quais os afetos de vitalidade podem ser derivados. O coreógrafo, na maior parte das vezes, está tentando expressar uma maneira de sentir, não um conteúdo específico de sentimento.

Do ponto de vista de Stern, esse exemplo é particularmente instrutivo porque o bebê, quando observa um comportamento parental que não possui uma expressividade intrínseca (isto é, nenhum sinal de afeto darwiniano), pode estar na mesma posição do espectador de uma dança abstrata ou do ouvinte de música. A maneira como é realizado o ato de um progenitor expressa um afeto de vitalidade, seja ou não esse ato algum afeto categórico (ou parcialmente colorido por algum afeto categórico).

> *Podemos prontamente imaginar, de fato, que o bebê inicialmente não percebe atos manifestos como os adultos percebem. Pelo contrário, é muito mais provável que o bebê perceba diretamente e comece a categorizar os atos em termos dos afetos de vitalidade que eles expressam. Como a dança para o adulto, o mundo social experienciado pelo bebê é primariamente um mundo de afetos de vitalidade antes de ser um mundo de atos formais. Ele também é análogo ao mundo físico da percepção amodal, que é primariamente um mundo de qualidades passíveis de serem abstraídas de forma, número, nível de intensidade e assim por diante, não um mundo de coisas vistas, ouvidas ou tocadas. (Stern, 1992, pp. 49-50)*

Outra razão para separar os afetos de vitalidade dos afetos categóricos é que eles não podem ser adequadamente explicados pelo conceito de nível de ativação. Na maioria dos relatos acerca dos afetos e suas dimensões, o que é chamado de afeto de vitalidade poderia ser incluído na dimensão invariável, que serve ao mesmo tempo para muitas finalidades, do nível de ativação ou excitação. Ativação e excitação certamente ocorrem, mas não são experienciadas simplesmente como sentimentos em algum lugar ou em algum ponto dessa dimensão. Elas são experienciadas como mudanças dinâmicas ou padronizadas dentro de nós mesmos.

Podemos usar a dimensão de excitação-ativação apenas como um índice geral de nível de excitação-ativação. Precisamos acrescentar uma categorização inteiramente nova desse aspecto da experiência, isto é, os afetos de vitalidade que correspondem a mudanças padronizadas características. Essas mudanças padronizadas através do tempo, ou contornos de ativação, são subjacentes aos diferentes afetos de vitalidade.

Se os bebês experienciam afetos de vitalidade, como nosso autor sugere, eles estarão com frequência em uma situação em que uma variedade de experiências sensoriais diversas com contornos de ativação similares pode ser reunida – isto é, podem ser experienciadas como correspondentes e, dessa forma, como algo que cria uma organização. Na medida em que o bebê avança no processo de experienciar um outro emergente, diante de uma mãe distinta que acaricia e de uma segunda mãe separada que acalma, ele vai experienciar somente um único afeto de vitalidade nas atividades tranquilizadoras – uma "mãe afetiva de vitalidade tranquilizadora". "Dessa maneira, a experiência amodal dos afetos de vitalidade, assim como as capacidades para a combinação modal cruzada das formas percebidas, irá aumentar grandemente o progresso do bebê em direção à experiência de um outro emergente" (Stern, 1992, p. 51).

Interação, empatia e comunicação emocional

De acordo com Fonagy et al. (2004), partindo do conceito de afetos de vitalidade, Stern propõe uma teoria voltada para o papel dos comportamentos parentais afetivorreflexivos no desenvolvimento socioemocional primitivo. Ele acredita que as interações envolvendo os aparatos emotivorreflexivos parentais têm uma influência significativa no desenvolvimento do *self* e na autorregulação afetiva.

Sua teoria enfoca um tipo específico de interação afetivorreflexiva, chamada de "sintonia do afeto" e comentada em detalhes mais adiante neste capítulo, que ele demonstrou ocorrer regularmente nas interações normais mãe-bebê entre nove e doze meses. Ele notou que, durante as brincadeiras, as mães periodicamente refletem algum aspecto das ações de seus bebês, proporcionando uma equiparação parcial do comportamento do bebê em outra modalidade. No que concerne à natureza desses atos de sintonia, o autor apresenta alguns pontos interessantes, dentre os quais se destaca o fato de que eles não são simples atos de imitação, na medida em que envolvem uma equiparação apenas parcial das características amodais (temporais, de intensidade e de forma) do ato objetivo do bebê, expresso em uma modalidade diferente.

> *Stern propõe que a razão pela qual por volta dos nove meses a mãe – não conscientemente – escolhe "sintonizar" com o comportamento do bebê, mais do que simplesmente proporcionar uma réplica imitativa, é que ela pretende se referir ao estado afetivo interno do bebê mais do que ao seu comportamento de superfície. Do seu ponto de vista, as características amodais equiparadas correspondem às formas representacionais abstratas dos afetos que acompanham o ato comportamental externo. Assim, a função*

> *sugerida para estas sintonias do afeto é aquela da "comunhão interpessoal": "compartilhar" ou "participar da" experiência afetiva interna do bebê. (Fonagy et al., 2004, p. 182)*

No que concerne à ideia de uma "partilha de afeto", René Roussillon (2005) chama a atenção para o fato de que o afeto experimentado pelo bebê deve ser sintonizado de forma empática pela mãe. Esta deve poder experimentar "em espelho" o afeto presente no bebê. Mais precisamente, seria necessário dizer o "afeto potencial", pois, precisamente, se o bebê é afetado por processos somáticos que buscam se fazer representar na psique, ele só pode apreendê-los na medida em que o objeto os reflete, na medida em que ele possa reencontrá-los fora.

> *Isso não significa que a mãe esteja no mesmo estado afetivo do bebê, mas que aquilo que ela vive está em empatia com aquilo que vive seu bebê – diríamos, com D. Stern: 'no modo próximo', o que significa que há uma correspondência entre os dois modos experimentados, uma adequação, e não uma identidade. (pp. 129-130)*

Dito de outro modo, o "espelho" materno comunica ao bebê que ele "se faz de espelho", que ele "se faz de duplo". Ou ainda, isso significa que o afeto reverberado pela mãe se expressa como um "signo" de afeto e não exatamente como um afeto. A observação mostraria além disso que tal tipo de resposta materna – aquele no qual ela "partilha" o afeto com o bebê – reflete para ele esse afeto e assinala que ela o faz, apaziguando o estado de "paixão" afetiva do bebê.

Referindo-se à importância da noção de empatia no trabalho de Stern, Simas e Golse (2008) consideram que as investigações do autor sobre *O mundo interpessoal do bebê* se apoiam na microanálise de sequências registradas de interações do bebê com o seu ambiente maternante, análise que recorre com frequência a uma espécie de empatia participante. Stern descreve assim a emergência precoce de um "senso de eu", experiência elementar da existência de um "*self*", que ele define como o sentimento de "ser ou estar com", parcialmente programado desde o nascimento, mas que vai evoluir por estágios sucessivos até o "senso de si" ou *self* verbal. É a partir desse modelo interno que o bebê vai formar representações do mundo social que o cerca: entre o segundo e o sexto mês de vida, ele começa a constituir uma representação do "laço interpessoal", quando ele sente sua mãe e a si mesmo como completamente distintos em termos físicos.

> *A importância dos sinais de ordem emocional sublinha ao mesmo tempo a importância da dimensão relacional e afetiva como codeterminante do desenvolvimento . . . As competências aí colocadas em evidência são adquiridas pelo bebê a partir da experiência das trocas com os humanos que o cercam . . . Neste contexto é fundamental levar em conta o fato de que são, antes de tudo, afetos, sentimentos, emoções que estão em jogo na comunicação e nas interações colocadas em ação desde as primeiras horas da vida. (Simas & Golse, 2008, p. 263)*

Stern nos mostra particularmente bem como esses afetos são partilhados no processo de sintonia entre o bebê e seu ambiente maternante, e também mostra como essas trocas se inscrevem em uma trama narrativa introduzindo o bebê em uma dimensão de temporalidade e causalidade.

Considerando que a relação mãe-bebê implica educar os sentimentos e coconstruir afetos, Golse (2003) afirma ainda que a comunicação emocional e a interação afetiva se fundam precisamente sobre contornos rítmicos e dinâmicos de sintonia afetiva, processos que se encontram na base do que ele chama de *harmonização dos afetos.*

> *A sintonia afetiva vale, nos parece, como função especular micro-comportamental dado que oferece à criança uma sinalização em eco, um espelho de sua própria vivência emocional ou afetiva, e essa permite um acesso a si mesmo pela via do outro (desvio pelo outro, sobre o qual insistiram alguns autores como Winnicott, Bion e mesmo Green). (p. 119)*

O compartilhar por meio da sintonia do afeto

A interafetividade, do ponto de vista de Stern, pode ser considerada a forma primeira, mais difundida e mais fundamentalmente importante de compartilhar experiências afetivas. Cedo na vida, os afetos são tanto o *meio* primário como o *assunto* primário da comunicação. Dos nove aos doze meses, quando o bebê começa a compartilhar ações e intenções com relação a objetos e a trocar proposições de forma pré-linguística, a troca afetiva ainda é o modo e a substância predominantes das comunicações com a mãe. É por essa razão que o compartilhar dos estados afetivos merece uma ênfase primária na análise de bebês dessa idade.

A maioria das trocas protolinguísticas envolvendo intenções e objetos no mundo interpessoal do bebê são, ao mesmo tempo, trocas afetivas. As duas coisas acontecem simultaneamente e os achados que definem um determinado evento como primariamente linguístico ou primariamente afetivo dependem da perspectiva. Contudo, o bebê que está aprendendo o modo discursivo parece ser bem mais perito no domínio da troca de afeto. De modo semelhante, o compartilhar de humores e estados afetivos aparece antes do compartilhar de estados mentais que referenciam objetos, isto é, coisas fora da díade.

Do ponto de vista de Stern, parece claro que o compartilhar dos estados afetivos é de imensa importância durante a primeira parte do relacionar-se intersubjetivo.

> *O compartilhar dos estados afetivos é o aspecto mais universal e clinicamente relevante do relacionar-se intersubjetivo. Isso é especialmente verdadeiro quando o bebê entra, pela primeira vez, nesse domínio. A interafetividade é principalmente aquilo que os terapeutas querem dizer quando falam do "espelhar" parental e da "responsividade empática". Os bebês dos quais estamos falando estão apenas entre os nove e quinze meses de idade. (Stern, 1992, p. 123)*

Conforme mencionávamos anteriormente, para que haja uma troca intersubjetiva em relação ao afeto, apenas uma imitação exata não funciona. Primeiramente o progenitor deve ser capaz de ler o estado de sentimento do bebê a partir de seu comportamento manifesto. Além disso, o progenitor deve realizar algum comportamento que não seja uma imitação exata, mas que não obstante corresponda de alguma forma ao comportamento manifesto do bebê. Por último, o bebê deve ser capaz de ler essa resposta parental correspondente como tendo a ver com a sua experiência de sentimento original, e não apenas como uma imitação de seu comportamento. É apenas na presença dessas três condições que os estados de sentimento dentro de uma pessoa podem ser reconhecíveis para outrem e que ambos podem sentir, sem usar a linguagem, que uma transação ocorreu.

Para realizar essa transação, a mãe deve ir além das imitações exatas que foram uma parte enorme e importante de seu repertório social durante os primeiros seis meses de vida do bebê aproximadamente. Vários investigadores descreveram em detalhes como cuidadores e bebês criam mutuamente as cadeias e sequências de comportamentos recíprocos que formam os diálogos sociais durante os primeiros nove meses do bebê. O que chama a atenção nessas descrições é que a mãe está quase sempre funcionando na mesma modalidade do bebê. E nas orientações, seguimentos, esclarecimentos e elaborações que formam a sua parte do diálogo, ela geralmente está fazendo imitações rigorosas ou livres do comportamento imediato do bebê. No entanto, esse diálogo não permanece uma sequência estereotípica aborrecida de repetições, de um lado para outro, porque a mãe está constantemente introduzindo imitações modificadoras ou oferecendo um formato de tema e variação com leves mudanças na sua contribuição em cada momento dialógico.

Quando o bebê está com cerca de nove meses, nos diz Stern, começamos a ver que a mãe acrescenta uma nova dimensão ao seu comportamento de imitação, uma dimensão que parece se ajustar ao novo *status* do bebê como um parceiro potencialmente intersubjetivo. Ela começa a expandir seu comportamento, além da simples imitação,[3] para uma nova categoria de comportamento que o autor chama de "sintonia do afeto".

Essa sintonia afetiva é uma forma especial de comportamento em resposta ao comportamento afetivo comunicativo de outrem. Assim como a imitação é uma versão fiel das ações abertas do outro, a sintonia afetiva é uma versão fiel do que o outro deve ter sentido quando se

3 A discussão sobre o papel da imitação na gênese dos processos de subjetivação aparece em contextos teóricos que buscam explicar os processos de estruturação da representação (cf. Piaget, 1975; Piaget & Inhelder, 1980; Wallon, 1979, 1986). Quanto a isso, nota-se uma dificuldade com relação a um acordo conceitual sobre o que é a imitação. Wallon (1979) coloca o problema chamando a atenção para duas formas distintas de conceituá-la. A primeira diz que ela é um ato que reproduz um modelo, mas isso implicaria admitir uma representação anterior ao ato imitativo. A segunda refere-se à semelhança entre dois atos, se os seus protagonistas estiverem em situação de observação mútua. Para maiores esclarecimentos sobre essa questão, ver Pedrosa (1994).

expressou por meio daquelas ações. Isso requer que a sintonia imite apenas a dinâmica temporal da intensidade, da forma ou do ritmo do comportamento do outro, mas numa modalidade ou escala diferente.

> *Desse modo, as ações reais do outro não se tornam o referente da sintonia (como ocorreria na imitação); na verdade, o sentimento por trás das ações se torna o referente. Trata-se de uma forma de imitar, a partir do interior, como parece ser uma experiência, e não como ela foi expressa numa ação. (Stern, 2004, p. 241)*

Em seu *Diário de um bebê*, Stern (1991) nos mostra que, evitando uma imitação fiel, a mãe cria intuitivamente essa imitação bastante selecionada e elaborada, que é a sintonia. Ela toma aquelas partes do que o bebê fez que melhor refletem o seu sentimento interior e altera aquelas partes que eram específicas à modalidade de expressão do filho. Com isso, por exemplo, ela substitui uma alteração no tom por uma alteração no aspecto, uma expressão facial por uma vocal.

Ao conseguir falar ao sentimento interno do bebê enquanto avalia seu comportamento manifesto, ela não pode ser propriamente confundida apenas com um espelho. Somente um ser humano que sabe o que o bebê sentiu pode emitir uma expressão vocal que seria análoga e não uma cópia de sua experiência, permitindo que o bebê entenda que sua mensagem chegou à mãe. Esse tipo de correspondência analógica ocorre fora da consciência, como uma manifestação especial de empatia.

> *A maioria de nós faz isso intuitivamente. E o filho de pais que por qualquer razão não conseguem fazer isso ou sentem-se inibidos para fazê-lo se sentirá fisicamente mais solitário com esta pessoa e talvez, em última análise, com o mundo. (Stern, 1991, p. 92)*

Deixando que uma vocalização sua penetre no filho para ver se corresponde ao sentimento interno que ele recém-experimentou, a mãe faz o bebê perceber que compartilha seu sentimento. Ele sabe que a resposta vocal da mãe corresponde ao seu sentimento porque pode traduzir de uma modalidade sensorial para outra. Ele também sabe que um formato de onda crescente e decrescente no tom de voz é o mesmo formato que apresenta no rosto de outra pessoa ou no tom emocional experimentado em algum lugar dentro de si mesmo. Ele, portanto, reconhece a autenticidade da resposta de sua mãe.

Nesses termos, pode-se dizer que a mãe carrega sua palavra afetivamente e a destaca do usual a fim de que o bebê reflita e reaja a ela.

> *Temos aí uma espécie de "momento presente". Ele terá criado um "momento de encontro", um daqueles nos quais os dois domínios de conhecimento terão sido transformados. Seu conhecimento explícito [o do bebê] foi enriquecido por uma palavra nova. E seu conhecimento implícito do espaço intersubjetivo que ocupa com sua mãe foi modificado, porque sabe agora que ele e ela partilham esta realidade subjetiva. (Stern, 1997, p. 54)*

Nesse caso, estamos diante de um novo estado intersubjetivo. Em um momento fundamental como esse, o bebê e sua mãe compartilharam um sentimento. Segundo Stern, a implicação desses acontecimentos é grande. Esse compartilhamento é a base para os aspectos posteriores da intimidade psíquica. O mundo interior pode e deve ser mostrado e compartilhado, tendo em conta que a profundidade da intimidade psíquica com a qual finalmente o bebê se sentirá confortável está sendo estabelecida. O bebê e sua mãe estão no processo de decidirem os limites do universo compartilhável de sentimentos.

Juntos, eles estabeleceram que uma onda de prazer é um evento interno que podem compartilhar. Ele agora pertence aos dois.

Investigando esse mundo intersubjetivo do bebê podemos notar que as sintonias têm as seguintes características, que as tornam ideais para que se consiga o compartilhar intersubjetivo do afeto: (1) dão a impressão de que ocorreu algum tipo de imitação – não há uma reprodução fiel do comportamento manifesto do bebê, mas alguma forma de equiparação está se processando; (2) a equiparação é, em grande parte, modal-cruzada – isto é, o canal ou modalidade da expressão usado pela mãe para se equiparar ao comportamento do bebê é diferente do canal ou modalidade usado por ele; (3) o que está sendo igualado não é o comportamento em si da outra pessoa, mas, ao contrário, algum aspecto do comportamento que reflete o estado de sentimento da pessoa.

A referência fundamental para a equiparação parece ser o estado de sentimento (inferido ou diretamente percebido), e não o evento comportamental externo. Assim, a equiparação parece ocorrer entre as expressões de estado interno. Essas expressões podem diferir em modo ou forma, mas são até certo grau intercambiáveis como manifestações de um estado interno reconhecível simples. Parece que estamos lidando com o comportamento como expressão.

A sintonia do afeto, para Stern, é o desempenho de comportamentos que expressam a qualidade do sentimento de um estado afetivo compartilhado, sem imitar a exata expressão comportamental do estado interno. É uma forma particular de intersubjetividade que requer alguns processos que são únicos para ela.

> *"Espelhar" e "ecoar" representam os termos e conceitos clínicos que mais se aproximam da sintonia do afeto. Esses conceitos representam tentativas de enfrentar a questão*

> *de uma pessoa refletindo o estado interno de outra. Nesse importante aspecto, diferente da imitação ou do contágio, eles se referem apropriadamente ao estado subjetivo e não ao comportamento manifesto. (Stern, 1992, p. 128)*

Refletir de volta o estado de sentimento de um bebê é importante para que ele desenvolva o conhecimento de sua própria afetividade e senso de eu.

A existência de uma sintonia é, à primeira vista, uma impressão clínica, talvez uma intuição. Para operacionalizar essa impressão é necessário identificar aqueles aspectos do comportamento de uma pessoa que poderiam ser igualados sem que realmente fossem imitados. De acordo com Stern, existem três aspectos gerais de um comportamento que poderiam ser igualados (e, assim, formar a base de uma sintonia) sem que fosse feita uma imitação. Eles são a intensidade, o *timing* e a forma. Essas dimensões foram divididas em seis tipos de equiparação mais específicos:

> *(1) Intensidade absoluta – o nível de intensidade do comportamento da mãe é o mesmo que o do bebê, independentemente do modo ou forma de comportamento; (2) Contorno de intensidade – as mudanças de intensidade no tempo são igualadas; (3) Batida temporal – uma pulsação regular, no tempo, é igualada; (4) Ritmo – um padrão de pulsações de ênfase desigual é igualado; (5) Duração – o período de tempo do comportamento é igualado. Se os comportamentos da mãe e do bebê duram mais ou menos o mesmo tempo, ocorreu uma equiparação da duração; (6) Forma – algum aspecto espacial de um comportamento, que pode ser abstraído e remodelado em um ato diferente, é igualado. (Stern, 1992, p. 130)*

É bastante fácil determinar que as sintonizações e más sintonias influenciam o bebê: elas normalmente resultam em alguma alteração ou interrupção do comportamento do bebê em um dado momento. A situação com as sintonias de comunhão é diferente. Na maioria dos casos, depois de a mãe ter feito essa sintonia, o bebê age como se nada de especial tivesse acontecido.

A comunhão interpessoal criada pela sintonia desempenhará um papel importante para que o bebê venha a conhecer aqueles estados de sentimento internos como formas da experiência humana que são compartilháveis com outros seres humanos. O reverso também é verdadeiro: estados de sentimento que nunca são sintonizados serão experienciados apenas sozinhos, isolados do contexto interpessoal da experiência compartilhável. O que está em questão aqui não é nada menos do que a configuração e a extensão do universo interno compartilhável.

Para que a sintonia funcione, diferentes expressões comportamentais, ocorrendo em diferentes formas e em diferentes modalidades sensórias, devem, de alguma maneira, ser intercambiáveis. Para o autor do mundo interpessoal do bebê, se um determinado gesto da mãe pretende ser "correspondente" a um tipo de exclamação vocal do bebê, as duas expressões devem compartilhar alguma matéria comum que lhes permita serem transferidas de uma modalidade ou forma para uma outra. Essa circulação comum consiste em propriedades amodais.

> *Existem algumas qualidades ou propriedades que são tidas em comum pela maioria ou por todas as modalidades de percepção. Elas incluem intensidade, forma, tempo, movimento e número. Tais qualidades de percepção podem ser abstraídas por qualquer modo sensório das propriedades invariantes do mundo dos estímulos e então traduzidas em outras modalidades de percepção. (Stern, 1992, p. 135)*

Sintonizando com os afetos de vitalidade

Para concluir, diríamos que ambas as formas de afeto a que nos referimos no decorrer deste capítulo – afetos categóricos distintos como tristeza e alegria e afetos de vitalidade como explosões e desvanecimentos – são sintonizadas no contexto das trocas entre a mãe e seu bebê que se encontram na gênese dos processos de subjetivação. De fato, no entanto, a maioria das sintonias parece ocorrer com os afetos de vitalidade.

Identificamos os afetos de vitalidade como aquelas qualidades dinâmicas, cinéticas do sentimento, que distinguem o animado do inanimado e que correspondem às mudanças momentâneas nos estados de sentimento envolvidos nos processos orgânicos de se estar vivo. Experienciamos os afetos de vitalidade como mudanças dinâmicas ou mudanças padronizadas dentro de nós mesmos ou dos outros. Uma das razões pelas quais Stern parece ter se empenhado tanto para estabelecer os afetos de vitalidade como entidades em si mesmas, distintos do que usualmente se quer dizer com ativação e distintos das categorias de afeto, é que eles são essenciais para um entendimento da sintonia.

Durante uma interação mãe-bebê média, manifestações de afeto distintas ocorrem apenas ocasionalmente. Uma vez que é assim, o alinhamento ou sintonia afetiva com um outro não poderia ocorrer como um processo contínuo se estivesse limitado a afetos categóricos. Não podemos esperar que ocorra uma manifestação de afeto categórico distinto, como uma expressão de surpresa, para podermos restabelecer a sintonia. A sintonia parece mais um processo ininterrupto. Ela não pode esperar erupções de afeto distintas; ela deve ser capaz de funcionar com virtualmente todos os comportamentos. E essa é uma das grandes vantagens dos afetos de vitalidade: eles estão manifestos em todos os comportamentos e, assim, podem ser um objeto quase onipresente de sintonia.

Portanto, considerando a perspectiva de Stern, os afetos de vitalidade devem ser acrescentados às categorias de afeto como um dos tipos de estados internos subjetivos que podem ser referenciados em atos de sintonia. A vitalidade serve perfeitamente para ser o objeto das sintonias, pois ela é composta das qualidades amodais de intensidade e tempo e está presente virtualmente em qualquer comportamento que alguém possa realizar, oferecendo assim um objeto continuamente presente (embora mutante) para a sintonia.

Alinhamento e sintonia com os afetos de vitalidade permitem a um ser humano "estar com" um outro, no sentido de compartilhar experiências internas em base quase contínua. E é essa exatamente a nossa experiência primária de nos sentirmos conectados com o mundo, de estarmos em sintonia com a vida.

Referências

Fonagy, P., Gergely, G., Jurist, E., & Target, M. (2004). *Affect regulation, mentalization, and the development of the self.* Other Press.

Golse, B. (2003). *Sobre a psicoterapia pais-bebê: narratividade, filiação e transmissão.* Casa do Psicólogo.

Green, A. (1982). *O discurso vivo: uma teoria psicanalítica do afeto.* Francisco Alves.

Guattari, F. (1992). *Caosmose: um novo paradigma estético.* Editora 34.

Imbasciati, A. (1998). *Afeto e representação.* Editora 34.

Manning, A. (1979). *Introdução ao comportamento animal.* LTC.

Pedrosa, M. I. (1994). A imitação como um processo de construção de significados compartilhados. *Temas em psicologia*, 2(2), 111-121.

Piaget, J. (1975). *A formação do símbolo na criança.* Zahar.

Piaget, J., & Inhelder, B. (1980). *A psicologia da criança.* Difel.

Plutchik, R., & Kellerman, H. (Eds.). (1985). *Emotion: theory, research, and experience* (Vol. 3) . Academic Press.

Roussillon, R. (2005). Affect inconscient, affect-passion et affect-signal. In J. Boushira, & H. Parat (Eds.), *L'Affect*. PUF.

Simas, R., & Golse, B. (2008). La bouche et l'oralité dans le développement: entre explorations et ressenti, entre cognitions et émotions. In B. Golse (Org.), *Le développement affectif et intellectuel de l'enfant*. Masson.

Spezzano, C. (1993). *Affect in psychoanalysis: a clinical synthesis*. Analytic Press.

Stern, D. (1977). *The first relationship: infant and mother*. Fontana Open Books.

Stern, D. (1991). *Diário de um bebê*. Artmed.

Stern, D. (1992). *O mundo interpessoal do bebê*. Artmed.

Stern, D. (1995). *The motherhood constellation: a unified view of parent-infant psychotherapy*. Basic Books.

Stern, D. (1997). Le processus de changement therapéutique. In A. Ciccone, Y. Gauthier, B. Golse, & D. Stern, *Naissance et développement de la vie psychique*. Érès.

Stern, D. (2004). *The present moment in psychotherapy and everyday life*. Norton & Company.

Wallon, H. (1979). *Do acto ao pensamento: ensaios de psicologia comparada*. Moraes.

Wallon, H. (1986). O papel do outro na consciência do eu. In M. J. G. Werebe, & J. Nadel-Brulfert (Orgs.), *Henri Wallon*. Ática.

PARTE III

Estética, política e subjetivações

12. Olhar, ser percebido e permanecer sendo: Winnicott, Bacon e Deleuze[1]

As relações entre psicanálise e estética são complexas e há muito têm suscitado inúmeros artigos, livros e compêndios. Não são poucas as vezes em que neles encontramos interpretações forçadas ou mesmo excessivas, tanto no que diz respeito aos artistas quanto às suas respectivas obras, coisa que, aliás, aqueles que trabalham com arte tendem a considerar detestável, e com toda a razão.

Se isso ocorreu e ocorre com muitos psicanalistas de ontem e hoje, que insistem em interpretar as obras de arte em vez de se deixarem interpretar por elas, esse não foi o caso de Donald Winnicott. Nas suas publicações, não apenas não encontramos nenhuma interpretação sistemática de obras de arte, como também não há qualquer interesse em desconstruir possíveis representações que uma obra comporte ou analisar o que elas supostamente encobrem. Menos ainda parece lhe atrair qualquer interpretação mais ou menos profunda da vida de um artista. A ele interessa enfatizar, acima de tudo, não o produtor ou o produto de um trabalho artístico, mas os processos de constituição que se atualizam na experiência criativa, e sob que condições uma

1 Originalmente publicado em *Estudos Contemporâneos da Subjetividade*, 11, 2021.

subjetividade pode emergir dessa experiência articulando suas forças vitais com o mundo ambiente no qual está inserida. E, evidentemente, se é assim que Winnicott lida com a questão da arte em geral, não poderia ser diferente no que se refere à obra de Francis Bacon.

Bacon, aquele que, segundo Michel Archimbaud (1992), crítico de arte e seu último entrevistador, poderia ser considerado "o pintor da crueldade, da 'brutalidade dos fatos', das carnes vivas sob luzes pálidas, dos rostos deformados, dos corpos perfurados que se liquefazem e se esvaziam de sua substância, da dor de viver ofertada ao olhar do espectador" (p. 5). Aquele que, no caos, não ignorou a beleza, que soube mostrar o horror sem renunciar à harmonia, que tentou dar forma ao que nunca teve, e cuja tarefa mais árdua, mais necessária, parecia ser, antes de tudo, dar forma à angústia de existir.

O breve e conhecido comentário de Winnicott sobre Bacon, que se encontra em seu artigo "O papel de espelho da mãe da família no desenvolvimento infantil", de 1967, publicado no livro *O brincar e a realidade* (1967/1975) – artigo, aliás, pouco destacado por seus comentadores –, relaciona três aspectos de seu pensamento que dizem respeito à mais primitiva dimensão de mútua emergência de uma subjetividade e de um mundo ambiente. Três aspectos que nos parecem intimamente relacionados: o estatuto do "ser percebido" como modalidade primeira de ser; o olhar materno como espelho vivo onde a criança pode ver a si mesma como existente; e a insistência do *self* em seu ser próprio que aquele olhar possibilita.

Num único e mesmo movimento, ser percebido, existir e perseverar no próprio ser constituem a base criativa do viver. Ser visto parece estar na raiz do ver criativamente, do brincar no espaço potencial, que transita livremente entre o eu e o não eu. Assim, posteriormente, também se tornará viável uma relação mediada com o mundo real existente e compartilhado.

Essa teoria das trocas, que relaciona o olhar e o *self* (definido como um sentir-se vivo ou existindo, e não como uma entidade ou substância), pode ser de grande interesse para o exame da dimensão estética e da subjetividade que se expõe ou se retrai nessa experiência visual. À luz daqueles três tópicos que mencionamos há pouco, arte e psicanálise talvez possam se encontrar como clínicas em torno da experiência do vir a ser em uma existência visível. É nessa perspectiva que aqui pretendemos abrir um possível espaço de interlocução entre Winnicott e Bacon, contando com o excelente contraponto oferecido pelo estudo de Gilles Deleuze (2002) sobre a pintura figural de Bacon, intitulado *A lógica da sensação*.

Para a teoria winnicottiana da subjetivação, a primeira modalidade de existência é a do ser que se constitui como imagem para o outro, a qual antecede os símbolos materiais primitivos, como os objetos transicionais, bem como a linguagem articulada. Essa relação imediata com o mundo não exige nenhum terceiro termo mediador e, por isso, mantém-se na ignorância do princípio de identidade, na medida em que é dada ou apresentada no olhar. Pergunta-se Winnicott (1967/1975):

> *O que o bebê vê quando olha para o rosto da mãe? Sugiro que, normalmente, o que ele vê é ele mesmo. Em outros termos, a mãe está olhando para o bebê e aquilo com o que ela se parece se acha relacionado com aquilo que ela vê ali. (p. 154)*

Segundo Thomas Ogden (1996), essa descrição do papel especular da mãe parece, ao menos inicialmente, ser um estudo deste, isto é, uma descrição do modo como a mãe desaparece como objeto separado e simplesmente serve de extensão narcísica para o infante. No entanto, quando a examinamos mais atentamente, essa concepção winnicottiana é um pouco mais complexa. Winnicott afirma que o que a mãe parece para o bebê "está relacionado com", não é o mesmo que a mãe vê no bebê. O espelhamento, então, diz Ogden, não é apenas uma relação de identidade, mas uma de relativa semelhança e, portanto, de relativa diferença.

> *No seu papel de espelho, a mãe (por meio do seu reconhecimento e identificação com o estado interno do bebê) permite que ele se veja como um outro (ou seja, se veja a uma certa distância de seu self que observa e experiencia). (p. 48)*

Por meio da experiência de se ver fora de si mesmo (na mãe/outro especular), essa faceta da percepção da diferença por parte do bebê não é predominantemente uma percepção da diferença entre eu e não eu (isto é, a diferença entre *self* e objeto), mas uma vivência da diferença entre eu e mim (ou seja, entre um *self*-como-sujeito e um *self*-como-objeto). As observações que ele faz de si (como outro para si mesmo) no seu reflexo na mãe produzem os rudimentos da experiência de autoconsciência ou autorreflexão, algo como a percepção de uma eudade observável.

Assim, afirma Ogden (1995), o eu como sujeito e o eu como objeto só fazem sentido se relacionados entre si: cada forma de experiência da subjetividade, nesse caso, cria a outra e é totalmente dependente dela. Eu sujeito e eu objeto não podem, portanto, ser criados pelo bebê isolado da mãe. O bebê requer a relação especular com ela a fim de se ver como outro dele mesmo. "Paradoxalmente, a 'individualidade' é tornada possível pela outra pessoa" (p. 82). Trata-se aqui de uma experiência interpessoal na qual individualidade e alteridade criam-se mutuamente e são preservadas uma pela outra, dado que a mãe cria o bebê e este cria a mãe.

É do interior dessa perspectiva sobre a visão, o olhar e o espelhamento que se pode tentar apreender as principais considerações de Winnicott sobre Bacon, nome que se impõe sempre que queremos compreender mais detalhadamente as relações entre o rosto e o *self*. "Os rostos de Bacon parecem-me muito afastados da percepção do real; olhando para rostos, parece-me que ele empreende um penoso esforço no sentido de ser visto, que está na base do olhar criativo" (Winnicott, 1967/1975, p. 157). A condição originária da criação de um *self* e de um mundo encontra-se aí satisfeita: Francis Bacon, no dizer de Winnicott, vê-se ele próprio no rosto da mãe. Mas entre eles – nele ou nela – um movimento de torção lança-os, e nós junto com eles, através da pintura, em um domínio distante da perceptividade comum.

Nessa torção, afirma Rogerio Luz (1998a), "Bacon procura ser percebido, quer o ser percebido, o *percepi*, ao mesmo tempo em que procura escapar ao que há de terrível ou precário em tal condição" (p. 250). Sua tarefa não é a de perceber primeiro para só então representar aquilo que percebeu – reduplicação da pintura figurativa que ele recusa por meio da pura apresentação da figura. Segundo Luigi Ficacci (2003), para Bacon, "a pintura não é um campo de imitação da realidade aparente, mas uma ação autônoma e artificiosa que surge das necessidades mais recônditas e instintivas do indivíduo, dominada exclusivamente pela força profunda e primitiva de uma expressão" (p. 16).

No limite, como mostrou Deleuze (2018), as figuras de Bacon não são, de modo algum, corpos supliciados, e sim corpos comuns em situações comuns de constrangimento. Os corpos, as cabeças, as figuras de Bacon são carne, diz Deleuze, "E o que interessa a ele são as forças invisíveis que se exercem sobre a carne. Não é a relação forma-matéria, mas material-forças" (p. 244).

Tornar visíveis as forças pelo efeito que elas têm sobre a carne é o que realmente importa ao pintor irlandês. O que lhe interessa não é o movimento, mas o seu efeito sobre um corpo imóvel: cabeças desfeitas pelo vento, deformadas por um choque. Se há um sentimento em Bacon, não é exatamente o gosto pelo horror, mas a piedade, uma intensa piedade: piedade pela carne, inclusive a piedade pela carne morta dos animais. Em entrevista a Franck Maubert (2010), ele se indagava: "somos carne, não é mesmo? Quando vou ao açougue acho sempre surpreendente não estar ali, no lugar dos nacos de carne . . . A carne realmente fustigou todos os meus instintos" (p. 30).

Mas o que também é muito interessante, continua Deleuze (2018), é a maneira como Bacon, por sua conta, rompeu com a figuração: não se trata de impressionismo, expressionismo, simbolismo, cubismo ou abstração. Nunca se rompeu assim com a figuração, elevando a figura a um tal nível. "É a confrontação da Figura com a superfície plana e seu amplexo solitário na '*shallow depth*' que arrancam o quadro de toda narratividade, mas também de toda simbolização" (p. 247).

A figuração inserida em uma narrativa simbólica só atinge a falsa violência da representação ou do significado sem nada exprimir daquilo que há de violento na sensação, ou seja, no ato de pintar. Como disse Bacon em uma de suas famosas entrevistas com David Sylvester (1993), "eu sempre espero estar apto a produzir um grande número de figuras sem uma narrativa" (p. 72). Como observa Deleuze, são os ritmos, e somente tais ritmos, que se tornam personagens e objetos. São eles os únicos personagens, as únicas figuras. Podem até ser percebidos como monstros do ponto de vista da figuração, mas do ponto de vista das figuras, são ritmos e nada mais.

Na raiz do perceber, Bacon nos aponta, há o ser percebido, um ser instalado na precariedade que o coloca entre a atestação da existência própria por um outro olhar e o olhar perseguidor que coisifica ou destrói. É dessa situação paradoxal – o fato de estar suspenso, em imagem, ao olhar do outro como condição de consistir em si mesmo (um simples estado de ser) – que pode surgir o gesto criador. Com o apoio do ambiente, o gesto criativo supõe o que Winnicott chamou de sentimento de ser, o experimentar-se como existente. O *self*, mais do que um estado, é um processo que se desdobra ao longo da vida, ocorrência ou acontecimento do sentir: sentir-se vivo, sentir que o mundo está vivo e que a vida vale a pena.

Se os rostos de Bacon são, no dizer de Winnicott, tão distantes da percepção real, é porque, para Bacon, olhar e ser visto, a arriscada passagem de um a outro, são a matéria mesma da criação. Segundo Rogerio Luz (1998a), "a arte de Bacon vai à gênese da apresentação – e faz com que esta se distancie de tal modo do real da percepção habitual que a reduplicação do real na representação se torna impossível" (p. 250).

O comentário de Winnicott sobre Bacon precede e introduz um substituto para o cogito cartesiano: a formulação da primeira emergência do ser em imagem, uma espécie de princípio ótico que serve de base para um novo cogito existencial, formulado nos seguintes termos: "Quando olho, sou visto; logo, existo. Posso agora me permitir olhar e ver. Olho agora criativamente e sofro a minha apercepção e também percebo" (Winnicott, 1967/1975, p. 157). Afastando-nos de Descartes, o exame do papel do olhar materno como espelho fiel que dá consistência a uma subjetividade mais integrada nos leva a Berkeley e seu empirismo: ser consiste em ser percebido.

Na perspectiva winnicottiana, a noção de apercepção se refere à experiência subjetiva que o infante faz da mãe, posto que, nos momentos mais primitivos de sua existência, ela é experimentada como um objeto subjetivo. A apercepção refere-se ao olhar criativo dirigido ao mundo externo, o qual se contrapõe à pura percepção que remete à relação com o ambiente enquanto realidade objetiva. O infante precisa, portanto, olhar e ser visto "para poder existir e constituir sua incipiente identidade (o si-mesmo primário). Ele tem necessidade da vivacidade e confiabilidade do olhar materno para se sentir vivo e espontâneo" (Lejarraga, 2012, p. 37). Tal experiência de ser, em sua indissociabilidade da apercepção, é um dos principais fatores que fazem com que o bebê se sinta real e a vida valha a pena.

O que a mãe vê é um corpo visível, afetivamente investido, mas distinto no tempo e no espaço, um corpo que encontra no olhar do outro um ponto de apoio para sentir-se existindo. Meu olhar (do bebê) testemunha minha visibilidade para um outro, a mãe-ambiente, a qual me devolve a minha consistência de ser singular, em sua autonomia. Essa autonomia é simultânea à relação como os primeiros objetos parciais. O infante é ele mesmo e o seio. O *self* se desenvolve, portanto, nessa dobra entre dois movimentos coexistentes: interiorização em direção à multiplicidade dos *selves* primitivos, anterior a qualquer figura; e exteriorização em direção às configurações de sucessivos e mutáveis objetos com os quais se relacionar, mesmo que ainda não haja consciência disso.

Mas será que para Winnicott tornar-se imperceptível significaria não existir? Estaria ele apenas repetindo Berkeley? De modo algum, aliás, é mesmo o contrário, porque, do seu ponto de vista, o ser percebido permite, ao mesmo tempo, a reserva de um núcleo incomunicável do *self*. Do seu ponto de vista, aquilo que chamamos de eu central não apenas não se comunica como "é para sempre imune ao princípio de realidade e para sempre silencioso. Aí a comunicação é não-verbal; é como música das esferas, absolutamente pessoal. Pertence ao estar vivo. É normalmente daí que se origina a comunicação" (Winnicott, 1963/1983, p. 174).

Nota-se que o psicanalista britânico elabora uma teoria da comunicação que evidentemente encontra sua positividade na não comunicação e num certo isolamento. O tornar-se imperceptível é a exigência de não ser encontrado nem decifrado: exigência que um artista como Bacon, por exemplo, nos revela com sua pintura. Tal paradoxo, como assinalado por Masud Khan (2000), constitui um momento inicial que põe em relação o indivíduo e o ambiente: é a mãe-ambiente, na medida em que seu olhar é espelho do que ela vê, isto é, a imagem fiel da criança, que torna possível a emergência de um *self* autônomo em sua alteridade e em seu isolamento. Se o pensamento de Winnicott joga aqui mais uma vez, provocativamente, com paradoxos é porque para ele o próprio exercício do pensamento é paradoxal e tanto a arte quanto a vida são exemplos disso.

E se o que está na base do trabalho de Bacon é essa busca por ser visto, base de todo olhar criativo, é certo igualmente que ele procura não ser descoberto e escapar à visão do outro. O artista, afirma Luz (1998a), "nos dá acesso ao duplo risco de ser e não ser percebido ou encontrado, cristalizar-se para sempre na máscara figurativo-representativa, no padrão aceito pelo hábito da reduplicação, ou perder-se de vez na forma que se indiferencia" (p. 253).

A propósito de uma paciente sua, grande admiradora de Bacon, que teme nada ver ao se olhar no espelho, Winnicott lembra a importância, para o pintor, de proteger suas telas com vidro, porque por meio desse recurso, ao mesmo tempo que acentua o recuo da obra em relação ao ambiente, o espectador também pode se ver refletido nelas. O olhar que este dirige à obra é assim devolvido sob a forma da sua própria imagem. Nessas condições, segundo Ficacci (2003), o reflexo deixa de ser um estorvo e o espectador real poderia se ver refletido "em uma pintura de perceptibilidade intermitente e até impenetrável, distante e misteriosa" (p. 28). Além disso, o próprio Bacon dizia que "o vidro também ajuda a unificar o quadro" (Sylvester, 1993, p. 101).

Mas aí há algo mais, afirma Deleuze (2002): o vidro inclui o espectador para que a figura – retrato, cabeça, corpo – se exclua ou se exile do olhar deste mesmo espectador. Nesse sentido, segundo o filósofo francês, não há propriamente espectador para uma obra de Bacon, mas uma testemunha que faz parte da própria figura. Na verdade, os rostos de Bacon, que Winnicott vê tão distantes da realidade, passam por um tratamento bastante específico. Deleuze nos mostra que trata-se de "um projeto muito especial que Bacon persegue enquanto retratista: desfazer o rosto, reencontrar ou fazer surgir a cabeça sob o rosto" (p. 27).

O olhar de Bacon reflete uma configuração distorcida ou disforme, uma cabeça por detrás de um rosto que se indetermina: um corpo ou uma carne, diz Deleuze (2002), em ritmo circular e dissipativo. A cabeça como ponto gerador e giratório de fusão de planos ou órgãos abole o rosto como instância personológica, representação consciente de uma substância psíquica individuada: o rosto como "retrato da alma". Outras forças mais fundamentais, anteriores à máscara ou persona, atravessam a cabeça e o corpo, e os reenviam à precariedade da existência visível. A figura em Bacon não funda nem aliena uma identidade representativa. Trata-se, no caso, de pintar as forças, numa perspectiva figural, conjurando o que há de figurativo, narrativo ou ilustrativo na figura como representação para priorizar seus aspectos intensivos. Na perspectiva de Winnicott, Bacon exporia a relação de gênese mútua, não reflexivo-representativa, entre a insistência no *self*, isolado e autônomo, e a primeira modalidade de acesso ao existente em imagens.

De acordo com Luz (1998a), o que vemos na obra de Bacon é que a obra nos vê. Sua força está em lançar-nos de volta à nossa própria solidão. Tornamo-nos sujeitos à obra, ou testemunhos dela, como quer Deleuze, "pelo que ela nos libera para uma viagem de volta ao ser isolado, à dignidade de um exterior que ela desconecta, independente de supostos processos identificatórios baseados em alguma condição partilhada comum" (p. 255)

Para Deleuze (2002), o isolamento da figura a que se seguem deformação, estiramento e dilatação, contração e aspiração, atravessa toda a obra de Bacon: "extrema solitude das figuras, extremo enclausuramento dos corpos que exclui todo espectador: a figura só se torna tal através desse movimento em que ela se enclausura e que a enclausura" (pp. 22-23). Tal movimento nada tem a ver com a ordem da representação figurativa, mas remete à indeterminação e ao reverso da forma, à desconstrução e à progressiva redução das intensidades em direção ao informe e ao inorgânico.

A obra de Bacon, algumas vezes, quase nos repele em seu isolamento. Como se nos víssemos diante da opacidade da apresentação pura, do registro factual do que ocorre naquela busca do ser (visto) da visão. Seu pensamento ou concepção estética nos submete a este ser visto cuja deformação é antes de tudo uma espécie de movimento em direção ao indiferenciado. Na verdade, é como se ele nos colocasse diante do seguinte dilema: experimentar uma intensidade máxima de ser na qual repousar, ou se fixar diante da extinção de qualquer movimento.

Winnicott (1963/1983) assinalava algo próximo disso, investigando a noção de *self*, ao discernir a dimensão mais geral da condição dolorosa do artista. Neste, "podemos detectar . . . um dilema inerente, que pertence à coexistência de duas tendências: a necessidade urgente de se comunicar e a necessidade ainda mais urgente de não ser decifrado" (p. 168).

Como dizíamos no início, Bacon não é propriamente objeto de uma leitura psicanalítica por parte de Winnicott. Muito pelo contrário, em sua abordagem, a obra do pintor irlandês é absolutamente soberana: ao mostrar-se, ela ensina o difícil e árduo trajeto rumo à visibilidade, sobre um fundo de indeterminação. Portanto, para o psicanalista britânico não haveria qualquer razão para procurar nos bastidores de sua pintura um sujeito que se exprimiria na obra, que por sua vez o representaria.

O movimento de ser visto e desaparecer na invisibilidade, de exibir-se e ocultar-se, de ganhar e perder forma é o que é apresentado de imediato e de maneira incontestável em seu trabalho. Na obra, e não no autor ou em alguma suposta interioridade psíquica, esse movimento se atesta. O paradoxo criativo do sentir – do sentir-se existindo – efetua-se nela como experiência estética. O perigo amedrontador e o júbilo extático desse processo de emergência à manifestação visível, de passagem à existência, tão essencial à pintura de Bacon, é o momento crucial de desencadeamento, na obra, de um processo de subjetivação ou de um devir singular que existe e insiste. O ato pictórico de sua arte não ilustrativa agiganta a sensação, liberando-a dos acidentes que a condicionam sem que ela perca a sua concretude e se torne uma abstração.

Sua pintura figural, não figurativa, radicalmente apartada de qualquer imitação da realidade, transformando a experiência existencial em sensação, registra o hiato entre o olhar e o ser percebido de maneira implacável. As figuras de Bacon – desfiguradas, reconfiguradas, transfiguradas – não ilustram qualquer suposta lei de estruturação do inconsciente: lei da culpa que se segue à castração, lei da falta que um terceiro todo poderoso impõe.

Winnicott substitui a interpretação de um sentido oculto que poderia vir à tona, em forma de enunciado, no interior da linguagem – em torno de uma falta a que estaria supostamente submetida nossa radical contingência e finitude – pela experiência de ser se fazendo, sendo ou existindo, na fronteira ou espaço potencial em que se defrontam, se excluem, se fundem e se autonomizam o sujeito e o objeto da arte. Na verdade, ao introduzir a necessidade de se recorrer ao paradoxo e, com isso, deslocar a posição do sujeito do pensamento para o interior dessa dimensão paradoxal sem resolvê-la racionalmente, "Winnicott rompeu com algo da longa tradição de ciência positivista que ainda habitava certo fundo epistemológico da psicanálise, alterando a própria lógica de formulação da metapsicologia baseada em algum tipo de distinção entre sujeito e objeto" (Ab'Sáber, 2021, pp. 88-89).

Para o pensador da transicionalidade, as obras de arte não solicitam interpretações psicanalíticas. Elas são antes modos de experiência que podem vir a orientar a prática e a teoria psicanalíticas (Luz, 1998b). O pensamento regido pelos processos primários, de que a arte é excelente exemplo, não é objeto do pensamento psicanalítico, mas o campo em que este se movimenta. Decorre daí, em Winnicott, a importância da relação entre o ser si mesmo e o olhar do outro, de que somente podem dar conta termos ou processos de transição ou de passagem: integração e não integração, comunicação e não comunicação, amorfia e padrão formal, territorialização e desterritorialização. Resumindo, paradoxalmente, ser e não ser.

O pensamento sem lei que se apresenta na arte, rebelde à lógica identitária, insubmisso ao poder do negativo e da morte, manifesta-se no errante exercício do próprio pensamento e da prática psicanalíticos. Nessa errância, tal como Winnicott a exerceu, arte e psicanálise podem, quem sabe, se encontrar em uma relação de absoluta liberdade e, nesse sentido, afirmarem suas respectivas potências e singularidades.

Referências

Ab'Sáber, T. (2021). *Winnicott: experiência e paradoxo*. Ubu.

Archimbaud, M. (1992). Francis Bacon. In F. Bacon, *Entretiens avec Michel Archimbaud*. Gallimard.

Deleuze, G. (2002). *Francis Bacon: logique de la sensation*. Seuil.

Deleuze, G. (2018). Prefácio para a edição norte-americana de Francis Bacon – Lógica da sensação. In G. Deleuze, *Cartas e outros textos*. n.1.

Ficacci, L. (2003). *Bacon*. Taschen.

Khan, M. (2000). Prefácio. In D. W. Winnicott, *Da pediatria à psicanálise*. Imago.

Lejarraga, A. L. (2012). *O amor em Winnicott*. Garamond.

Luz, R. (1998a). Ser imagem para outro (Winnicott/Bacon). In M. I. A. Lins, & R. Luz, *D. W. Winnicott: experiência artística e experiência estética*. Revinter.

Luz, R. (1998b). Winnicott e a experiência artística. In M. I. A. Lins, & R. Luz, *D. W. Winnicott: experiência artística e experiência estética*. Revinter.

Maubert, F. (2010). *Conversas com Francis Bacon*. Zahar.

Ogden, T. (1995). Sobre o espaço potencial. In P. L. Govacchinni, *Táticas e técnicas psicanalíticas: D. W. Winnicott*. Artmed.

Ogden, T. (1996). *Os sujeitos da psicanálise*. Casa do Psicólogo.

Sylvester, D. (1993). *Interviews with Francis Bacon*. Thames & Hudson.

Winnicott, D. W. (1975). O papel de espelho da mãe e da família no desenvolvimento infantil. In D. W. Winnicott, *O brincar e a realidade*. Imago. (Trabalho original publicado em 1967)

Winnicott, D. W. (1983). Comunicação e falta de comunicação, levando ao estudo de certos opostos. In D. W. Winnicott, *O ambiente e os processos de maturação*. Artmed. (Trabalho original publicado em 1963)

13. Aquele obscuro objeto de Buñuel

Falar de um artista da qualidade de Luis Buñuel, com a potência criativa que lhe é própria, exige de qualquer um, antes de tudo, muita humildade e precaução. Trata-se de uma figura fundamental no século XX que, não se deixando contaminar pelo caráter repressor da Espanha de sua época, adentrou com coragem o território maldito para aí se instalar como antítese radical de todo e qualquer conservadorismo ou orientação convencional nos planos ético, estético e político. Nesses termos, rotulá-lo como surrealista talvez seja limitar demais o seu universo criativo. Seus personagens, recortados do imaginário realista por um viés naturalista, segundo Deleuze (1985), e transferidos para a realidade do cinema são transfigurados de tal modo que não podem ser claramente definidos em função de alguma identidade.

Ao longo de toda a sua trajetória, ao nosso ver, Buñuel sempre se empenhou em denunciar a crise do mundo burguês, questionando a ordem estabelecida e mostrando a fragilidade das convenções sociais superficiais (Malvezzi, 2004). É por essas e outras que, para falar de uma obra dele, todo cuidado é pouco, e o risco é bastante grande.

O filme que aqui pretendemos comentar a partir de algumas impressões baseia-se no livro *A mulher e o fantoche*, do escritor belga Pierre Louÿs (1898/1984), amigo próximo de Oscar Wilde e Claude Debussy, autor de vasta e elogiada obra. Escrito entre Sevilha e Nápoles ao longo do triênio de 1896 a 1898, a obra pretendia criar, segundo alguns comentadores, uma nova Carmem, menos amarga e mais irônica. O trabalho foi adaptado oito vezes para o cinema, sendo que a primeira adaptação data de 1920 (Kemp, 2011).

A mais famosa até o filme de Buñuel parece ter sido a do diretor austro-americano Josef Von Sternberg, de 1935, cujo título, *The devil is a woman* (lançado no Brasil como *Mulher Satânica*), dá um destaque absoluto – já que nele desaparece qualquer referência ao fantoche – a Conchita, o personagem feminino do romance, representado pela icônica Marlene Dietrich. Um detalhe importante que certamente contribuiu para a fama dessa versão foi o fato de que ela acabou por se tornar um grande fracasso de bilheteria, o que levou ao fim da parceria de alguns anos entre o diretor e a famosa atriz.

Outra adaptação importante foi a do cineasta francês Julien Duvivier, filmada em 1959, que radicalizou mais uma vez no destaque dado ao papel feminino com o título *A woman like satan*, encarnada por ninguém menos do que Brigitte Bardot. Não é difícil perceber nessas duas adaptações do livro a marcante e sedutora figura da "*femme fatale*", representada com muita pertinência por Dietrich e Bardot.

Em 1977, Buñuel filma a sua versão, dá a ela o título de *Esse obscuro objeto do desejo* e duplica a personagem principal, recorrendo para isso a Carole Bouquet e Ángela Molina. Surpreendentemente, segundo o próprio diretor, em sua autobiografia intitulada *Meu último suspiro*, "muitos espectadores não perceberam que elas eram duas" (Buñuel, 1982, p. 353). Este seria o último filme do autor, o qual fecha uma trilogia da qual participam seus dois trabalhos anteriores, *O discreto charme da burguesia*, de 1972, e *O fantasma da liberdade*, de 1974.

Ainda na autobiografia, o cineasta afirma que *Esse obscuro objeto do desejo* era bastante fiel ao livro de Louÿs, mas apresentava um certo número de interpolações que alteravam completamente o seu tom.

> *Ao longo de todo esse filme, que narra, muito tempo depois de A idade do ouro (1930), a história da posse impossível de um corpo de mulher, eu me empenhei em instalar um clima de atentados e de insegurança, o que todos nós vivemos, onde quer que moremos no mundo. (Buñuel, 1982, p. 354)*

A meu ver, é justa a instalação desse clima de atentados que constitui a marca absolutamente singular da adaptação para o cinema que o diretor espanhol fez do livro.

Mas antes de entrar de maneira mais detalhada nas minhas impressões derivadas do filme, gostaria de comentar, ainda que de forma breve, alguns aspectos do livro de Louÿs, marcando suas diferenças com relação ao filme de Buñuel. Tudo isso, a meu ver, contribuirá para sustentar meu ponto de vista particular a propósito do filme, qual seja, a de que o obscuro objeto do desejo de Mathieu/Matteo, o apaixonado obcecado da história, não é estritamente o corpo de Conchita, mas o poder de dominá-la e submetê-la. Isto é, parece-me que a principal característica da apropriação que o diretor faz do livro nos remete ao tema do poder e da política mais do que ao plano restrito da sedução e do sexual. Aliás, não apenas ao poder, mas também à sua relação com as diversas formas de resistência.

Como disse Gilles Deleuze (1985) no seu *Cinema: a imagem-movimento*,

> *o apaixonado, o homem de bem, e mesmo o homem santo, ganham em Buñuel uma importância . . . Mas, sob certos aspectos, isto permanece secundário, pois, segundo [o*

> *cineasta espanhol], a amante e o amante, o homem santo em pessoa são tão nocivos quanto o perverso e o degenerado. (p. 162)*

Na verdade, na adaptação de Buñuel, ao que me parece, há uma espécie de deslocamento, constante e ao longo de todo o filme, do âmbito sexual para o social, ou melhor, algo como um traspassamento do sexual pelo âmbito sociopolítico das relações entre poder e resistência. Com isso, o que pretendo destacar é que há um deslocamento também da ênfase no objeto para a dimensão da relação que se estabelece com ele, no sentido das variações e intensidades de um vínculo que oscila em função da resistência, ou seja, um viés menos pulsional e mais relacional.

A mulher e o fantoche

Em seu romance *La Femme et le Pantin*, Pierre Louÿs (1898/1984) enfatiza os caracteres andaluzes da, segundo ele, maravilhosa Conchita, objeto de desejo de Matteo: "sorria com as pernas tanto quanto falava com o dorso" diz o autor. "Essa graça e desenvoltura só as mulheres que não passam os longos invernos do norte imóveis junto a lareira é que as possuem" (p. 12).

Buñuel, conforme vimos, paradoxalmente, sublinha e apaga essa figura com a alternância entre Carole Bouquet, marcadamente francesa, e Ángela Molina, uma espanhola típica. O que, do meu ponto de vista, dilui a importância de Conchita como objeto específico do desejo de Matteo. Mas não é esse o caso do livro, onde a mulher como objeto de desejo é a todo momento uma questão central para o principal personagem masculino. Afirma Don Matteo ao narrador da estória:

> *Contaram-lhe que eu era mulherengo: não é verdade. Respeitava tanto o amor que nunca frequentei casas escusas*

> *e só possuí as mulheres que amei com paixão. Se eu nomeasse uma por uma, o senhor se admiraria do número tão reduzido. Ultimamente, fazendo de memória um balanço rápido, constatei que nunca tive uma amante loura. Sempre ignorei esses pálidos objetos de desejo. (p. 31)*

Foi essa última expressão do romancista belga, aliás, que inspirou o título do filme de Buñuel. Note-se que Conchita, para o escritor belga, é simplesmente o oposto absoluto do objeto pálido. Trata-se, no caso, de um objeto radiante, fulgurante. Em Buñuel, o objeto do desejo se torna obscuro. Seria ele Conchita? Não tenho certeza, mas creio que não.

No livro, a personagem feminina é retratada desde o início como uma mulher forte, impetuosa e potente. Matteo a conhece num trem em que voltava da França para a Espanha ao apartar uma luta corporal entre ela e uma cigana, da qual Conchita, inclusive, sai vencedora. Posteriormente ele voltará a encontrá-la trabalhando com afinco numa fábrica de charutos em Sevilha, onde recebe uma remuneração absolutamente irrisória. Nessas condições, é ela quem aborda Matteo de forma direta, indagando-o quanto à possibilidade de ajudá-la financeiramente. "A moeda de ouro que atirei à menina", diz ele, "foi o dado fatal do meu jogo. Para mim, foi o início da vida que levo agora, da ruína moral, da decadência" (p. 43).

Conchita nasceu flamenca e o flamenco é sinônimo de paixão completa, diz o escritor belga, uma mistura de desejo, sedução e posse. Nela, essas facetas se manifestam pela mulher ao mesmo tempo apaixonada, ingênua e trágica. É desta armadilha que Don Matteo não consegue escapar no romance de Louÿs, o que faz dele o fantoche do título. E assim será até o final porque, no livro, mesmo após tudo o que acontece, Conchita continuará a fugir e ele insistirá em voltar para ela. A obra se encerra, e aqui peço perdão pelo *spoiler*, com mais uma súplica da personagem masculina em carta deixada à amada. "Minha Conchita, eu te perdoo. Não consigo viver onde não estás. Volta. Sou eu, agora, quem de joelhos te suplica. Beijo teus pés. Mateo" (p. 112).

Por último, gostaria de destacar ainda que, assim como Buñuel se inspirou em uma frase de Louÿs na sua adaptação do livro para o cinema, o autor belga também se inspirou num gênio de outro campo da arte para escrever o seu romance. Trata-se de um quadro de Francisco Goya datado de 1792, exposto no Museu do Prado, em Madri, e intitulado "El pelele", ou seja, "O fantoche". Nele, quatro mulheres vestidas em trajes tipicamente espanhóis seguram e balançam um lençol onde fazem saltar um fantoche do tamanho de um homem de palha. Nota-se, portanto, que, no título do seu livro, *A mulher e o fantoche*, Louÿs substituiu as quatro mulheres do quadro de Goya por uma única, a maravilhosa Conchita, uma *femme fatale*, como ele mesmo diz, que determina todo o curso da história de desagregação subjetiva de Matteo ao longo do romance.

Em seu filme, como vimos, Buñuel desdobra essa figura única em duas atrizes que paradoxalmente representam a mesma personagem. Ao que me parece, se esse recurso por um lado enfatiza levemente a importância do objeto de desejo, por outro o dilui de forma mais incisiva, o que permite deslocar o acento da questão central do filme para a relação entre poder e resistência, desterritorializando assim os lugares de sujeito e objeto. Inclusive, importa notar que a desterritorialização promovida pelo cineasta espanhol é muito mais ampla, pois se no livro tudo acontece em Sevilha, o filme desloca a narrativa também para Paris, Madri e Zurique.

Vistos esses aspectos do romance, passo agora a comentar determinados pontos que me ajudam a formular em palavras algumas das impressões em mim provocadas por esse grande experimento do diretor espanhol, com destaque para aquilo que se mostra de forma mais evidente ao longo do filme, ou seja, as relações entre sedução e erotismo.

Seduzir, apropriar-se, resistir

Antes de tudo, cabe destacar que *Esse obscuro objeto do desejo* traz mais uma vez, em seu plano de experimentação, aquilo que poderíamos considerar como uma das marcas fundamentais de toda a filmografia de Buñuel: a sua busca incessante por autonomia e liberdade. Nesse filme especificamente, como já ocorria no livro, fica explícita a intenção de subverter o padrão usual em outras histórias do gênero em que um homem mais velho e poderoso usa e abusa de seu poder para conquistar a moça mais jovem ardentemente desejada.

De certa forma, é isso que observamos, por exemplo, em obras como *Camille Claudel*, e sua paixão por Rodin, ou em clássicos como *O corcunda de Notre Dame*, na relação erotizada entre o bispo devasso e a jovem cigana. Nesses casos, nota-se uma certa vitimização da mulher frágil, bela e indefesa submetida de forma quase incondicional a uma poderosa figura masculina, "o grande predador não desejado pela vítima por quem ele sente uma atração arrebatadora" (Balogh, 2008, p. 152).

Buscando ultrapassar esse clichê, Buñuel parece procurar, para além da obviedade desses modos de relação, o lado mais selvagem do erotismo e da sedução. Nesse sentido, o uso preciso da montagem me parece de grande importância, já que possibilita um melhor aproveitamento das duas atrizes para a composição do personagem de Conchita. Jogando com a alternância entre elas, o diretor se ampara no seu profundo conhecimento das características do cinema, como nos é revelado em sua autobiografia:

> *creio que o cinema exerce um certo poder hipnótico sobre os espectadores . . . A hipnose cinematográfica, livre e inconsciente, deve-se, sem dúvida, à obscuridade da sala, mas também às mudanças de planos, de luzes e aos movimentos de câmera que enfraquecem a inteligência crítica*

> *do espectador e exercem sobre ele uma espécie de fascinação e violação. (Buñuel, 1982, pp. 95-96)*

O que talvez se possa deduzir daí é que o erotismo no cinema se complexifica ao tratar a sedução por um outro processo, mais específico, e que é uma característica básica da própria linguagem cinematográfica em sua singularidade.

Sem dúvida, *Esse obscuro objeto do desejo* toca novamente em pontos sensíveis a respeito da dimensão instintiva da sexualidade, como o diretor espanhol já abordava em outros de seus filmes, como os clássicos *O cão andaluz* e *A idade do ouro*. Mais tarde, em *Tristana* e *A Bela da Tarde*, temos o fetiche com a perna mecânica e a figura da burguesa prostituta nas horas vagas. O que se repete de forma insistente em todos esses contextos é que é mais erótico sugerir do que mostrar, sempre. E diferentemente da técnica empregada em outros filmes que tratam de questões ligadas à sedução ou ao erotismo, no obscuro objeto de Buñuel o recurso a planos mais próximos é bastante raro (Kemp, 2011). Talvez por essa razão, como dizia o autor na sua autobiografia, muitos espectadores não tenham notado a diferença entre as duas atrizes que representam Conchita.

Quanto a elas, estariam a francesa e a espanhola representando dois polos do feminino, do tipo frieza/calor, repulsão/atração, rejeição/desejo e suas modulações passionais? Não sabemos propriamente. Mas, a meu ver, trata-se muito mais – e essa é a impressão que estou tentando sustentar – de diluir a consistência do objeto para realçar a potência da relação em termos de poder/resistência. Trata-se, portanto, como disse há pouco, de enfatizar predominantemente o aspecto relacional e menos o metapsicológico ou instintual, ainda que ele aí esteja presente de maneira explícita.

O fato é que ambas as "Conchitas" – que na verdade são muitas, em suas múltiplas dimensões subjetivas – fazem de Mathieu um fantoche, nos termos de Louÿs, resistindo às suas tentativas de submetê-las ao seu poder pelo controle financeiro ou por um sentimento de confiança que busca se impor de forma absoluta. O que ocorre é que todo um programa de conquista, espoliação e apropriação se vê subvertido não apenas em termos eróticos, mas também ético-políticos.

Nessa perspectiva, seria importante considerar a possibilidade de pensar o desejo e a sedução pelo intrincado tecido de relações que se estabelecem ao longo da trama. E aí o que me salta aos olhos é a dimensão de sideração no desejo, como destacada por Marilena Chaui, algo pouco abordado pela nossa psicanálise tradicional. Em um artigo muito interessante, intitulado "Laços do desejo", ela nos mostra que a palavra desejo:

> *Deriva-se do verbo* desidero *que, por sua vez, deriva-se do substantivo* sidus *(mais usado no plural,* sidera*), significando a figura formada por um conjunto de estrelas, isto é, as constelações . . . a influência dos astros sobre o destino humano, donde* sideratus, *siderado: atingido ou fulminado por um astro. De* sidera, *vem* considerare *– examinar com cuidado, respeito e veneração – e* desiderare *– cessar de olhar (os astros), deixar de ver (os astros) . . .* considerare *é consultar o alto para nele encontrar o sentido . . .* desiderare, *ao contrário, é estar despojado dessa referência, abandonar ou ser por ela abandonado. (Chaui, 1990, p. 22)*

Estaria Mathieu siderado por Conchita, perdido em sua obsessão por ela? Ou estaria ele despojado do poder mediante a potência de resistência da moça que lhe rejeita ao mesmo tempo que o provoca? Como pensava Michel Foucault (1982/1994), não há poder sem resistência, na medida em que aquele se move e se articula em função da capacidade criativa daquilo que resiste. Do meu ponto de vista, é nessa trama que Mathieu está aprisionado.

Aqui vale lembrar que ele é um magistrado apto a julgar ativistas políticos e condená-los, como sugere uma rápida passagem do filme em que dialoga com seu primo, também magistrado. Já sobre Conchita parece não ter qualquer poder, nem mesmo o financeiro, apesar de sua fortuna. Isso se evidencia no filme quando ele é roubado num parque de Zurique pelo grupo de músicos com quem ela trabalha como dançarina em uma turnê pela cidade. Assim que descobre que Mathieu é quem foi furtado, Conchita procura-o imediatamente para lhe devolver o dinheiro. Estariam esses músicos envolvidos com alguma atividade política subversiva ou o roubo seria só pelo dinheiro da passagem de volta para Sevilha, como ela afirma? Não sabemos, tudo isso fica apenas insinuado. Mas devo dizer que, diante da cena, imediatamente foi nisso que pensei.

Ainda no que diz respeito ao processo de sedução, notamos que Buñuel o trata com a arte da sedução por imagens própria ao processo cinematográfico. Seu filme como um todo é uma espécie de jogo de esconde-esconde que seduz o espectador meio que siderado pela trama. Conchita, em suas duas versões, também leva Mathieu ao limiar da loucura com um jogo semelhante ao se oferecer e escapar dele constantemente, mantendo um fosso cada vez maior entre suas palavras e suas ações.

Sua mãe é uma espécie de duplo hiperbólico da filha (Balogh, 2008), uma beata que se faz de desentendida sobre a relação da moça com Mathieu enquanto o explora no plano fiduciário. Ambas são cínicas e manipulam o magistrado. Conchita não apenas não é a donzela que diz ser, como chega a esconder seu amante, músico do grupo de flamenco, na própria casa de Mathieu. Ela não o ama, ela o manipula com o amante, arranca seu dinheiro, que dá à mãe, fazendo de conta que não liga para nada disso. Seria ela apenas uma manipuladora contumaz ou estaria lutando contra o aprisionamento mortífero numa relação de poder? Lembremos mais uma vez que, desde o início do filme, diferentemente do livro, Conchita já está submetida à exploração de seu trabalho por Mathieu, de quem foi empregada doméstica.

O filme leva ao paroxismo a alternância de estados de ânimo como desejo/frieza, proximidade/distância, exaltação/desprezo. Ao nosso ver, com essa estratégia Buñuel estaria uma vez mais apontando para a questão política das relações entre ordem/caos, civilização/barbárie. Afinal, quem seriam os bárbaros dos anos 1970?

O desejo provocado por Conchita em Mathieu subverte tudo, vira as coisas de pernas para o ar. Cada vez que ela desaparece, ele enlouquece e sai atrás dela abandonando tudo que o mantinha integrado. Mas, qual seria afinal a intenção do diretor espanhol, se é que é possível adivinhá-la, ao filmar um livro do século XIX, época de plena repressão sexual, no final dos anos 1970, era da chamada revolução sexual? Será que se trataria apenas de inverter os papéis masculino e feminino colocando a personagem principal em uma luta por liberdade por meio da produção de rupturas e descontinuidades? Novamente, não sabemos, mas a minha impressão é que o gênio de Buñuel não o deixaria restrito a tal questionamento um tanto reducionista do gênero e da sexualidade pela via da sedução e do desejo.

O que mais me impressiona, insisto, é o tratamento absolutamente sutil dado pelo cineasta à dimensão política de tudo isso, ainda que de modo subliminar, para além da simples relação entre amada e amante tal como abordada no livro de Louÿs. Daí, a meu ver, o constante recurso às cenas dos atentados, a presença de fundo dos grupos de ativistas políticos e suas ações radicais, tratados por Mathieu e seu primo juiz, em um breve diálogo, como bandidos terroristas a serem "devidamente" condenados e encarcerados.

O fantoche, em um contexto como esse, não é mais pura e simplesmente o amante submetido ao poder da mulher fatal, mas a sociedade como um todo, submetida a um saber jurídico instrumentalizado e controlada pelo poder do capitalismo mundial integrado, como o chamavam Félix Guattari e Suely Rolnik (1996), que, naquela época, começava a ganhar um ímpeto e uma força cada vez mais notórios. Daí as diferentes modalidades de resistência micropolítica que também buscavam se estruturar naquele momento (Peixoto Junior, 2008). O Grupo Armado Revolucionário Menino Jesus, com toda a mordaz ironia que aí cabe, é mencionado mais de uma vez ao longo da narrativa de Buñuel como uma ameaça a ser contida.

Mas, mesmo no caso da relação desejante do casal, a estratégia de Conchita não se reduz a uma simples sedução que incorpora o masculino e o feminino, utilizando-se deles na medida do seu próprio interesse para manipular Mathieu com proibições, obstáculos e interdições. Sua estratégia é mais complexa e implica uma utilização refinada do tempo e do espaço por meio do recurso ao adiamento constante da satisfação do parceiro. Recorre a uma meia-calça espartilho inexpugnável, algo como um cinto de castidade moderno, no momento exato do sexo; dança flamenco num local oculto de uma boate para turistas estrangeiros extasiados com a sua beleza. São inúmeros os obstáculos físicos que se interpõem diante dos dois. Do ponto de vista subjetivo, o que surge do lado dele é um misto de decepção, perda de confiança e impotência; diante daquela modalidade de resistência, suas armas valem quase nada. Da parte dela, o que se produz é sempre uma rejeição acompanhada de provocação e escárnio.

O ápice da humilhação ocorre ao final do livro e do filme, quando, tendo comprado uma casa para Conchita na esperança de conquistá-la definitivamente, Mathieu é convidado a visitá-la e depara com a grade do portão fechada. Ela a mantém fechada, mas lhe faz juras de amor para, em seguida, escorraçá-lo e transar com o amante diante dele, que observa pela grade, estarrecido. Nessa cena, novamente Buñuel apenas instiga o espectador a imaginá-la sem nada mostrar de forma explícita; vemos apenas o olhar de Mathieu siderado, horrorizado e petrificado.

Considerações finais

Emoldurando toda essa história de sedução, desejo, rejeição, renúncia e espoliação, temos, apenas no filme e não no livro, o relato de Mathieu na cabine do trem ao longo de sua volta de Sevilha para Paris. Ao prender a atenção das pessoas da cabine com seu relato, Mathieu parece de alguma forma resgatar a autoestima ferida e perdida na louca relação com Conchita. As figuras escolhidas por Buñuel para compor a pequena plateia que assiste à apresentação de Mathieu são típicos representantes da sociedade burguesa, que obviamente não veem com bons olhos as atitudes da dançarina, o que ajuda o magistrado a aliviar um pouco mais os seus infortúnios. Mas o pequeno público chique e cosmopolita parece não bastar mediante a força maior do desejo.

No fim do filme, o casal reaparece caminhando por uma galeria despretensiosamente. Erotismo e sedução, poder e resistência – temos ali notícias sobre atentados terroristas –, estão lá caminhando juntos uma vez mais, até o momento em que uma explosão repentina enche a tela, choca o espectador e encerra o filme de modo abrupto. Ao longo dessa caminhada do casal pela galeria e pouco antes do fim, o diretor espanhol nos coloca diante de uma cena intrigante que revela o seu interesse em não desvelar necessariamente nada, mantendo o mistério da experimentação criativa da arte e do artista.

Sobre ela, em *Meu último suspiro*, ele diz:

> *A última cena – na qual uma mão de mulher cerze cuidadosamente um rasgão num mantô de renda ensanguentado (foi o último plano que filmei) – mobiliza-me sem que*

possa dizer o motivo, porque ela permanece misteriosa para sempre, até a explosão final. (Buñuel, 1982, p. 354)

Seria essa última cena o obscuro objeto do desejo de Buñuel? Não sabemos, são apenas impressões, mas fica aqui sugerido.

Referências

Balogh, A. M. (2008). Se-ducere: esse obscuro objeto do desejo. *Significação: Revista de Cultura Audiovisual*, 35(30), 149-166.

Buñuel, L. (1982). *Meu último suspiro*. Nova Fronteira.

Chaui, M. (1990). Laços do desejo. In G. Bornheim, *O desejo*. Companhia das Letras.

Deleuze, G. (1985). *Cinema: a imagem-movimento*. Brasiliense.

Foucault, M. (1994). Le sujet et le pouvoir. In M. Foucault, *Dits et écrits*. Gallimard. (Trabalho original publicado em 1982)

Guattari, F., & Rolnik, S. (1996). *Micropolítica: cartografias do desejo*. Vozes.

Kemp, P. (2011). *Tudo sobre cinema*. Sextante.

Louÿs, P. (1984). *Esse obscuro objeto do desejo*. Marco Zero. (Trabalho original publicado em 1898)

Malvezzi, M. J. T. (2004). A espiralada saga narrativa contida em "Esse obscuro objeto do desejo". *Cadernos de semiótica aplicada*, 2(1).

Peixoto Junior, C. A. (2008). Sobre o corpo social como espaço de resistência. In C. A. Peixoto Junior, *Singularidade e subjetivação: ensaios sobre clínica e cultura*. 7Letras/PUC-Rio.

14. Subjetivações, sexualidades e modos de vida na atualidade[1]

Não há dúvida de que um autor como Michel Foucault produziu uma vasta obra de importância indiscutível para o pensamento atual. Alguns comentadores costumam dividir sua produção intelectual, escrita e oral, em três momentos distintos: no primeiro, sua reflexão se ateve prioritariamente a uma análise dos discursos e saberes nas mais diversas vertentes; no segundo, tratava-se de articular esses saberes com as estratégias e táticas de poder, avaliando as incidências desses dois elementos em diferentes níveis; já o terceiro momento de suas investigações estaria voltado para o tema da subjetivação, onde ainda encontramos ressonâncias das reflexões elaboradas durante os períodos anteriores, agora transpostas para uma discussão sobre a constituição das subjetividades desde a idade antiga até a modernidade (Deleuze, 1988).

No decorrer desse longo percurso, o tema da sexualidade parece ter surgido de forma mais marcante como alvo principal de suas teorias na passagem do segundo momento para o terceiro. Não é à

1 Originalmente publicado em *Michel Foucault no Brasil*. Puc-Rio/NAU Editora, 2015.

toa que justamente no final dos anos 1970, período crucial de suas análises sobre o poder, ele publica o primeiro volume de sua *História da sexualidade* – cujo subtítulo é "A vontade de saber" (Foucault, 1980) –, no qual procura avaliar as incidências da díade saber-poder sobre os mais diversos fenômenos e práticas ligados ao sexo. Ocorre que, entre a publicação desse primeiro volume e a dos dois seguintes – intitulados "O uso dos prazeres" (Foucault, 1984) e "O cuidado de si" (Foucault, 1985) –, Foucault parece ter decidido fazer uma pausa de alguns anos para refletir sobre sua trajetória intelectual, e é precisamente nessa época que o problema da subjetivação torna-se central.

Se nos seus últimos escritos e aulas o problema foi abordado a partir da análise de textos antigos, principalmente de autores greco-romanos – ainda que não se tratasse propriamente de retornar aos gregos nem ao conceito de sujeito –, é nas entrevistas que Foucault discute de maneira mais incisiva questões relacionadas às políticas sexuais, discussão que se conjuga de forma precisa com seus trabalhos a propósito da Antiguidade. Essa talvez tenha sido uma das principais razões, embora não a única, que levou Gilles Deleuze (1990) a dizer que as entrevistas de Foucault fazem plenamente parte de sua obra. Pois, se em seus textos e cursos ele analisava períodos históricos mais longos, as entrevistas promoviam uma articulação rigorosa com períodos mais curtos da história, estabelecendo, antes de tudo, uma relação decisiva com o presente.

Seguindo a indicação de Deleuze, discutimos neste capítulo os principais temas abordados pelo pensador francês em algumas de suas entrevistas da década de 1980, no intuito de mostrar como suas últimas pesquisas sobre as formas de subjetivação possibilitam a elaboração de pontos de vista novos e instigantes a propósito das sexualidades e dos modos de vida contemporâneos.

Algumas das questões centrais colocadas a Foucault nesse âmbito diziam respeito às relações entre a homossexualidade e algumas propostas de liberação sexual. Quanto a isso, ele afirmava, em uma entrevista de 1982 sobre sexo, poder e política da identidade para a revista canadense *The Advocate* (Foucault, 1982/1994c), que o movimento homossexual daqueles tempos precisava muito mais de uma arte de viver que de um conhecimento científico ou pseudocientífico sobre a sexualidade.

Na medida em que o sexo faz parte de nossas condutas, ele também participaria do espaço de liberdade do qual podemos desfrutar no mundo contemporâneo. Por esse motivo, ele deveria ser algo que nós mesmos criamos, e não a descoberta de um aspecto secreto de nossos desejos. O que é fundamental, lembra Foucault, é compreendermos que, por meio de nossos desejos, instauram-se novas formas de relação amorosa e de criação. Nesses termos, o sexo não é uma fatalidade, mas uma possibilidade de aceder a uma vida criativa, não apenas no domínio individual, mas também no âmbito coletivo. E, nesse sentido, o que importa é muito mais o devir criativo do que a constituição de identidades. Se toda escolha sexual traz no seu bojo um posicionamento ético-político, este comporta uma força criadora que, para além da defesa de uma identidade, deve se afirmar antes de tudo no seu potencial não identitário.

Em uma entrevista anterior, de 1981, Foucault já dizia quanto a isso que, embora do ponto de vista tático possa ser importante afirmar momentaneamente "que se é homossexual", não é necessário, no âmbito de uma estratégia a longo prazo, levantar questões sobre a identidade sexual. Portanto, diz ele nessa entrevista: "me recuso a aceitar o fato de que o indivíduo poderia ser identificado com e através de sua sexualidade" (Foucault, 1981/1994a). Nota-se, portanto, que o que verdadeiramente importa do ponto de vista foucaultiano é muito mais a possibilidade de inventarmos novas modalidades de relação e de criação do que o sexo em si.

Desse ponto de vista, práticas sexuais mais radicais, que geralmente são objeto de polêmicas morais acirradas, como o sadomasoquismo, poderiam ser vistas sob um novo prisma. Foucault não acredita que nesses casos estejamos diante da expressão de tendências perversas mais profundas, mas de tentativas de inovar no campo das práticas sexuais, buscando criar novas possibilidades de prazer. Nelas, inclusive, pode-se observar a ocorrência de uma espécie de dessexualização do prazer, o que mostra que o prazer sexual físico não é a base de todos os prazeres.

Na verdade, o corpo seria fonte de inúmeras possibilidades de uso dos prazeres, irredutíveis ao âmbito do sexo e de uma identidade sexual. Esta, segundo o autor da *História da sexualidade*, não pode ser tomada como regra ética universal. Trata-se apenas de um jogo que deve favorecer determinadas relações sociais e de prazer singulares, inovadoras e diferenciadas, as quais também tornam viáveis novas formas de amizade. Ainda que a identidade possa ser útil como fonte de resistência às políticas que visam homogeneizar as sexualidades e as subjetividades em seus modos de vida, no que mantém um espaço mínimo de liberdade, muitas vezes ela corre o risco de limitar o potencial criativo no âmbito relacional (Foucault, 2004).

Segundo Foucault, o sadomasoquismo não é uma relação entre aquele (ou aquela) que sofre e aquele (ou aquela) que inflige sofrimento, mas entre um mestre e a pessoa sobre a qual se exerce a sua autoridade. O que interessa aos adeptos desse tipo de prática é o fato de que a relação está ao mesmo tempo submetida a regras, mas também aberta. Ela se assemelha a um jogo, no qual um participante pode ganhar e o outro perder.

No jogo sadomasoquista, mais especificamente, o mestre pode perder caso se revele incapaz de satisfazer as necessidades de sofrimento de sua vítima. Do mesmo modo, o discípulo pode perder se não aceitar ou não suportar o desafio que lhe é lançado pelo mestre. Essa mistura de regras e de abertura tem como efeito intensificar as diversas formas de prazer e introduzir uma novidade, uma tensão e uma incerteza perpétuas, das quais está isenta a simples consumação do ato. A finalidade também é utilizar cada parte do corpo como um instrumento sexual.

Outro aspecto que pode surpreender na erotização das relações estratégicas próprias ao sadomasoquismo é a maneira como ela difere do poder social. Enquanto esse último se caracteriza por regras e normas rígidas, mais ou menos estáveis dentro das instituições, cuja mobilidade também é limitada, no caso do jogo sadomasoquista as relações estratégicas são bem mais fluidas. Mesmo que os papéis sejam estáveis, seus protagonistas sabem que se trata de um jogo no qual as posições podem facilmente se alternar.

Nesse sentido, um jogo estratégico como esse é uma fonte de prazer que não reproduz no interior da relação erótica a estrutura do poder, ainda que de alguma maneira ela possa ser encenada ali. Na verdade, a prática sadomasoquista se faz acompanhar de uma criação, de um processo de invenção de prazeres. Diferentemente da vida erótica mais comum, em que as relações estratégicas precedem o sexo, no sadomasoquismo essas relações fazem parte do sexo como uma espécie de convenção de prazer no interior de uma situação particular. No primeiro caso, trata-se de relações estritamente sociais; no segundo, o corpo está diretamente implicado como fonte de prazer.

Nesta mesma entrevista, de 1981, Foucault retoma o tema da homossexualidade vinculando-o à questão da amizade, e levanta uma hipótese bastante interessante a seu respeito. Segundo ele, a existência de relações sexuais entre os homens só se torna um problema sociojurídico a partir do século XVIII porque a amizade entre homens – relação social de grande importância, na qual os indivíduos dispunham de certa liberdade que lhes permitia inclusive viver relações afetivas intensas – entra em crise nessa época. Enquanto ela era socialmente aceita com toda a sua força afetiva, não se dava importância ao fato de que homens pudessem manter relações sexuais entre si. Obscurecida a amizade afetivamente intensa, surge a problematização da homossexualidade.

Aliás, esse tema da amizade no âmbito da sexualidade sempre despertou a atenção de Foucault. Em entrevista a outra revista no ano de 1982, sobre a amizade como modo de vida (Foucault, 1982/1994b), ele dizia que o importante não era as pessoas descobrirem em si a verdade de seus sexos, mas usar a sexualidade para chegar a uma multiplicidade de relações. Aí estaria certamente a verdadeira razão pela qual a homossexualidade é menos uma forma de desejo do que algo desejável. Nesses termos, qualquer desenvolvimento sobre o tema da homossexualidade remete necessariamente ao problema da amizade entre pessoas do mesmo sexo de um ponto de vista existencial: estar junto, viver junto, partilhar o tempo, as refeições, o quarto de dormir, as alegrias e as tristezas, fora das relações formais instituídas nos âmbitos familiar e profissional.

No que se refere à diferença de idade, pode-se perceber que nossa sociedade aceita muito facilmente relações heterossexuais entre um homem mais velho e uma mulher mais nova. Quando se trata das relações homoeróticas, a situação é bastante diferente, pois é preciso inventar um relacionamento de amizade fora de todas as convenções sociais. Em geral, a sociedade pode fazer uma concessão a esse tipo de relacionamento sob a forma do prazer imediato entre dois jovens, pois essa seria uma espécie de imagem apropriada da homossexualidade que não comporta maiores inquietações. Isso porque, segundo Foucault, esse tipo de relação responde aos cânones de beleza socialmente aceitos, anulando tudo o que poderia haver de inquietante em termos de afeto, ternura, amizade, fidelidade ou companheirismo, aspectos dificilmente admissíveis sem o temor de que se constituam alianças a partir de linhas de força imprevisíveis.

É justamente esse aspecto que, do ponto de vista foucaultiano, torna a homossexualidade perturbadora: é o modo de vida, muito mais do que o ato sexual em si, que preocupa. Pois imaginar atos sexuais pouco conformes à lei ou à natureza não é o que mais inquieta as pessoas, o problema maior é o aspecto amoroso e todas as intensidades afetivas que o atravessam. É isso que pega as instituições a contrapelo e as perturba: as potências de afetação imanentes a este modo de relacionar-se com o outro. Os códigos institucionais não podem validar essas relações amorosas de intensidades múltiplas e cores variáveis, compostas por movimentos imperceptíveis e formas mutantes, porque elas produzem um curto-circuito nas regras e nos hábitos vigentes em nossa sociedade.

Nesse contexto, a questão do modo de vida é fundamental, pois ele pode ser partilhado por indivíduos de idade e estatutos sociais diferentes, dando lugar a uma cultura e a uma ética fundadas em relações intensas que não se assemelham a nenhuma relação institucionalizada. Por esse motivo, Foucault considera que a homossexualidade viabiliza uma ocasião histórica para que sejam reabertas as virtualidades relacionais e afetivas, não pelas qualidades intrínsecas aos homossexuais, mas porque as linhas diagonais que suas relações costumam traçar no tecido social possibilitam o surgimento dessas virtualidades.

Segundo o filósofo, a questão da luta pelos direitos dos homossexuais também está ligada aos modos de vida. Em mais uma entrevista de 1982, sobre o triunfo social do prazer sexual (Foucault, 1982/1994d), ele afirma que esse tipo de combate não deve ser visto simplesmente como uma etapa final de emancipação, mas uma que visa, antes de tudo, abrir espaço para os estilos de vida homossexuais e para escolhas em que as relações sexuais com pessoas do mesmo sexo sejam importantes. Não basta apenas tolerar a possibilidade de se fazer amor com alguém do mesmo sexo na vida cotidiana a título de componente ou suplemento. Não se trata somente de integrar essa prática, segundo alguns, bizarra, no âmbito da cultura preexistente: trata-se, mais uma vez, da criação de outras formas de sociabilidade, de novos modos de vida (Peixoto Junior, 2008).

Em um mundo legal, social e institucional onde os relacionamentos possíveis são muito pobres, pouco diversificados ou bastante esquemáticos – como é o caso das relações familiares e de casamento –, outras relações devem poder existir e encontrar o seu código não nas instituições estabelecidas, mas em suportes eventuais. De acordo com Foucault, as instituições sociais limitaram as relações possíveis porque um mundo relacional mais rico seria extremamente difícil de administrar. A despeito disso, é importante que se continue a lutar contra o empobrecimento do tecido relacional, buscando, dentre outras coisas, obter o reconhecimento de relações de coexistência provisória e adoções, não apenas de crianças, como temos visto ultimamente, mas até mesmo de um adulto por outro. Afinal, pergunta o pensador francês, por que um amigo mais velho não poderia adotar um mais jovem, e vice-versa?

Segundo ele, mais do que defender direitos individuais fundamentais ou naturais, devemos tentar imaginar e criar um novo direito relacional que permita que todas as relações possíveis coexistam e não sejam impedidas ou anuladas por instituições empobrecedoras no que diz respeito à sua singularidade. Nesse contexto, o direito relacional é uma possibilidade de fazer reconhecer, em um campo institucional, relações entre indivíduos que não passem necessariamente pela emergência de um grupo reconhecido. Trata-se de imaginar como essas relações podem ser avaliadas pela sociedade e se beneficiar das mesmas vantagens das únicas relações comumente reconhecidas e, sem dúvida, honradas: as de parentesco e casamento.

Devemos então lutar por um sistema social mais flexível, ainda que relativamente codificado, que sirva de base para o reconhecimento de um certo número de relações importantes e minimamente estáveis, ainda que pouco definidas. É necessário, por exemplo, reconhecer que um celibatário mantém com os outros um tipo de relação bastante diferente daquela dos casais. Com frequência, muitos dizem que esse personagem sofre de solidão porque presumem que seja um marido fracassado, rejeitado ou alguém de moral duvidosa que não pôde se casar. Na verdade, a solidão a que esta figura está condenada resulta, na maioria dos casos, do próprio empobrecimento das possibilidades relacionais na nossa sociedade, cujas instituições desgastam e tornam raras inúmeras relações com o outro que poderiam ser mais intensas e ricas, ainda que provisórias, mesmo e sobretudo fora do casamento.

Nessas condições, Foucault afirma que a cultura gay deve ser entendida em um sentido mais amplo, como um fenômeno onde se inventam modalidades de relação, modos de vida, tipos de valores, formas de troca que não têm que ser homogêneas nem se sobrepor aos padrões da cultura em geral. Assim, a cultura gay não será mais vista apenas como uma questão de escolha homossexual, mas criará relações que, pelo menos até certo ponto, poderão ser transpostas para os heterossexuais. Não se trata, nesse caso, de reintroduzir a homossexualidade na norma geral das relações sociais, mas de deixá-la escapar, na medida do possível, ao tipo de relação-padrão que nos é comumente imposto socialmente, buscando criar novas relações no espaço vazio onde estamos. Com isso, todos poderão enriquecer suas vidas mudando o seu próprio esquema de relações.

Escapando da categorização "homo-hétero", os gays podem definir de modo diferente os seus problemas e tentar criar uma cultura que só faz sentido a partir de uma experiência sexual e um tipo de relação que lhes são próprios. Do ponto de vista foucaultiano, seria interessante fazer com que o prazer da relação sexual escapasse do campo normativo da sexualidade e de suas categorias, tornando-se o ponto de sustentação de uma nova cultura. O importante é o reconhecimento desse tipo de relação pelos próprios indivíduos, no sentido de eles lhe atribuírem uma importância necessária e suficiente para inventar novos modos de vida (Peixoto Junior, 2010).

Ainda nessa entrevista, Foucault (1982/1994d) desenvolve um pouco mais esse tema, discutindo as questões da escolha e do ato sexual. Ele afirma mais uma vez que o comportamento sexual não é – como frequentemente se supõe – uma mera superposição de desejos provenientes de instintos naturais e de leis permissivas ou restritivas que ditam o que deve e o que não deve ser feito. Esse tipo de comportamento vai muito além dessa perspectiva reducionista na medida em que também diz respeito à consciência do que se faz, à maneira como se vive essa experiência e ao valor que se atribui a ela. No caso da homossexualidade, essa consciência certamente vai além da experiência individual e compreende o sentimento de pertencer a um grupo social particular.

No que concerne aos objetivos políticos do movimento homossexual, derivados de sua consciência coletiva, Foucault destaca dois pontos nessa entrevista. O primeiro diz respeito à liberdade de escolha sexual, tema em relação ao qual ele afirma que se deve ser absolutamente intransigente. A liberdade de escolha sexual implica a liberdade de expressão dessa escolha, a liberdade de manifestar ou não essa escolha, considerando a necessidade de ampliar o grau de tolerância da sociedade em relação a ela. O segundo ponto refere-se aos lugares ocupados em uma dada sociedade por essa escolha, pelo comportamento sexual e pelos efeitos das relações sexuais. Por exemplo, no que se refere à falta de clareza quanto ao estatuto legal suscetível de definir a ligação entre duas pessoas do mesmo sexo, não se deve simplesmente fazer da legislação do casamento entre homossexuais um objetivo. No entanto, deve-se considerar que temos aí toda uma gama de questões importantes, relativas ao reconhecimento e à inserção de um certo número de relações entre as pessoas nos quadros legal e social, que merecem respostas (Arán, 2005).

Dessa forma, o filósofo insiste em lembrar que o que importa não é saber se é possível construir uma cultura isenta de restrições, nem mesmo se isso é desejável. Considerando que sempre haverá coerções intoleráveis para certos membros de uma sociedade, o importante é saber se o sistema coercitivo no interior do qual ela funciona oferece aos indivíduos alguma liberdade para transformá-lo. Na verdade esse sistema só passa a ser realmente intolerável quando os indivíduos a ele submetidos não têm meios de modificá-lo. Isso pode ocorrer quando o sistema se torna intangível, seja porque o tomamos como imperativo moral ou religioso, seja porque fazemos dele uma consequência necessária da ciência médica.

Se não é possível conceber uma sociedade sem restrições, insiste Foucault, é preciso pelo menos que elas sejam claras, bem definidas e estejam ao alcance daqueles que sofrem seus efeitos a fim de que, no mínimo, lhes sejam oferecidas possibilidades de transformá-la. Com isso, pode-se resistir ao poder constituído e instituir formas mais amplas de liberdade e singularização, num mundo cada vez mais contaminado pela produção de subjetividades em série. Se há uma proposta política fundamental no último período da obra foucaultiana, talvez possamos dizer que, em termos gerais, ela se resume a isso: resistir na medida do possível e ampliar os espaços de liberdade para promover a diferença de maneira cada vez mais criativa.

Referências

Arán, M. (2005). Sexualidade e política na cultura contemporânea: as uniões homossexuais. In M. A. Loyola (Org.), *Bioética, reprodução e gênero na sociedade contemporânea.* ABEP/Letras Livres.

Deleuze, G. (1988). *Foucault.* Brasiliense.

Deleuze, G. (1990). *Pourparlers.* Éditions de Minuit.

Foucault, M. (1980). *História da sexualidade I: a vontade de saber.* Graal.

Foucault, M. (1984). *História da sexualidade II: o uso dos prazeres.* Graal.

Foucault, M. (1985). *História da sexualidade III: o cuidado de si.* Graal.

Foucault, M. (1994a). Interview de Michel Foucault. In M. Foucault, *Dits et écrits IV*. (Trabalho original publicado em 1981)

Foucault, M. (1994b). De l'amitié comme mode de vie. In M. Foucault, *Dits et écrits IV*. (Trabalho original publicado em 1982)

Foucault, M. (1994c). Michel Foucault, an interview: sex, power, and the politics of identity. In M. Foucault, *Dits et écrits IV*. Gallimard. (Trabalho original publicado em 1982)

Foucault, M. (1994d). The social triumph of the sexual will: a conversation with Michel Foucault. In M. Foucault, *Dits et écrits IV*. (Trabalho original publicado em 1982)

Foucault, M. (2004). *Ditos e escritos V: ética, sexualidade, política*. Forense Universitária.

Peixoto Junior, C. A. (2008). *Singularidade e subjetivação: ensaios sobre clínica e cultura*. 7Letras/PUC-Rio.

Peixoto Junior, C. A. (2010). A multiplicidade sexual das máquinas desejantes e seus destinos. In M. R. Prata (Org.), *Sexualidades*. Contracapa.

15. Capitalismo e esquizofrenia: cartografias políticas[1]

As breves digressões que trago aqui, a propósito das relações entre psicologia e política, versam sobre a possibilidade de traçar uma cartografia política a respeito de algumas relações do capitalismo com a esquizofrenia, buscando uma articulação sintética entre o âmbito social e a psicologia. Em termos mais específicos, elas têm como objetivo pensar a atualidade de algumas teses formuladas por Deleuze e Guattari em *Mil platôs*, buscando também avaliar suas consequências no que se refere às relações entre poder e resistência na contemporaneidade. Nesse contexto, proponho-me a discutir o alcance de certos conceitos próprios à micropolítica defendida pelos autores, como os de território, multiplicidade, devir e segmentaridade, enquanto instrumentos que possibilitam certas desterritorializações, as quais abrem caminho para a criação de novos espaços de liberdade.

De acordo com Manola Antonioli (2003), filósofa italiana radicada em Paris, *Mil platôs* é uma obra que, já no seu título, jamais separa o espaço do pensamento da questão dos territórios e das territorializações. Trata-se, no caso, de pensar as fronteiras, as reterritorializações

1 Originalmente publicado na *Revista ECOS - Estudos Contemporâneos da Subjetividade*, 2, 2012.

e desterritorializações que têm lugar por meio dos encontros, e que se distribuem segundo linhas múltiplas que questionam os limites dos conceitos filosóficos. *Mil platôs* seria, portanto, um exercício de geografia física, política, estética e filosófica.

Para começar, vale lembrar que o termo platô possui vários sentidos, dentre os quais se destacam os de suporte liso e extensão plana, mas também os de roda dentada e peça circular sobre a qual se apoia um disco de embreagem. Do ponto de vista filosófico, o que importaria destacar é que um platô não é jamais uma unidade, mas constitui desde sempre uma multiplicidade. O platô não é sequer o objeto do livro de Deleuze e Guattari, mas, fundamentalmente, a sua lei imanente de composição. Como dizem os filósofos franceses, "num livro, como em qualquer coisa, há linhas de articulação e segmentaridade, estratos, territorialidades, mas também linhas de fuga, movimentos de desterritorialização e desestratificação" (Deleuze & Guattari, 1980, pp. 9-10). Em termos mais restritos, um platô é uma multiplicidade que pode ser conectada com outras multiplicidades para formar ou construir um rizoma; e *Mil platôs* é escrito justamente como um rizoma composto de platôs.

Em um platô ou rizoma, não há estrutura profunda nem genealogia linear, apenas processos de variação, expansão, conquista e captura. Sua superfície compreende linhas múltiplas, linhas de fuga ou de segmentaridade, estratos e fluxos moleculares, os quais nunca podem ser compreendidos quando remetidos a uma unidade e uma lei transcendentes, ou articulados a raízes profundas que poderiam gerar ramos e folhas de acordo com uma dinâmica interna de reprodução.

A singularidade dos platôs é composta de matérias não formadas, intensidades e partículas caóticas, fluxos moleculares que estão perpetuamente submetidos a processos de fixação e sedimentação que dão uma forma aos estratos. Ainda segundo Deleuze e Guattari, há sempre coexistência entre multiplicidades flexíveis ou moleculares e segmentaridades mais duras, organizadas segundo uma ordem transcendente e exterior aos principais devires (animal, criança ou mulher), os quais sempre comportam dimensões moleculares, elementares e imperceptíveis.

Conforme também podemos depreender das principais teses formuladas pelos autores, um devir não é uma correspondência de relações, nem diz respeito a uma semelhança ou imitação. O princípio próprio aos devires é a ideia bergsoniana de uma coexistência entre durações diferentes, ainda que sempre comunicantes. Não há sujeito ou termo de chegada para um devir, porque ele é sempre tomado em outro devir que constitui um bloco com o primeiro.

Portanto, um devir é sempre uma questão de multiplicidades que não cessam de se transformar umas nas outras, compostas por termos heterogêneos e simbióticos. Em suas passagens e transformações, não há uma ordem lógica e predeterminada, mas critérios imanentes que orientam os encontros e as metamorfoses. As multiplicidades se estendem sobre um mesmo plano "onde as bordas se sucedem traçando uma linha quebrada" (Deleuze & Guattari, 1980, p. 307), plano de imanência ou de consistência, superfície de coexistência das multiplicidades.

Esse plano é composto de uma infinidade de partículas ligadas por uma infinidade de agenciamentos e composições de relação, em uma univocidade que se opõe a qualquer analogia que pudesse repartir sobre um território preestabelecido as diversas velocidades e elementos que o constituem. Explicitamente inspirados em Espinosa, Deleuze e Guattari afirmam que cada ser, sobre essa superfície infinita, é composto de uma infinidade de agenciamentos e partes, cujas relações não param de ser modificadas pelo fora, pelos encontros que o afetam, aumentando ou diminuindo sua potência de agir.

Feitas essas primeiras observações conceituais, adentremos agora o tema que nos interessa destacar em *Mil platôs*, qual seja, a atualidade de algumas de suas teses no que se refere a questões relacionadas ao poder e à política. Para isso, dentre as diversas portas de entrada oferecidas pela obra dos dois pensadores franceses, escolho aqui o platô de número nove, intitulado "Micropolítica e segmentaridade", o qual, ao que me parece, traça uma topologia do poder que deve muito às análises de Michel Foucault, principalmente, mas também a algumas hipóteses formuladas por Paul Virilio, as quais discutirei de forma detalhada mais adiante. Nesse plano do livro, Deleuze e Guattari (1980) partem da seguinte hipótese: "somos segmentarizados por todos os lados e em todas as direções. O homem é um animal segmentário" (p. 254).

Considerando essa premissa, nosso vivido seria segmentarizado espacial e socialmente em todas as nossas atividades: habitar, circular, trabalhar ou brincar. Essa segmentação generalizada procede de acordo com diferentes dimensões emaranhadas. Primeiramente, uma segmentação binária que se estrutura segundo grandes oposições duais, dentre as quais poderíamos destacar aquelas entre proletários e burgueses, homens e mulheres, adultos e crianças. Em segundo lugar, uma segmentação circular que implica a construção de círculos cada vez mais vastos, como meu eu, minha casa, meu bairro, meu país, ou até outros países, a qual sempre parte do mais próximo para o mais longínquo. A propósito dessa segunda forma de segmentação, abro aqui um pequeno parêntese antes de passar aos comentários sobre a sua terceira dimensão.

Na letra "G" de seu abecedário, comentando o vocábulo "*gauche*", "esquerda" em francês, Deleuze (1988-1989/2021) dá uma definição do "ser de esquerda" justamente a partir da inversão daquela segmentação circular, partindo agora do mais longínquo para o mais próximo. Segundo o filósofo francês, ser de esquerda não significa pertencer a um partido, trabalhar pela revolução ou defender abstratos direitos humanos. Ser de esquerda é, antes de tudo, uma "questão de percepção": perceber a princípio o contorno, o circuito, partir do mundo para chegar ao continente, à rua, perceber inicialmente o horizonte e saber ainda que, por exemplo, a situação na qual se vive nos países ricos "não pode durar" e que ela só será resolvida por "novos agenciamentos mundiais", por soluções locais para problemas locais: a política, nesse contexto, também é uma questão de territórios, de percepção e de agenciamentos, de jurisprudência de casos singulares e concretos, mais que de justiça abstrata ou direitos do homem.

Nesses termos, Deleuze parece apontar na direção de um movimento complementar, de um avesso indissociável dos fenômenos do capitalismo planetário que caracterizam a globalização atual: em vez de opor a eles o retorno ilusório e perigoso do local (o bairro, a cidade, a região ou a nação), seria preciso reconhecer nossa entrada irreversível em uma era planetária, reconhecer a impossibilidade de reestabelecer identidades locais que estariam supostamente protegidas dos fluxos mundiais do capital, inscrevendo a ação e a reflexão política nesses novos horizontes e na sua complexidade própria. Tal complexidade seria feita de movimentos de homogeneização, mas também de novas heterogeneizações, ou seja, de dinamismos coexistentes de territorialização e desterritorialização. Em vez de perceber apenas as ameaças e os perigos desses fenômenos – como também parecem pensar na atualidade autores como Antonio Negri e Michael Hardt, em obras como *Império* (2000) e *Multidão* (2004) –, trata-se fundamentalmente de trabalhar para desenvolver neles as virtualidades ainda não exploradas.

Voltando agora à terceira forma de segmentação evocada no nono platô, nota-se que ela diz respeito a uma segmentação temporal ou linear, que ignora a multiplicidade e a complexidade dos devires imperceptíveis para privilegiar a visibilidade e a linearidade das etapas da nossa história pessoal, que vai da família à escola, ao trabalho e assim sucessivamente. Do ponto de vista de Antonioli (2003), aqui a linha não tem a flexibilidade e a fluidez das linhas de fuga, mas se mostra despedaçada e fixada em segmentos sucessivos que ignoram a complexidade e a pluralidade das dimensões do tempo para construir a ficção (social e politicamente útil) de uma história individual perfeitamente coerente e organizada.

À oposição entre segmentário e centralizado, Deleuze e Guattari preferem a distinção entre dois tipos de segmentaridade, uma "primitiva" e "flexível", a outra "moderna" e "dura", distinção que recorta todas as segmentações mencionadas há pouco (binárias, lineares e circulares). Nessas condições, pode-se notar que existem duas segmentaridades ao mesmo tempo, uma molar ou dura e outra molecular ou flexível, as quais não têm a mesma natureza, mas coexistem sempre e não cessam de passar uma pela outra: "em suma", dizem os nossos autores, "tudo é político, mas toda política é ao mesmo tempo macropolítica ou micropolítica" (Deleuze & Guattari, 1980, p. 260); assim, é uma questão de distribuições ou de escalas que atravessam todos os campos e domínios da existência. Na percepção ou no sentimento, a organização molar e a segmentaridade dura das percepções e dos sentimentos repertoriados (como amor, ódio ou cólera) nunca impede a existência de uma dimensão microscópica feita de microperceptos e afetos inconscientes, segmentações finas que escapam a toda formação macroscópica e a qualquer classificação rígida.

Os grandes conjuntos binários dos sexos e das classes também remetem a múltiplas combinações moleculares. No primeiro caso, temos o jogo entre n pequenos sexos e mil devires humanos ou animais; no segundo, massas de ordem molecular, irredutíveis a segmentaridade molar de classe. Na esteira desse último argumento, parece que Negri e Hardt (2004) formularam o conceito de "multidão" exatamente para definir dinâmicas coletivas bastante próximas destas que Deleuze e Guattari ainda atribuem às massas. O principal mérito do termo "multidão" seria evidenciar com maior clareza o caráter "singular/plural" dessa dimensão que inclui a micropolítica num mundo globalizado.

Ainda assim, diante das grandes oposições possíveis, seria necessário não se deter em dicotomias aparentes, evitando alguns erros. Um primeiro erro, relativo aos valores morais, consistiria em dizer que a segmentaridade flexível é sempre "melhor" que a dura, ou que o molecular é sempre melhor que o molar; que os fluxos são preferíveis aos estratos, o rizoma à árvore, a desterritorialização à territorialização, o nômade ao sedentário. As segmentações finas do poder – como os microfascismos que tornam possível um macrofascismo de Estado – podem ser tão ou mais perigosas que qualquer outra estratégia empregada por ele em sua pretensão de dominação.

Outro erro, nesse caso psicológico, consistiria em acreditar que o microscópico ou molecular seria apenas da ordem da imaginação ou do individual, dado que, ao contrário, ele é tão real e coletivo quanto o molar. Na verdade, essas duas formas não se distinguem somente no âmbito de suas dimensões: molecular e molar são coextensivos a todo o campo social, ainda que o primeiro opere no detalhe e por pequenos grupos. As duas linhas não cessam de se relançar e se recortar, e sua diferença qualitativa jamais as separa de modo absoluto.

Quando a organização molar é mais forte, ela suscita por si própria uma molecularização de seus elementos. "Quando a máquina se torna planetária ou cósmica", dizem os autores, "os agenciamentos têm uma tendência cada vez maior a se miniaturizar e a tornar-se microagenciamentos" (Deleuze & Guattari, 1980, p. 263). Por exemplo, a administração de uma grande segurança molar organizada tem por correlato toda uma microgestão de pequenos medos, numa espécie de micropolítica da insegurança. Esse caso mostra-se particularmente evidente em nossos dias, diante da proliferação dos discursos políticos e jornalísticos em torno do tema da insegurança, que certamente têm a função de legitimar formas de repressão policial cada vez mais acentuadas (Antonioli, 2003).

No entanto, já em 1976, no seu trabalho sobre *A insegurança do território*, Paul Virilio se inquietava com as formas de televigilância que começavam a se multiplicar nas grandes cidades a partir dos Estados Unidos. Virilio deduzia ali que a vigilância televisual tornava a presença da polícia não mais ocasional, mas permanente, de tal modo que o sistema podia preceder e prevenir os atos do conjunto social. Segundo ele, "abandona-se a ideia de uma repressão exercida pontualmente por agentes mais fortes ou mais numerosos em proveito de um estado de opressão, de uma violência imanente aos lugares" (p. 20).

Arquiteto e urbanista de formação, o autor considerava que o ideal de transparência que animava todas as construções de vidro criadas pela arquitetura contemporânea não seria estranho a esse desejo de desvelamento securitário dos espaços interiores, insistindo sobre uma tendência generalizada à inversão progressiva na função dos meios de comunicação de massa: criados para facilitar a troca e a intercomunicação, eles se tornavam gradativamente ferramentas de vigilância e de televigilância, as quais instauram um sistema de suspeita generalizada e uma tendência à "delação em massa". Quanto a isso, não posso deixar de lembrar dos nossos *reality shows* atuais, baseados no princípio de exclusão de candidatos por "denúncia" dos outros participantes ou do público, os quais, paradoxalmente, fazem um enorme sucesso, talvez porque parecem refletir o modo de funcionamento que caracteriza cada vez mais as escolas, as empresas e a sociedade em geral.

Mas, ao mesmo tempo que a organização molar se capilariza e acaba cobrindo todo o campo social e privado, os movimentos moleculares que agitam a sociedade não param de trabalhar aqueles conjuntos molares estatais ou interestatais, políticos ou financeiros e comerciais, "como se uma linha de fuga, mesmo que começando por um minúsculo riacho, sempre corresse entre os segmentos, escapando de sua centralização, furtando-se à sua totalização" (Deleuze & Guattari, 1980, p. 263). Nesses termos, parece que os centros de poder se definem pelo que lhes escapa ou por sua impotência. Bem mais do que por sua zona de potência, é como se o capitalismo só conseguisse caminhar na medida em que se desarranja.

Traçando um mapa dos devires históricos e sociais implicados nesse processo, Deleuze e Guattari detectaram três tipos de linhas: uma linha flexível, feita de códigos e territorialidades entrelaçados, onde o espaço social se compõe por territórios, linhagens e alianças (segmentaridade flexível própria às sociedades ditas primitivas); uma linha dura que procede a uma sobrecodificação generalizada, a qual implica um aparelho de Estado; e linhas de fuga ou máquinas de guerra que se definem por decodificação e desterritorialização. Em *Mil platôs*, bem mais do que em *O anti-Édipo*, nossos autores insistem em ressaltar a coexistência dessas três dimensões, segundo combinações e hierarquias variáveis de acordo com os espaços histórico e social. As relações entre populações sedentárias e nômades através da história constituiriam um exemplo evidente dessa complexidade de devires (Antonioli, 2003).

Consequentemente, como tão bem mostraram Foucault (1977/1994) na filosofia e Kafka (1925[1920]/2005) na literatura, a análise do poder não deve se limitar aos segmentos duros constituídos por seus centros visíveis (Estado, exército, igreja ou escola), porque qualquer centro de poder visível não passa de um lugar onde entram em ressonância todos os tipos de micropoderes, de devires imperceptíveis, onde o poder só existe em estado difuso, disperso, não multiplicado ou miniaturizado. Se todo poder tem uma microtextura na qual se afrontam linhas de força opostas, torna-se possível explicar os fenômenos de "servidão voluntária", em que o oprimido ocupa um lugar ativo no sistema de opressão do qual é vítima.

Considerando o que foi dito até aqui e à guisa de conclusão, parece-me evidente que não podemos nos limitar apenas a identificar sistemas de opressão (política, social ou econômica) e oprimidos que neles seriam vítimas, como dois conjuntos molares bem delimitados. Nessas condições, a tarefa de qualquer análise política, econômica ou social é bem mais complicada. Ela consiste – sobretudo diante da complexidade do mapa geopolítico ou geoeconômico do mundo atual – em estudar as linhas de força, isolar os focos de opressão e as linhas de fuga que deles escapam, para seguir os devires de uma multiplicidade de linhas ou dimensões entremeadas, duras ou flexíveis, microscópicas ou macroscópicas. E isso porque qualquer poder possui regiões de potência por ele controladas – campo de indiscernibilidade constituído por micropoderes e fluxos –, bem como zonas de impotência feitas de fluxos que ele não pode controlar ou determinar, as quais viabilizam movimentos de resistência e o traçado de linhas de fuga.

É nesse espaço que talvez ainda seja possível identificar alguns traços dos novos devires minoritários que resistem e que poderiam operar mutações de subjetividade. Pois, como dizia Deleuze (1990) em seu breve *post scriptum* sobre as sociedades de controle, diante das novas configurações do poder global planetário, "não cabe temer ou esperar, mas buscar novas armas" (p. 242).

Referências

Antonioli, M. (2003). *Géophilosophie de Deleuze et Guattari*. L'Harmattan.

Deleuze, G. (1990). *Pourparlers*. Éditions de Minuit.

Deleuze, G. (2021). O abecedário de Gilles Deleuze: transcrição completa. *Machine Deleuze*. Recuperado de https://machinedeleuze.wordpress.com/2021/06/07/o-abecedario-de-gilles-de-leuze-transcricao-completa/. (Trabalho original publicado em 1988-1989)

Deleuze, G., & Guattari, F. (1980). *Mille plateaux: capitalisme et schizophrénie*. Éditions de Minuit.

Foucault, M. (1994). Pouvoirs et stratégies. In M. Foucault, *Dits et écrits III*. Gallimard. (Trabalho original publicado em 1977)

Kafka, F. (2005). *O processo*. Companhia das Letras. (Trabalho original publicado em 1925[1920])

Negri, A., & Hardt, M. (2000). *Império*. Record.

Negri, A., & Hardt, M. (2004). *Multitude: war and democracy in the age of empire*. Penguin Press.

Virilio, P. (1976). *L'insécurité du territoire*. Galilée.